大学本科应用型“十一五”规划教材

教育部课程教材研究所推荐使用

现代秘书实务

XIANDAI MISHU SHIWU

华洁芸 主编

首都师范大学出版社
CAPITAL NORMAL UNIVERSITY PRESS

图书在版编目（CIP）数据

现代秘书实务/华洁芸主编.—北京：首都师范大学出版社，2007.8
ISBN 978-7-81119-074-8

Ⅰ.现… Ⅱ.华… Ⅲ.秘书学 Ⅳ.C931.46

中国版本图书馆 CIP 数据核字（2007）第 065423 号

XIANDAI MISHU SHIWU
现代秘书实务
华洁芸 主编

责任编辑 张成水
首都师范大学出版社出版发行
地 址 北京西三环北路 105 号
邮 编 100037
电 话 68418523（总编室） 68982468（发行部）
网 址 cnuph.com.cn
E-mail master@cnuph.com.cn
北京嘉实印刷有限公司印刷
全国新华书店发行
版 次 2007 年 8 月第 1 版
印 次 2007 年 8 月第 1 次印刷
开 本 787mm×1 092mm 1/16
印 张 16.5
字 数 289 千
定 价 27.00 元

大学本科应用型“十一五”规划教材

教育部课程教材研究所推荐使用
首都师范大学出版社出版发行

大学本科应用型"十一五"规划教材编写委员会

本书编写人员

主　　编　华洁芸

撰　　稿　（按编写先后排序）

华洁芸　滕　晗　李效珍　张俊荣　可凌伟　刘　杰

大学本科应用型“十一五”规划教材

出版说明

进入新世纪以来，为了更好地培养从事社会主义现代化建设的高层次应用型人才，充分适应广大人民群众对高等教育需求不断增长的新形势，全国各地许多普通高等学校不仅创设了一大批新兴的应用型专业，同时还与社会力量合作，相继创办了以培养大学本科层次应用型人才为主要目标的独立学院。这是我国深化高等教育改革、推进高等教育大众化和保证高等教育持续、健康、均衡发展的一个重大举措。

作为“教育部高等学校教学质量与教学改革工程”的重要组成部分，建立适合普通高等学校自身办学性质、专业设置及人才培养目标的应用型专业课程教材体系，成为当前高等教育改革和发展的一项重要任务。为了加强对高等学校本科应用型教材编写工作的组织和管理，教育部课程教材研究所联合相关高等院校的领导、专家学者和教师组成了“大学本科应用型‘十一五’规划教材编写委员会”。人民教育出版社党委书记、副社长、教育部直属高校司原司长李志军，教育部高等教育评估中心主任、高等教育司原副司长刘凤泰，中国高等教育学会副会长兼秘书长、原国家教委思想政治工作司副司长张晋峰，国务院学位委员会中文学科组召集人、山东大学原校长曾繁仁，教育部高校教学评估专家委员会副主任、江汉大学校长李进才，首都师范大学副校长周建设，教育部社会科学司出版管理处调研员田敬诚担任编写委员会顾问。中华美学学会副会长、首都师范大学美学研究所所长暨科德学院常务副院长王德胜担任编写委员会主任委员。编写委员会还聘请了具有丰富教学经验和较高学术水平的学科带头人分别担任各科教材的主编，并聘请知名专家审核编写大纲和书稿。

本套教材的编写以“教育要面向现代化，面向世界，面向未来”为指针，以党和国家的教育方针以及高等学校应用型人才培养目标为依据，以思想性、科学性、时代性为原则，以应用性、复合性、拓展性为特色，致力于培养高层次应用型人才的创新精神和实践能力，全面体现“大学本科层次”和“应用、实用、适用”的教学要求，力求建立合理的教材结构，以适应我国高等教育从规模数量型向质量效益型转变的形势和社会主义市场经济对应用型人才培养的迫切要求。另外，教材正文版面设计上留有旁白，以提示要目，强化重点，画龙点睛；学生也可笔记上课内容，钩玄提要，以利复习和举一反三。

作为从我国高等教育实际情况出发而编写出版的全国性通用教材，本套教材主要供培养本科层次人才的普通高等学校应用型专业和独立学院各专业教学使用，还可供普通高等学校其他相关专业的师生和社会人员进修或自学使用。

本套教材由人民教育出版社于“十一五”第一年开始陆续推出。

本套教材的编写出版，得到了教育部高等教育司、教育部直属高校司、教育部社会科学司、教育部高校教学评估专家委员会、教育部高等教育评估中心、教育部课程教材研究所、中国高等教育学会以及相关高等院校有关领导和同志们的大力支持，谨在此一并致谢。

编写出版大学本科应用型专业教材，是我们贯彻国家教育部高等教育课程教材改革精神、全面落实教育部新一轮《教育振兴行动计划》的初步尝试。本套教材的编写出版如有不当之处，敬请广大师生不吝指正，以使本套教材日臻完善。

首都师范大学出版社

2007 年 7 月

内容简介

本书共分十章，主要内容有：秘书的角色定位与职务分类，秘书必备素养及工作特色，秘书行政事务处理。包括秘书办文、秘书办会、日常事务处理、秘书接待、秘书信息、秘书调研、秘书公关、秘书礼仪、秘书协调等。每章之前明确“学习目的”，每章之后有“案例分析”及“实务操作”，学生在学前能明确学习后可能达到的目标，学后通过实务训练可以提高实际动手能力。

本书为独力学院文秘或相关专业编写，课时设计为 64 学时。也可作其他大专院校文科教材及各类机关企事业单位秘书从业人员自修教材。

目　录 CONTENTS

第一章　现代秘书角色定位/1

第一节　现代秘书的定义/2

第二节　现代秘书的定位/6

第三节　现代秘书的分类/15

第二章　现代职业秘书必备的素养/23

第一节　现代秘书必备的知识素养/25

第二节　现代秘书必备的能力素养/27

第三节　现代秘书的德性修养/34

第三章　现代秘书的日常事务/49

第一节　办公环境管理/50

第二节　接待工作/57

第三节　日程安排/66

第四节　接听与拨打电话/71

第四章　现代秘书“办文”/81

第一节　现代“公文”类别及格式/82

第二节　行政机关常用公文的拟写/87

第三节　国家行政机关公文处理/92

第五章　现代秘书“办会”/100

第一节　会议的种类和办会特点/101

第二节　会议的报批/105

第三节　会务工作/107

第六章　现代秘书“公关”/121

第一节　秘书公关的对象/122

第二节　秘书公关的语言/128
第三节　秘书的公关活动/131
第七章　现代秘书的“礼仪”/146
第一节　秘书礼仪的含义/147
第二节　秘书的仪表礼仪/152
第三节　仪式礼仪/162
第八章　现代秘书的信息工作/171
第一节　秘书信息工作的特点与意义/172
第二节　秘书信息工作的类型与基本要求/175
第三节　秘书信息工作的程序/177
第九章　现代秘书的调查研究/183
第一节　调查研究的涵义和作用/184
第二节　调查研究的内容和原则/186
第三节　调查研究的类型和方法/188
第十章　现代秘书的协调工作/196
第一节　协调的概念与要素/197
第二节　协调的范围与内容/205
第三节　协调的原则与方法/211
附录/228
附录 A　公务员法/229
附录 B　国家行政机关公文处理办法/244
后记/251

第一章　现代秘书角色定位

学习要点

- 通过学习，科学地定义现代秘书概念，准确地定位现代秘书角色，全面地了解现代秘书职业，正确地认识现代秘书形象。从而全方位展开现代职业秘书培养工作。

第一节　现代秘书的定义

一、“秘书”概念的渊源流变

秘书工作在我国历史悠久。政权肇始，人类社会出现强者“主其政”时，便出现了“辅其政”的秘书人员，同时即展开了秘书工作。

据史书记载，大约4000多年前，传说中的黄帝即有两个秘书为其“正字”、“造书契”，一是仓颉，专门记黄帝言，一是沮涌，专门记黄帝行，他们共同为黄帝起草官方文书。虞舜时代，已有上传下达、担当秘书工作的官员，据《通典·职官三·中书令》记载：“舜摄位，命龙作纳言”，《尚书》记载：“纳言，喉舌之官，听下言纳于上，受上言宣于下。”

> 喉舌之官，听下言纳于上，受上言宣于下。
>
> 《尚书》

仓颉、沮涌也好，龙也好，都是辅助“帝”的秘书人员，他们的工作实际上都是秘书工作。但是，这个时期，史书和传说中还没有出现“秘书”一词。当然，“秘书”一词出现在我国也是由来已久，只是在不同历史时期，“秘书”的涵义各有不同。

（一）“秘书”一词最早出现于汉代，意指“书籍”

据《汉书·叙传》记载：“游博学有俊才，与刘向校秘书。每奏事，游以选受诏进读群书。上器之能，赐以秘书之副。”意思是说，因为皇帝赏识游这个人的才能，就把宫中秘藏之书的副本赏赐给他。这里的“秘书”指书，不指职，是指宫中秘藏之书。

另据《后汉书·郑玄传》记载：“遂博稽六艺，粗览传记，时睹秘书纬术之奥。”这里的“秘书”仍然指书，是指那些用隐语预卜吉凶或未来的谶纬、图箓之书。

可见，早期汉代“秘书”只指书籍。

（二）东汉后期，“秘书”一词用于官职

公元2世纪，东汉桓帝时设秘书监一职，官位相当于国家图书馆馆长，负责掌管古书典籍。而到魏晋南北朝，曹操为魏王时，创设了“秘书令”，掌典机密，“典尚书奏事”并制发敕令。

这时“秘书”成了掌管书籍的官员，并进一步扩展了工作范围，增加了制作文书的内容。这时“秘书”一词的涵义与现代意义已接近。可以说，曹操所设的秘书令，是我国历史上首次出现的与现代秘书涵义基本相同的古代秘书官职。

曹丕称帝后，改中书令奏事和起草诏令，秘书令仍改为秘书监。

其后历代王朝均设“秘书”官职或机构。

（三）清代后期至中华民国期间，“秘书”一词具有现代意义，是秘书职务与秘书工作的统一体

秘书一词的现代意义。

1905年，孙中山先生组织反清活动时，即任用宋庆龄等为秘书，帮助处理文书及日常事务。

1907年，清光绪帝批准在巡抚衙门中设置秘书、助理秘书等职。这成为现代意义上秘书的直接源流。

南京临时政府成立后，秘书职务与秘书工作得以统一，现代意义上的秘书产生。

（四）中国共产党诞生和新中国成立，“秘书”涵义有了诉诸文字的界定，秘书工作逐步走向规范化

中共三大明确规定“秘书”涵义：“秘书负责本党内外文书及通信及开会记录的责任，并管理本党文件。”突出了秘书工作中的文档制作与管理。

1985年，中共中央召开了第三次全国秘书长、办公厅主任座谈会，提出了秘书工作必须完成的四个转变：

（1）从偏重办文办事转变为既办文办事又出谋划策；

（2）从收发传递信息转变为综合处理信息；

（3）从单凭老经验办事转变为实行科学管理；

（4）从被动服务转变为力争主动服务。

这使秘书工作突破了传统的工作范围。

（五）进入21世纪，“秘书”一词涵义大大扩展，是职务、工作和机构名称三位一体

2003年3月，国家劳动和社会保障部重新修订的《秘书国家职业标准》中，对现时秘书的定义为：“从事办公室程序性工作，协助上司处理政务及日常事务并为决策及实施提供服务的人。”

很显然，在这个定义中，秘书是一种职务，秘书是一项工作，秘书是一种机构，秘书还是一种职业群体。

综上所述，“秘书”一词从产生至今，其概念的内涵已由单一而丰富，现已逐步演变为一个相容体，相容并蓄了“秘书”一词从

最初产生的“书籍”之义到今天所具有的职务、工作、机构等所有涵义。

二、现代秘书的定义

由于秘书服务的时代、对象不同，社会对秘书职能的理解不同，因而对秘书的定义也各不相同。目前，国内外秘书组织和秘书专业论著、教科书等对秘书定义的表述已有几十种，随着信息时代的来临，“秘书”会介入更广泛的工作、更复杂的环境和更广阔的空间，在工作角色及内容，甚至头衔上都会发生快速的改变。因此，对秘书的定义也将与时俱进。这里所介绍的，是目前为止国内外较有权威的秘书组织及机构对秘书概念较有代表性的自我定义。

国外对秘书的几种定义。

（一）国外的定义

英语中秘书“secretary”是由拉丁文“secretarius”演化而成的，源自罗马时代，意为守密的人（the keeper of secret）。西方国家认为“secretary”的含义有三个：

（1）指职位与职业，相当于“job”；

（2）指从事这一职业的职员，相当于“person”；

（3）指官员，相当于“officer”。

这三种含义可以意译为文书（文字秘书）、干事（行政或机要秘书）、部长（秘书长）。

因此，英语中总书记为“a general secretary”，秘书长为“secretary-general”，总干事为“chief secretary”。西方国家中，秘书“secretary”主要指向（1）、（2）两种含义，即指一种职位、职业和从事这一职位或职业的职员。

（1）美国 Webster's Secretarial Handbook（《韦氏秘书手册》）的表述：“今天的秘书决不再是单纯的接待员兼打字员，因为越来越多的经理指望自己的秘书成为行政管理的助手……现在一个精干而可靠的秘书不仅是经理和工作人员之间的桥梁，而且还应当是协调经理的左右手……由于现代事务向全球扩展和延伸，促进经理们重新考虑秘书应起的作用以及应该委付的责任和赋予执行的权力。”[1]

---

[1]（美）安娜·埃克斯蕾、安娜·约翰逊主编：《韦氏秘书手册》，第1页，中国新闻出版社1985年。

(2) 国际秘书联合会（The National Secretaries Association [International]）对秘书的定义："秘书应是主管人员的一位特殊助手，他们掌握了办公室工作的技巧，能在没有上级过问的情况下表现出自己的责任感，以实际行动显示出主动性和正确的判断能力，并且在所给予的权力范围内做出决定。"

(3) 国际职业秘书组织（Professional Secretaries International)对秘书的定义："具有熟练的办公室工作能力，不需上级敦促即能主动负责，积极进取，干练果断，能在授权范围作正确决定的经理助手。"

(4) 美国全国秘书协会对秘书的定义："高级官员的助手，掌握机关职责并具有不在上司直接监督下承担任务的才干，发扬积极主动性，运用判断力，在其职权范围内对机关工作做出决定。"

(5) 日本学者认为秘书是帮助处理各种事务的工作人员。通俗的说法：秘书是全能运动员。

（二）我国对秘书定义的多种描述

我国对秘书定义的几种描述。

(1)《辞海》秘书词条的描述：秘书是职务的名称之一，是领导的助手。秘书工作是一项机要性的工作，它的任务是收发文件、办理文书、档案和领导交办的事项，各机关和企业、事业单位，一般均设有秘书工作部门或秘书工作人员。

(2) 秘书界著名学者王千弓在《秘书学与秘书工作》中的描述：秘书是社会主义国家工作人员职务名称之一。其职责是协助领导综合情况，研究政策，密切各方面工作的联系，办理文书、档案、人民来信来访、会务工作以及其他日常行政事务和交办事项。在党政机关、企业事业单位从事这一类工作的干部，统称为秘书工作人员，或简称为秘书。

(3) 在袁维国主编的《秘书学》中作如此描述："秘书，在我国现代主要是指党和政府机关、企事业单位、社会团体、军队、院校内的一种行政职位。其主要职责是辅助管理、综合服务；主要工作是撰拟文稿、管理文书、接待来访、组织会议、调查研究、处理信息、办理事务、参谋咨询、联络协调等等。"[1]

(4) 2003年3月，国家劳动和社会保障部重新修订的《秘书

[1] 袁维国主编：《秘书学》，第1页，北京高等教育出版社，1990年。

国家职业标准》作出的描述：从事办公室程序性工作，协助上司处理政务及日常事务并为决策及实施提供服务的人。

（5）新出版的秘书上岗资格考试全国通用秘书学教材，给秘书下的定义分狭义和广义之说。前者描述是：专门从事办公室程序性工作、协助领导处理政务及日常事务并为领导决策及其实施服务的人员。后者的描述是：位居领导人身边或领导机构中枢，从事办公室事务，处理文书，联系各方，保证领导工作正常运转，直接为领导工作服务，是领导人的事务与信息助手。

国内外种种定义，各有其道理，各有侧重，且相互之间并不矛盾。比较而言，国内对秘书定义的描述，更符合我国现代秘书的具体情况。结合实际，要给“秘书”概念下一定义，既需从宏观上总揽全局，还需通过具体——抽象——具体的思维方法，得出既合乎实际又反映本质并能划定事物范围的总概括。基于此，我们认为，秘书的定义可作如下表述：

本书作者对秘书定义的表述。

秘书是为领导工作服务的办公室人员，是领导的参谋和助手。

这个定义是中性的，其中包容了鲜明的时代性，它既适用于各个不同时期，也适用于各个不同行业。定义中的“领导”、“领导工作”、“办公室”等中心词，可依据服务对象和机构的不同，具体置换为相应的称谓。

思考题

在现实生活中，为领导工作服务和为领导当参谋助手的大有人在，这些人都是秘书吗？如何区别和界定他们？

第二节　现代秘书的定位

一、秘书的职业角色

从历史的发展来看，人类出现分工以后就出现了组织决策的机构和领导，领导在决策过程中，由于时间、精力有限，需要有人协助处理大量繁杂的事务性工作，这样便产生了秘书。这就是说，秘书是因为领导需要才产生的，没有领导活动就没有秘书活动和秘书人员。

（一）秘书是为领导服务的人员

1. 从职责上看，秘书活动具有被动性

秘书的服务工作贯穿在为领导办文、办会、办事的所有过程，秘书既要为领导出谋献策，还要发挥参谋和助手作用。在领导的决策过程中，秘书事先要为领导搜集、整理数据，提供信息，还要随时接受领导咨询；在文书制作、处理过程中，秘书既要撰拟文稿，还要检查文稿内容和格式，负责文档传达或发送；在会议筹办过程中，秘书要为领导准备会议文件，安排会议事项，记录会议内容，收集整理会议资料；在接待宾客时，秘书要事先安排好接待程序、接待规格和接待方式。

秘书的服务工作贯穿在为领导办文、办会、办事的所有过程，秘书既要为领导出谋献策，还要发挥参谋和助手作用。

这些事务性工作，有些是可以预先安排的，有些是不可预计、立时产生的，遇到紧急来文、突发事件或领导工作日程临时变动，就要分清轻重缓急，随机应变。领导交代什么就干什么，文档要求什么就做什么。这一类事务，大多是被动的，却又是秘书人员非干不可的。

因此，秘书工作是为满足领导工作的需要而开展的，受领导活动的制约和支配。秘书可以有自己的工作计划和安排，但不能脱离领导，而必须以领导活动为中心，制订或调整自己的工作计划，决不能脱离领导或不顾领导的需要而另搞一套。

2. 从职能上看，秘书活动具有从属性

在一个组织或事务的整个活动中，秘书只能行使非强制性的权力，而不能行使“官”的权力。秘书不具有独立的决策权和人、财、物等资源的分配权。秘书的直接任务是提出设想或可行性方案，经领导审阅批准，同意采纳，才能转化为决策方案。

具体说，秘书活动的从属性体现在三个方面：

秘书活动从属性的三个体现。

（1）秘书的工作总是围绕领导工作而展开，领导工作涉及哪里，秘书工作才能介入哪里。

（2）秘书在工作中只能根据领导意图或领导精神办事，不能自作主张、自行其是，否则就是超越职权。

（3）秘书参与领导层会议，只有发言权，没有决策权。

因此，秘书开展的所有活动都必须听命于领导，并且不折不扣地完成领导交办的事务。秘书工作是为领导工作服务的辅助活动，是从属于领导的活动。

当然，这里的从属与服从，不是盲目的言听计从，对领导的决策失误或工作疏漏，秘书有义务及时提醒，提出纠正或补救的方案，供领导修正做参考。我国《公务员法》第五十四条规定：公务员对上级的决定和命令具有服从与执行的义务的同时，对上级的错误命令有抗辩权和抗拒权。这从法律的角度严格规定了公务员的服从义务和抗命权，同样适用秘书人员的服从义务。

（二）秘书是管理班子中不可缺少的重要组成部分

在一个组织中，领导的职责是决策、指挥和用人，工作头绪繁多，不可能事必躬亲，事事身体力行，这就需要秘书人员代为处理。秘书人员在处理众多琐碎事务时，往往会承担起部分领导工作，这时秘书工作实际上已包含了领导工作的成分。

秘书工作涉及的三项职能。

1. 计划

本质上是领导职能。而搜集信息、整理数据、草拟方案、为领导定夺提供参考等工作则是由秘书去完成，秘书完成了制订计划的所有前期工作。

2. 组织

本身也是领导职能之一。秘书对上无决策权，对下无执行权，但在具体工作中要参与很多活动的组织工作，比如组织会议、组织调查、组织接待、组织出访等。

3. 协调

这也是领导的一项职能。实际工作中，秘书往往要根据领导的授权参与或实施协调工作，协调领导与领导之间、上级与下级之间、平级部门之间、本单位与外单位之间的关系，上下左右、四面八方各种关系都由秘书去沟通。

可见，秘书承担的部分领导工作，已渗透在管理工作的方方面面，在管理班子中不可或缺。

二、秘书与领导的关系

秘书与领导的四大关系。

秘书为领导服务，秘书在领导身边工作，从物质空间看，两者的距离很小，在精神空间上看，两者的距离也很接近。

（一）组织上，秘书与领导是被领导与领导的关系，是下级与上级的关系服从领导，严格按领导意图办事；尊重领导，时刻维护领导人的权威。这是秘书职业的基本素质之一。

(二) 工作上，秘书与领导是同志关系

秘书与领导的工作目标是一致的，秘书服从领导安排，做好各项工作，是秘书工作的职责，并不意味着秘书工作的卑微。在人格上，两者没有高低优劣的区别，两者完全平等。秘书应以良好的职业素养，在工作中主动献计献策，帮助领导分担事务，拾遗补缺，与领导齐心协力。

(三) 职能上，秘书与领导是辅佐关系

秘书辅助领导工作，其职责之一是当好领导的助手。秘书人员应把大量的具体事务承担起来，以节约领导的时间，使领导有更多的时间与精力掌管全局，主抓大事。

秘书要当好助手，而不是主手。日常工作中，许多事情需要秘书人员去牵头、把关、协调，这是领导助手的具体体现。秘书人员要摆正位置，不能超越职权，不能越俎代庖，要甘居从属地位，不逾矩，不揽权，做到脑清、心诚、言慎。真正做到参谋不决策，参与不干预，分忧不分权，防止有意无意地以"二领导"名义发号施令。

秘书人员要摆正位置，不能超越职权。

(四) 生活上，秘书与领导是诤友关系

秘书常在领导身边，对其性格中的长处与弱点能了如指掌。秘书对于领导决策、工作方法与作风在基层引起的反映，要及时、客观又恰如其分地加以提醒。切忌为博取领导欢心而报喜不报忧，更忌不分是非地恭维使领导误把自己的缺点认作优点。

一个出色的秘书应该贴近领导，熟悉领导，跟领导心心相印，成为领导的诤友。

三、职业秘书的作用

(一) 办事与管理作用

秘书工作是具体的事务工作，具体到收发文件、编号归档、撰拟文稿、打印校对、装订派发、接打电话、迎来送往、布置会场、派车买票、安排食宿、接待来访、寄发邮件等，繁杂而无序，但都要秘书人员一件一件去办理，秘书事无巨细，"上至天文地理，下至鸡毛蒜皮"，处处发挥作用。

从秘书的职业定位，可以看出秘书人员在发挥办事作用的同时，往往还承担部分领导工作，这时，领导的意图，领导的权力也部分地转移到秘书所承担的那一部分工作上，而领导的管理职能也同步转移到秘书身上。因此，秘书还要发挥管理作用。

（二）协调与枢纽作用

秘书工作中很大一部分内容在于上传下达、沟通左右、协调各方，这时，秘书在工作中的作用往往相当于润滑剂、中转站。如下图所示。

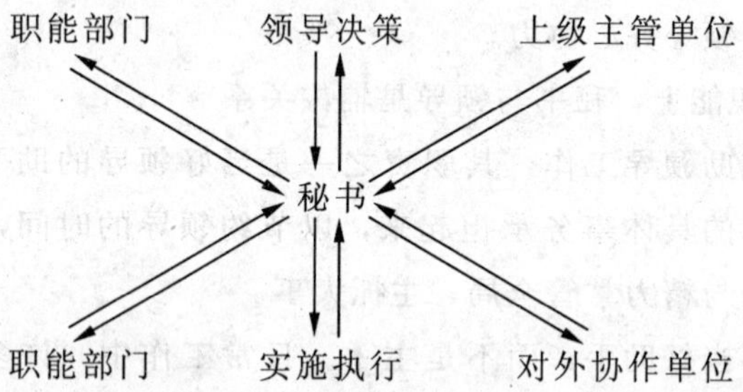

（1）秘书是领导决策与具体执行的中介，领导的决策指令通过秘书下达，实施执行的基层在执行过程中的意见通过秘书上传，秘书在上层领导与基层之间起着上传下达的沟通作用。

（2）各个职能部门在全局工作中业务会有交叉，彼此的工作方向或思路难免不同步，秘书在平行职能部门之间则充当润滑剂，进行意见交换、信息回馈、沟通协调。

（3）上级领导或主管部门的精神与意图也通过秘书部门吸纳，经过分类发送给本单位决策层。本单位与外单位之间的联络，由秘书负责完成。这时，秘书相当于内外连接的桥梁。

从信息传播的角度看，秘书在信息收集与处理方面也发挥着中心枢纽的作用。

秘书部门往往处于一个组织机构的中心，是信息的集中与发散部门。上下左右，各个方位的信息都汇集到这里，秘书部门在对这些信息进行加工处理后，再及时分流回馈到领导决策层部门、实施执行的基层部门或上级部门和外单位。

总之，秘书人员处在枢纽位置，能便利地掌握全局情况，便于及时消除各方隔阂，化解各方矛盾，协调好各方关系，以保证一个组织各方面正常运转。

（三）参谋与辅助作用

秘书人员的参谋作用突出体现在为领导工作出谋划策上。积极发挥秘书的参谋作用，有利于提高领导决策的水平。秘书的参谋作用，贯穿在辅助领导工作的整个过程中，具体体现在以下三个方面：

秘书参谋作用的三个方面。

第一，秘书必须为一个组织内的所有重大活动制订工作计划，包括工作日程的安排、实施的步骤，实施中的人、物、财力分配，具体的措施等细节提供给领导参考，使领导决策时有据可依。

第二，秘书要将各方信息收集、整理好提供给领导，并在整理中做适当的分析，把最重要、最有价值的信息在最短时间里送呈领导。

第三，秘书要有超前意识，在领导决策前先拟定各种可行性方案，供领导定夺，在领导制定各种政策、法令时要代领导者立言，并以逆向思维的方式推敲、完善领导可能出现的疏漏。

当然，秘书人员只有参谋权，没有定夺权。秘书人员只能对领导起辅助作用，一切事情还得按领导意图来办，严格做到牵头不当家，把关不做主，协调不定音。

（四）窗口与形象作用

秘书部门常被人称为“窗口”，这里的窗口有以下两层含义：

秘书部门的窗口作用。

1. 信息传递与输送的“关口”

一个组织向外发送的信息，往往由秘书部门把握三道关，即文字关、用印关、保密关。秘书人员在这里较好地起到关口作用，有利于体现组织信息的严肃性、合规性、合法性。

2. 展示组织形象的“门面”

一个组织对外联系、对内传达决策层意图，安排并参与内外各方业务洽谈或协调工作，大多由秘书部门完成。秘书人员的工作水平、思想水平、工作态度、办事效率等，大体反映出他所在组织的管理水平与工作作风。人们在与秘书打交道的过程中，能窥斑见豹，秘书的一行一言和精神风貌代表着组织的风貌，因此，秘书往往是组织的门面，是组织的形象代言。

秘书良好的个体形象有利于塑造组织的整体形象，有利于内外公众亲近组织。

四、现代秘书工作原则

现代秘书工作原则，是指秘书人员在工作中必须遵循的规则、要求和道德规范。具体说，有以下五点：

（一）准确

准确是对秘书工作质量的要求，也是提高效率的基础。

（二）保密

秘书工作的五项原则：准确、保密、迅速、求实和创新。

保密即保守工作机密，是秘书工作的基本原则。

（三）迅速

迅速是对秘书工作效率的要求，指办文办事讲求实效，做到用最少的时间，最小的花费，取得最佳的效果。

（四）求实

求实指求真务实，实事求是。敢于抵制错误的做法，敢于讲真话，敢于报实情。

（五）创新

创新指勇于探索，改革创新。

五、现代秘书工作性质

秘书的工作职责是辅助管理，综合服务，秘书工作从总体上来说是从属于领导工作，其目的就是辅助领导实施管理。这就决定了秘书工作的辅助性、机要性、事务性、综合性等特质。

（一）辅助性

秘书工作的六种性质。

辅助性源于秘书工作的从属地位，所以，也称从属性。

辅助性是秘书工作的基本属性。秘书的辅助性特点可以从以下两个方面认识：

一是被动性，是指秘书必须根据领导工作和组织管理的需要提供工作服务，其工作内容和方向基本上是被动的。

二是服务性，是指秘书的一切工作都围绕领导的工作展开，为领导工作和领导者服务，为他们从各个方面尽可能地创造各种便利条件，以提高工作效率和质量。

（二）机要性

秘书工作就其任务来说，要接触大量的秘密。

秘书工作的机要性要求秘书人员具有高度的责任感、严格的纪律性和牢固的保密观念。

秘书工作的机要性要求秘书人员具有高度的责任感、严格的纪律性和牢固的保密观念。秘书部门是机关内部的机要核心部门，是信息的综合处理部门。对于秘书来说，既要对各方面工作了如指掌，又要明确哪些是要自己知道的，哪些是自己不必知道的。秘书对自己所知晓的秘密事项必须做到守口如瓶。不必知道的，决不好奇、不打听，自觉减少失密的可能。

（三）事务性

秘书部门大多数工作很具体，每天都要处理大量繁重而又琐碎的事务。“办文”、“办会”、“办事”是对秘书工作的精炼概括。值班、接打电话、接待、日程安排、信息调研、工作协调等明显属于事务性工作，一切事务性工作都是“事”。广义地理解，“办文”、“办会”也是“办事”，也包含有大量具体事务。比如文书处理工作中许多程序也是非常具体的事务，诸如公文的缮印、校对、用印、分发、签收、登记、保管等，完全是一些琐碎的事务。可以说，秘书工作处处是事务，事事是要务。

事务性工作总是与细、繁、杂、忙连在一起，无边无际，无尽无休，无时无刻。面对如此纷繁庞杂的事务，秘书在工作中要摸索出事理，掌握规律，提高办事的悟性，举一反三，这样才能把“事”办好。

> 秘书在工作中要摸索出事理，掌握规律，提高办事的悟性。

（四）综合性

秘书部门是综合办事部门，秘书是领导的助手，秘书的工作是为领导工作服务，因此，秘书工作内容和活动方式必然涉及领导工作的各个方面，具有鲜明的综合性。秘书工作的综合性具体表现在以下方面：

> 秘书工作内容和活动方式必然涉及领导工作的各个方面，具有鲜明的综合性。

1. 秘书业务工作涉及范围广、工作头绪多

凡是领导职权范围所涉及的工作皆属秘书的服务领域。秘书机构不是仅仅承担机关和企事业单位的某一项、某一类工作，而是要综合全面情况、了解和处理各种问题，在各部门之间起联络和协调作用，掌握和传递各种信息，辅助领导者进行全面的管理工作。

2. 秘书业务工作形式多样

秘书工作的具体手段、方式丰富多样，打字印刷、电话传真、接待挡驾、文字拟稿、文书管理、信访处理、组织会议、安排活动、对内服务、对外联络等，不一而足。这就要求秘书人员具备宽广的知识面，掌握多种工作技能，成为秘书工作的多面手。

3. 秘书的各项工作相互交织

秘书工作的各项内容虽然具有各自特点和表现形式，但并不是相互割裂的，在实践中，常常是你中有我，我中有你，彼此联系，相互交融。“办文”、“办会”、“办事”三者之间就是你中有

我，我中有你，分分合合。在实际工作中，三者有相对独立的工作形式，更多的是相互融合，不可分割。“办文”有时是通过“办会”解决的，“办会”离不开“办文”的工作，“办事”在多数情况下是通过“办文”或者“办会”体现的。

（五）专业性

对秘书业务的特殊要求。

秘书工作的专业性是对秘书业务的特殊要求。秘书工作要求秘书人员必须具有较高的政策水平、文字水平和理论水平，有较强的调研、信息处理、办事能力，熟悉文书、档案、会务、通信、速记、礼仪等方面的知识，使用和维护办公自动化设施等，要达到上述要求绝非易事，必须进行专业训练。秘书工作作为一种专门的社会职业，从业者必须进行正规的专业培训，进行严格的专业考试，取得秘书从业资格。

（六）程序性

秘书的业务工作虽然繁杂、琐碎，但在处理过程中确有较强的程序性，主要表现在以下几个方面：

1. 自然性程序

即按工作活动的自然进展程序处理事务。一般工作的自然程序表现为：准备、计划、布置、执行、检查、总结、评比、表彰。

2. 理论性程序

即用科学的方法总结秘书工作的经验和教训，探索秘书工作的规律，并上升为科学理论，制订出合理的工作程序，反过来指导秘书工作。

3. 指令性程序

这里所说的指令是指领导对办理某项事务的具体指示和要求。

4. 法定性程序

即根据法律、法规和规章所规定的程序办理事务。公文写作、文书处理、信访工作、保密工作、印章管理等秘书实务工作，都要严格按照相关的法定程序处理。

5. 技术性程序

有些依赖于技术支持的秘书工作，如电话、传真、计算机的操作，电视电话会议组织等，都有一套技术操作的程序，必须遵循。

6. 经验性程序

秘书人员在秘书实务的实践中会积累和创造大量的经验，形成符合本单位实际的工作程序，这些经验性程序往往具有宝贵的价值。

以上程序是相互联系的，一项具体的秘书业务工作往往会存在几种程序性要求。程序性特征要求秘书人员精通业务知识，熟悉有关规定，掌握操作技能，勇于实践探索，善于总结规律，不断提高办事程序的科学性。

六、现代秘书发展前景

从世界范围来看，秘书职业特性较之以前有了显著的扩展和强化，秘书人员的阵容日趋壮大，秘书工作的范围日渐明晰，业务也日趋规范。随着秘书职业的社会化、专业化、现代化程度加深，现代秘书将越来越接近专业经理人的角色，工作范围将涉入社会各个领域，工作内容中管理比重逐步增加，专业取向更明确。例如，办公室的计算机化，使得秘书们均成为“信息技术员”。经理人依赖秘书处理更多的行政工作，并且提高办公室整体的生产力。经理人也因此更希望秘书能接受更多的教育，更会对那些有进步、专业化、有组织、有能力处理大量信息的人特别看重。

如果重视秘书发展，就要重视秘书的专业化。正如石咏琦在《谈天才秘书》中言及，“必须尽早培养和再学习专业经理人的知识，如管理课程、计算机操作、软件应用、信息汇整等，并选择一项专精的管理内容，如人事、财务、信息、营销管理等，才能堂而皇之地进入专业经理人的角色和殿堂。”

思考题

1. 如果终生以秘书为职业，你对秘书生涯如何规划？详细写下来。
2. 秘书由服务性例行工作改任领导或专业经理人，要具备哪些条件？

第三节 现代秘书的分类

秘书是一个统称。区分现代秘书职位类别，可以从不同的角度进行。

公务秘书和非公务秘书。

一、按服务对象分

可分为公务秘书和非公务秘书两大类。

（一）公务秘书

指为某一组织服务的秘书，包括为党政机关、军队、社会团体、企事业单位服务的秘书。这其中又分为两类：

1. 国家工作人员

由组织人事部门选配，从所在组织领取工薪，在编制上属于国家行政编制、事业编制、国营或集体企事业单位编制。

其中，一部分是集体秘书，是为某一组织的领导层服务的秘书。他们不是为某一个领导服务，而是为组织内整个领导班子服务的。

另一部分是专职秘书，指专为某个领导服务的秘书。

2. 非国家工作人员

指为非国有性质的组织服务的秘书。可以是为外资企业、中外合资企业、中外合作企业、非国有股份制企业、民办企事业、民间机构团体等服务的秘书，这类秘书的特点是仍为一个组织服务，只是组织的所有制成分中不含国有成分。

（二）非公务秘书

指由个人出资聘请并为聘请者服务的秘书。这类秘书的工薪由聘请者支付。包括为文体界明星、社会各界名人等个人服务的人员。

一般秘书和业务秘书。

二、按所在行业的职能划分

可分为一般秘书和业务秘书两大类。

（一）一般秘书

指组织中的一般助理人员，工作中没有明确的专业要求，为领导提供文书、行政事务方面的服务。

（二）业务秘书

组织中具有某个行业的专业优势并以此为领导服务的一类人员，具体分为三类：商务秘书、政务秘书、法务秘书。

1. 商务秘书

商务秘书负责组织内外商业信函、经济文本等的拟制、收发、归档以及内外客户接待、业务协调等，通常在领导授权下独立工作。

2. 政务秘书

政务秘书负责组织内部人事调配、人员培训、行政协调等工作。

3. 法务秘书

法务秘书是负责处理组织内外法律问题的秘书。

三、按工作内容划分

可分为文字秘书、行政秘书、机要秘书三类。

文字秘书、机要秘书和行政秘书。

（一）文字秘书

文字秘书是负责处理组织内外文字材料的人员，即通常所说的“笔杆子”。主要是撰拟文稿、处理文稿的秘书人员。

（二）机要秘书

机要秘书是组织内处理及保管机密文电的秘书。

（三）行政秘书

指处理各类行政事物的秘书。

1. 事务秘书

负责总务、后勤、办公室接打电话、会议安排、迎来送往、来访接待、安排食宿等。

2. 通讯秘书

负责通讯事务及设备管理，包括接转总机、收发传真等。

3. 生活秘书

在生活方面为较高级领导服务的秘书。

四、按职权大小划分

分为高级秘书、中级秘书和初级秘书三类。

高级秘书、中级秘书和初级秘书。

（一）高级秘书

指秘书长、办公厅（室）主任。其职责是既做领导的重要助手，又承担一部分领导工作，既参与政务，又管理事务，他们本身就是领导成员。

（二）中级秘书

指办公厅（室）主任下属的秘书处（科、股）长及文字秘书。主要负责为领导起草文稿、处理公文、调查研究、收集处理各类信息，其工作对领导决策有重要作用，他们身兼秘书与部分领导工作。

（三）初级秘书

指在办公室从事日常行政事务及文稿处理，即办文、办会、办事的基础性工作的一般事务人员。

思考题

1. 为非国有性质的组织服务的秘书，就是私人秘书。这种说法对吗？试说明理由。

2. 有人说，在办公室端茶倒水的人顶多算是办公室小妹，你的看法是什么？

【案例分析】

案例一：

EMC 邮件门事件

2006 年 4 月 7 日晚，EMC 大中华区总裁陆纯初回办公室取东西，到门口才发现自己没带钥匙。此时他的私人秘书 Rebecca 已经下班。陆纯初试图联系，未果。

数小时后，陆纯初依然怒火难抑，于是在凌晨 1 时 13 分通过内部电子邮件系统给 Rebecca 发了一封措词严厉且语气生硬的"谴责信"（附后），并同时抄送给公司的其他几位高管。

面对总裁的责备，这位女秘书没有像常规做法那样用英文写一封回信，解释当天的原委并接受总裁的要求，同时给自己的顶头上司和人力资源部的高管另去信说明，坦诚自己的错误并道歉，而是用中文写了封措词同样咄咄逼人的回信（附后）。并且她回信的对象选择了"EMC（北京）、EMC（成都）、EMC（广州）、EMC（上海）"。这样一来，EMC 中国公司的所有人都收了这封邮件。结果毫无悬念：她立刻被解职了。

附：陆纯初写的信

Subject：Do not assume or take things for granted

Rebecca，I just told you not to assume or take things for granted on Tuesday and you locked me out of my office this evening when all my things are all still in the office because you assume I have my office key on my person . With immediate effect，you do not leave the office until you have checked with all the managers you support this is for the Lunch hour as well as at end of day，OK?

（我星期二刚告诉过你，想东西，做东西，做事情不要想当然！结果今天晚上你就把我锁在门外，我要取的东西都还在办公室里。问题在于你自以为是地认为我随身带了钥匙。从现在起，无论是午餐时段还是晚上下班后，你要跟你服务的每一名经理都确认无事后才能离开办公室，OK?)

Rebecca 的回信：

第一，我做这件事是完全正确的，我锁门是从安全角度上考虑的，北京这里不是没有丢过东西，如果一旦丢了东西，我无法承担这个责任。

第二，你有钥匙，你自己忘了带，还要说别人不对。造成这件事的主要原因都是你自己，不要把自己的错误转移到别人的身上。

第三，你无权干涉和控制我的私人时间，我一天就 8 小时工作时间，请你记住中午和晚上下班的时间都是我的私人时间。

第四，从到 EMC 的第一天到现在为止，我工作尽职尽责，也加过很多次的班，我也没有任何怨言，但是如果你们要求我加班是为了工作以外的事情，我无法做到。

第五，虽然咱们是上下级的关系，也请你注重一下你说话的语气，这是做人的最基本的礼貌问题。

第六，我要在这强调一下，我并没有猜想或者假定什么，因为我没有这个时间也没有这个必要。

(节选自黄芳的《EMC 邮件门事件》《上海经理人》2006 年第六期)

思考题

1. 分析本案例，谈谈你对秘书职位的理解。

2. 秘书与领导发生合作上的问题在所难免，案例中 Rebecca 的处理方式是否得当?

3. 本案例中 Rebecca 是以“弱者”形象出现的吗?

提示：

1. 如果每个员工都可以利用群发系统发泄恩怨，公司会陷入怎样的混乱?

2. 作为公司的总裁的个人秘书，其职责是否包括总裁的日程安排等个人事务。

3. 一味地忍受确实不是很好的办法，但不顾后果的宣泄是好办法吗?

案例二：

“河北第一秘”李真案启示录（一）

近年来，国内陆续出现的较高层次的秘书或秘书长职务犯罪案件，业已引起社会的较大关注，被称为“秘书腐败”现象。其中“河北第一秘”李真一案无疑更具有典型意义。

李真1990年11月到河北省人民政府办公厅任秘书，不足一年即于1991年升任副处级秘书，一年半之后的1992年12月又升任正处级秘书。从1993年6月起，李真任中共河北省委书记秘书，一年半之后的1994年12月，又被提升为省委办公厅副主任。四年内李真的职务连升四级，提升速度之快在中国政界实属罕见。被称为“河北第一秘”的李真最终因贪污、受贿罪被执行死刑，年仅41岁。

李真之所以最终走向毁灭，重要原因之一，就是他手握重权却又缺乏共产党人的理想信念。新华社记者乔云华采访李真时问他如何看待理想信念，李回答：“觉得可有可无……虚无缥缈……”李真在其忏悔录《我的前半生》中这样写道：“入狱后经过极为痛苦的回顾，反思为什么自己从一个年轻有为的领导干部沦为阶下囚呢？我认为首先是忽视了世界观、人生观的改造，对共产主义的理想和信念产生了动摇，灵魂受到了腐蚀……”李真在被“双规”至执行死刑期间，经常夜不成眠，他唉声叹气地说：“生和死原本离得这么近，近得只有一线之隔，而架着这条线的就是信念。”李真缺失共产党人的理想信念，却有他自己的另类追求，他说：“给副省长做秘书时，感觉不如给省长做秘书好；给省长做秘书时，感觉不如给省委书记做秘书风光、神气。等真的给省委书记做了秘书后，又感觉不如有实权好。等到到省国税局做了局长，感觉弄个省部级干部干干更好。我给自己设想的是，45岁前，要弄成封疆大吏或政府阁员……”李真为什么有永不满足的官欲？官欲背后隐藏的又是什么东西？他说：“有了大权就有了一切，走到哪里都是鲜花、美酒、笑脸和恭维”，“有了权力也就有了地位和金钱”，“权力就是金钱，拿1000万元，我也不换秘书这个位置，因为这个位置，就是滚滚不断的财源。逢年过节，看我的人排着队，他们仅给我儿子的压岁钱，每年少则几万，多则几十万。”“官做得越大，越没人敢找你的事，自己就越保险。”他曾对下海经商的河北省政府办公厅原副主任吴庆五说：“我在官场，你在商场。官场有事我来办，如果需要钱，我来找你。我们两人配合好了，我在官场就会步步高升，你在商场就会钱越赚越多。”他还把吴庆五、张铁梦叫到家中大谈其处世之道，话说得直截了当：“我在政界，张铁梦在企业，庆五在商场，我们各有优势。一旦互补，将来都会前途无量。”而三人“互补”的第一笔交易，就是李真利用秘书这一身份便利来运作，以支持企业发展的名义偷梁换柱从国家500万元外汇额度中“赚”了2000万元人民币，由三人私分。自此以后，李真的贪污、受贿便一发不可收，直至被中纪委“双规”。作为执政党的省委书记的秘书，李真的所作所为、所思所想，与共产党人的理想信念是多么格格不入啊！

这里不妨将胡乔木等中国当代著名秘书大家与“河北第一秘”李真作个对比：

20世纪90年代初，苏联、东欧发生剧变。如何看待共产主义运动发展过程中的这一挫折？具有不同理想信念者表现出截然不同的两种态度。秘书大家胡乔木以此为鉴，对国际共产主义运动的理论与实践进行反思，对中共十一届三中全会以来改革开放的实践进行反思，写出了《对社会主义的新认识》。他认为，我国在新时期实行的“改革开放对于社会主义国家来说，的确是从理论到实践上的一次深刻的革命”，因为它“使经济活力和人民生活大大前进了。这正是中国能够在‘政治风波’中站得住的物质基础……东欧和苏联正是缺少这个基础。这是一个严重的教训”。由此可以看出，胡乔木对社会主义的认识因苏联、东欧剧变而达到了一个新的高度、新的境界，这为他自觉捍卫与执行党在新时期的政治路线奠定了更加牢固的思想基础。这就是具有坚定理想信念的共产党人对待困难与挫折的正确态度。

秘书大家田家英当年面对“大跃进”带来的挫折也采取了胡乔木这样的态度，他像许多共产党人一样反复地思考社会主义究竟应该如何去搞的问题，思考的结论是：坚信社会主义一定能够实现，但建设社会主义的方法可以多种多样。像胡乔木、田家英这一代知识分子，他们从早年参加革命起就忧国忧民、洁身自爱，不慕名利、不贪权势，以天下为己任、以苍生为念，又经过长期革命实践的焙烧锤炼和党内刻骨铭心的教育，使这些优秀品德深深地融进了马克思主义的理想信念之中，铸就了钢铁般的意志与品格。他们由于有崇高信念的支撑，所以在革命成功、身居高位（成为执政党最高层次的秘书）的情况下也不会异化为以权谋私的政客，始终保持着共产党人的本色。他们与“李真们”的根本区别就在这里。

李真又是如何看待“苏东剧变”这一事件的呢？他说：“做秘书时，我看了一本苏联解体内幕的书。这本书上说，一些曾为苏联卫国战争立下汗马功劳的老布尔什维克在苏联解体后，要饭无门，相反一些积攒了钱财的贪官，在苏联解体后不仅没受到法律的制裁，转眼间却成了世界级的富豪。”“苏联解体后，有些高官为养家糊口，去看大门、卖馅饼，我就认为，与其一旦江山易手，自己万物皆空，不如权力在握及早做些经济准备。于是‘弄钱’的欲望一产生，信念也就从根本上产生了动摇。”李真还从“苏东剧变”联想到国内的“社会现实”，很快就找到了“及早做经济准备”的途径。他说：“我看到个别高干子女吃、抽、穿、用极为豪奢，时间一长，就知道了其中的‘秘密’。他们这些钱是依靠父母的权力和影响，开公司、做生意牟取的暴利。我既羡慕又不平。我也握有权力，需要一定的交往。他们能弄到钱，我就不能？况且他们手中的钱，有许多还是我帮忙弄的。”李真又说：“个别高干的老婆和子女打着他们的旗号办企业，一夜暴富。我就想，他们能富，我的权力也不小，怎么就不能暴富？于是我就想在家庭建立我从政、让前妻经商的‘一政一商’机制。在国内经商不方便，也太显眼，于是我就让前妻到国外……”在这种心态支配下，李真运用手中的权力肆无忌惮地贪污受贿，一步步走向犯罪的深渊而无力自拔。

李真临刑前悟出的"信念是生命的守护神"这一点，是具有普遍意义的重要警示。已被执行死刑的江西省原副省长胡长清，就对他移居国外的儿子说："总有一天中国会不行的"，"有两个国籍，将来就有余地了"。为此他全家都办理了化名身份证和因私出国的护照。被判处死缓的中共泰安原市委书记胡建学也经常私下说："走社会主义道路没有出路。"已被执行死刑的北京电子动力公司原总经理兼党委书记、全国劳动模范陈铭，同样公开散布说："共产主义在地球爆炸前不可能实现。"由此可见，这些贪官对待理想信念的态度与"河北第一秘"李真如出一辙，只是表述不同而已。在他们看来，政治是虚的，理想是远的，权力是硬的，票子是实的；他们实行的方针是不要虚的，放弃远的，抓住硬的，捞到实的。这样，到头来必然是自绝于人民，玩丢自己的性命。现正从事秘书工作的同志们，牢牢记住李真这个反面教员吧！

（选自李秀芹的《理想信念是秘书生命的守护神》《秘书之友》2006）

思考题

1. 共产党人的理想信念是什么？公职秘书人员应该具备怎样的信念？

2. "信念是生命的守护神"，这句话有无道理？

提示：

1. 这里所说的"生命"，既指一个人的政治生命，也指其生理生命。

2. 邓小平指出："我们多年奋斗就是为了共产主义，我们的信念理想就是要搞共产主义。在我们最困难的时期，共产主义的理想是我们的精神支柱，多少人牺牲就是为了实现这个理想。"

3. 作为执政党党员的公职秘书人员，只有具备正确的理想信念，才能站在人民群众的立场上，正确认识社会主义发展过程中出现的曲折和遇到的困难。

实务操作

1. 结合上述案例一，换个角度来解决。请模拟设计其他处理方式，写出解决方案，在课堂上进行交流。

时间安排：两节课。自我设计在课余分头进行，教师用一节课时间点评。

2. 面对总裁的责备，请以 Rebecca 的名义另写一封回信，以求得另一种结果，同时展示你对秘书角色的理解。

第二章　现代职业秘书必备的素养

学习要点

- 明确秘书的素质和修养，了解秘书职业的专业特殊性和专业素养训练的必要性。对照自我，分析认识，以掌握秘书人员必备素养，以专业要求提升自我。

秘书工作是一项上传下达、承上启下、沟通左右、协调八方的综合性工作。一名训练有素的秘书人员，工作中既要坚守规则，又要随机应变。待人接物要沉稳端庄、张弛有度；处理事务要有条不紊、干练果断。这就决定了秘书从业人员不但要有精湛的专业技术，还要具备良好的职业素养。

秘书需要具备的职业素养。

素养是素质和修养的合称。从字面上理解，素质是人的本质，修养是使人身心完美或趋向完美。秘书工作对秘书人员的素质和修养有特有的全面的要求。

通常所说的秘书工作，不外乎“三办”，即办事、办文、办会，秘书人员是完成“三办”的主体。

秘书人员自身的素质与修养在很大程度上决定了秘书工作的成败。

秘书素质是指秘书从业人员在政治、思想、作风以及个体知识储备、能力培养及心理承受等诸方面的综合素质。秘书修养是指秘书人员的职业修养，它包含职业知识、职业责任、职业形象、职业言行等方面的修养。

这一切都是基于秘书职业定位和秘书工作特点而来的，当然，职业素质与修养不是与生俱来的，也不是选择了秘书职业就能凸现出来的。秘书的职业素养是秘书人员通过有意识的训练积累而来的。要获取职业所要求的素养，需要有针对地、长期不懈地学习准备和工作实践。具体努力的方向有三个。

第一，知识素养。包括职业人员进入职场必备的基础知识、秘书工作可能打交道的各行各业的相关知识及秘书职业所需的专业知识。

第二，能力素养。包括秘书开展工作必需的观察思维能力、汲取信息能力、沟通协调能力以及表达能力、操作能力、创新能力。

第三，德性修养。包括政治修养、道德修养、理论修养、心理修养等。

第一节 现代秘书必备的知识素养

知识就是力量。学习和积累知识是现代社会中人们得以生存和发展的基础。秘书工作以脑力劳动为主，更应有广博的知识。古今中外优秀的秘书人员一般都是饱学之士。

提到三国时期的诸葛亮，人们都会想到其才智过人，其实才智源于他的博学。当年诸葛亮隐居隆中，刻苦攻读，熟知诸子百家思想精华，把握历代兵法精髓，运筹帷幄，雄韬伟略，未出茅庐已知天下三分之事，这才激发了刘备三顾茅庐。一旦出山，即辅助刘备成就了三国鼎立的局势，至今世人仍赞：出师一表真名世，千载难逢伯仲间。

新中国成立初期，周恩来总理的军事参谋雷英夫，早先曾在毛泽东、周恩来、叶剑英等高级领导身边当过秘书，亲身经历了许多重大历史事件。领导们在紧要关头做出的一个个重大决策，采纳了不少他的卓有见地的建议，他的出色的才能赢得了高层领导的赏识和信任，他的才能文武兼备，工作中能参善谋，这一切都源于他勤奋学习而来的广泛知识素养。

一个合格的秘书人员既要获取广博的知识，又要根据自身特点来建构适应专业需要的合理知识构架。秘书人员的知识构架包括职场必备的广博的基础知识，工作中实用的相关知识以及精湛的专业知识。

> 秘书人员的知识构架包括职场必备的广博的基础知识，工作中实用的相关知识以及精湛的专业知识。

一、基础知识

基础知识是秘书人员知识构架中的最根基部分。民谚有云：万丈高楼平地起。秘书人员没有扎实的基础知识是不可能有专业建树的。基础是根本，是出发点，没有基础就没有起点，没有起点就没有过程，没有过程，就不可能达到终点。

秘书人员的基础知识应包括以下几方面：

> 秘书人员的基础知识。

(1) 人文社会知识：包括社会、经济、文化、艺术、法律、伦理、历史、哲学、美学等学科知识。

(2) 自然科学知识：包括生物、化学、天文、地理、物理等学科知识。

(3) 交叉学科知识：包括数学、语言、逻辑、控制等学科知识。

这三方面的知识为秘书人员提供了思想表达工具，能使秘书人员对秘书工作形成正确的认识，把握全面工作的尺度，有效合理地开展工作。

这三方面的知识无所谓谁主谁次，它们互相交融，共同构架出文秘人员必备的基础知识层面，从代领导者立言的角度上讲，秘书人员的知识面需要涵盖领导的知识面，才能真正发挥参谋与辅佐作用。

二、相关知识

秘书人员的外围知识。

相关知识是秘书人员在开展工作时不可避免要涉及的相关行业的知识，是秘书职业的外围知识。

秘书人员的相关知识有：

（1）管理学知识：包括一般管理理论、经济管理学、企业管理学、行政管理学等学科知识。

（2）心理学知识：包括普通心理学、社会心理学、管理心理学、领导心理学、人际心理学、行业心理学等学科知识。

（3）公关礼仪知识：包括人际关系学、公共关系学、礼仪学、公关事务学、公关语言学等学科知识。

（4）其他相关知识：包括市场预测学、统筹决策学、信息传播学、文字艺术学等学科知识。

这四方面的知识扩大了秘书人员的知识面，有利于秘书人员开阔视野，开拓创新，立体思维，有利于秘书人员综合素质的提高。

三、专业知识

秘书人员的专业知识。

专业知识是秘书人员必须具备的从事秘书工作直接涉及的专门业务知识，是秘书人员知识构架中的核心部分。

秘书人员的专业知识有：

（1）普通秘书知识：包括秘书理论、秘书技能。

（2）专业秘书知识：包括行政秘书学、企业秘书学、法律秘书学、医学秘书学、教育秘书学、广告秘书学、工程秘书学、演艺秘书学等学科知识。

（3）秘书实务知识：包括秘书写作学、文书学、档案管理学、信访学、会议学等学科知识。

这三方面知识的具备，使秘书人员得以区别于其他专业人员，掌握了这三方面知识，即掌握了秘书工作的工具。

基础知识、相关知识和专业知识共同构成了秘书人员的知识架构，在整个知识层面中，三者关系如下图所示。三者相互联系、相互影响、相辅相成、有机统一，共同发挥整体效应。总体关系呈金字塔形，越是接近专业核心，在秘书人员总体知识构成中，占比例越小。

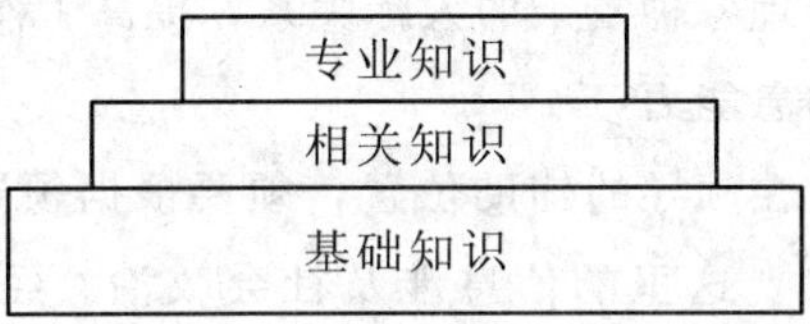

思考题

1. 如果具备了基础知识就上秘书岗位工作，一边干一边学专业知识，可行不可行？为什么？

2. 掌握了秘书专业知识，就足够应付秘书工作。这种说法对不对？为什么？

第二节　现代秘书必备的能力素养

秘书的能力，即通常说的才干。什么是秘书的职业才干？它包括秘书的政治水平和文化水平、学识和文化功底、通晓事理和实践创新的程度等。唐代虞世南做过秘书监，文词、学识、德行都有很高的素养。近代许同莘研究公牍学，主张写公文要“晓事”，即知晓事务和道理、有辨别是非的能力、审时度势、通情达理。现代的田家英，靠勤奋学习和勇于实践，从普通小职员成为高层领导的秘书。讲这些是为了明确秘书须有才干的道理。

优化秘书的能力结构，可以从增加知识素养入手，现代秘书的能力结构可以从六个方面考察。

现代秘书的能力结构。

职业秘书的四个必备能力。

一、观察思维能力

黑格尔说，观察力是“掌握现实及其形象的资禀和敏感”[1]。秘书工作离不开与人打交道，无论是领导、协作单位代表，还是单位内部员工，都是有思想的活生生个人，他们的言谈举止、彼此关系都会透露出各自的性格特征。秘书人员要敞开观察的门户，全方位多方面观察，随时掌握各种新情况，获取新动向，并对各种现象进行逻辑思维辨别，进行有效的思考，准确地做出判断。这样才有利于处理各种复杂的人际关系，提高工作业绩和效率。

二、汲取信息能力

秘书人员处在领导的辅助位置，须要根据领导的需要去收集、筛选和传递信息。这里的信息涉及社会政治、经济、科技、国防等方方面面，要求秘书人员要有能力去挖掘、采集各类信息资源，积极主动地直抵信息前沿阵地，把官方与民间、本地与外地、国内与国外、正面与反面等相关或对立的信息汲取过来，围绕领导中心工作，对倾向性、突发性信息抓重点、抓关键，为领导提供有参考价值的高质量信息，以更好地发挥辅助领导的职能。

三、社交公关能力

秘书人员的工作岗位决定了从业人员必须善于沟通和协调单位内部、单位内外各种情况和矛盾，了解全局情况，并有预见性地针对可能出现的矛盾和冲突介入协调。要真正发挥枢纽位置的润滑、桥梁作用，必须具备与他人进行社会交往的能力，讲究社交与公关礼仪，运用多种交际手段、艺术和方法，化解和消除矛盾。

四、表达能力

能说会写是秘书人员的看家本领。秘书要有效地辅助领导活动，既要“写得出”，还要“说得出”。具体从两方面增加能力素养。

（一）言语能力

包括两方面。

1. 书写能力，即写作能力

这主要指公文的辞章建构能力。它是把信息变成文字、符号、

[1] 黑格尔：《美学》第1卷，第357页，北京：商务印书馆，1981年。

图表、数字等形式，并借助纸张进行思想或情感的表达，以实现沟通、交往和合作的目的。

这是一项综合性很强的能力，要求秘书人员既要有较高的政策理论水平，又要有深厚的文化底蕴，还要掌握丰富的现实数据信息，并具有分析问题、判断问题时合乎主流方向的能力。而这些能力都需借助于良好的辞章建构能力表达出来。

秘书的写作能力。

没有较高的政策理论水平，就吃不透国家的大政方针，写出来就会偏离法纪规范。

没有深厚的文化底蕴，就看不透客观世界的本质，写出来只能停留在事物表象，没有深刻思想，如果语言驾驭能力再不强，写出来必定表达不清，缺少才情，没有思想，流于浅表。

不能掌握丰富的现实资料，就会理论脱离实际，写出来就会无的放矢，毫无针对性。纸上谈兵是不能解决实际问题的。

而没有把握主流方向的能力，就会在是非判断、价值观念、审美要求等主要方面失之偏颇，写出来必然倾向错误、是非不明、审美低俗。

良好的辞章建构能力是借以展示上述能力的载体，无论政策、理论水平有多高，思想有多深刻，数据有多丰富，观点多么正确，离开良好的辞章建构都无法表达。因此，必须重视辞章建构能力。

2. 口语能力，即口头表达能力

这是指日常口头交谈的能力，即要“会说话”。这也是一项综合性较强的能力，具体讲，有五个方面的内容。

秘书的口头表达能力。

(1) 能说真实的话

语言是思维的外壳，心有所想，言有所及，要肯说真话，敢说真话，要有一说一，有二说二。不要说假话，不要文过饰非。

秘书人员为领导服务，一定要心地坦荡，光明磊落，以诚立言。

(2) 能说有内容的话

秘书人员的口头语言是解决实际问题的工具之一。要有针对性，就事论事，要有目的性，了解什么情况、沟通什么关系、传达什么精神、解决什么问题、交代什么事物，一清二楚，内容充实，不要打哈哈，说空话，说废话。

(3) 能说合规的话

秘书人员的口语表达以口语交谈的形式出现，但它毕竟是为工作而开展，带有职业的规范性要求。因此，用语要端庄、表意要贴切、语气要平和、语速要适中，不要信马由缰，脱离规范。

（4）能说优美的话

秘书人员代表单位形象，一定要时刻注意自我修养。谈话或发言，用语要纯洁、健康，切忌出语粗俗，尖酸刻薄；讲话方式要文雅，切忌高门大嗓，粗鲁叫嚷；讲话方向要透明，切忌故作深沉，闪烁其词；讲话分寸要得当，切忌哗众取宠，自我炫耀；讲话要适应环境，切忌不分场合和对象，悲喜过度。

（5）能说机智的话

秘书人员与人交谈要打破严谨职业可能带来的呆板、拘束，有意识地锻炼讲话的机智和幽默，制造谈话的轻松气氛，有利于交流信息、沟通情感、交代事项。为此，讲话中风格要幽默、诙谐，可适时地加入轻松俏皮而又无伤大雅的笑话，在矛盾冲突升级或关系僵化的时候适当化解矛盾、缓和气氛，以机敏与智能完成工作任务。

（二）非言语能力

秘书的表达能力中，非言语能力借助于言语能力共同发挥作用，会有意想不到的效果。借助于眼神、表情、手势、躯体、体位等手段可以更好地实现交流与沟通的目的。

五、操作能力

传统秘书被称为“笔杆子”，现代秘书仅靠一支笔已难以适应文字材料的处理，更不用讲适应现代社会发展需要了。现代秘书要在现代社会中站稳脚跟，一定要具备适应社会需求的设备操作能力，即可动手的能力。

秘书的设备操作能力。

秘书要掌握所需设备操作能力包括：计算机、电话机、采访机、传真机、投影仪、扫描仪、照相机、录像机、刻录机等。

有效地处理日常事务的能力包括：汽车驾驶、组织会议、快速录入汉字、安排食宿、接待来访、领导外出、媒体公关等实际动手过程中的操作能力。

要有效地处理各种事务，需要知晓办事程序，区分轻重缓急。一般地说，要学会对各类事物分类，然后遵循 ABCD 处理原则，先急后缓，先主后次，先易后难。其中 A 指重要而紧急的事务，B 指重要而不紧急的事务，C 指紧急而不重要的事务，D 指可做可不做的事务。

六、创新能力

谈论“创新”，如果首先想到的是新产品或服务项目，那么这种想法是狭隘的。确切地说，创新是一种革新的过程。

秘书职业的创新体现在秘书人员通过获取和处理信息的新形式而改进管理上。

秘书人员在工作范围内，思想经常处于理性化，过分囿于传统的框框一味地听凭吩咐而工作，有时显得僵化守旧。要打破呆板、僵化的传统工作风格，必然要具有创新能力。

创新能力不是标新立异，这种创新能力可以理解为将各领域克服僵化结构和思维模式的知识或经验融合为全新的决策方案。秘书人员要做的是需要创新性的思维和行动。具体说，现代秘书需要激发和加强创造性的思想苗头，可以通过相互联想、刺激、模拟推理以及由潜意识突然自发产生的念头，促进新的工作思路的产生，引发自我头脑风暴。

秘书人员要做的是需要创新性的思维和行动。

赫尔曼·巴尔说过：天才总是于寻常中发现不寻常。[1]

综上所述，秘书开展工作必要的六大能力之间彼此相辅相成。秘书的能力是综合的，六大能力无所谓轻重，正如心理学中的迁移，一种能力加强了，必将带动其他能力的提高。日常修养中，秘书一定要从个人、社会的要求上提升自我的办事和业务能力。

思考题

1. 在秘书必备的能力素养中，你具备哪些素养，你还欠缺哪些素养，怎样提升自己的能力素养？

2. 对于秘书来说，创新能力有什么作用？

3. 阅读下文，回答问题。

（1）秘书俗称“笔杆子”，怎样才能得心应手地调动笔杆子？

（2）你认为提升辞章建构能力，最切实可行的方法有哪些？

[1] 克·贝伦斯—施奈德 恩斯特·蒂迈尔《当好秘书100诀窍》，第182页，北京：中央编译出版社，2003年。

资料文章：

提高辞章建构能力六法

如何才能提高语言素养，培养学生的辞章建构能力呢？我认为，辞章建构是语言使用的一种综合能力，需要不懈地长期努力，并从多方面"综合治理"，才能逐步提高。

一、积累和掌握词语，增加词汇量

"词"是句中最小的能够独立运用的语言单位，也是语言最基本的"建筑材料"，掌握词语的多少直接标志着一个人写作水平的高低。

古今中外许多文学大家往往是掌握词汇量很多的人，《名利场》的作者萨克雷掌握各类词语5000多个，诗人拜伦、雪莱掌握词语8000多个，而莎士比亚作品中使用的词语更多达17000个。

汉语词汇丰富多彩，要积累更多词汇，并不是要抱住词典死记硬背，而是要在阅读和写作训练中有意识地积累，做有心人，循序渐进，所谓"胸藏万汇凭吞吐"。

二、多读名篇名著，加深语言学养

应用写作源远流长，古代文章高手曾写过大量经世致用的应用文佳作，一部《古文观止》，收录的绝大部分是应用文佳作，这些佳作"事信言文"、"简而有法"（欧阳修语），脍炙人口，可供我们学习借鉴。

此外，要多读优秀的现代应用文。各行各业的"档汇编"里不乏佳作，是我们选读的好材料。一些伟人的著作，如毛泽东、邓小平等的文集，都有不少大气之作。内容丰赡、庄谐统一、语态潇洒、抑扬顿挫。日常报刊上公开发表的各类应用文，都是"应时"、"应事"之作，时效性突出，实用性强，且是极易获取的借鉴材料。

当然，读名篇而自己不动手是不行的，要随时做好笔记，并勤读多写。凡在阅读过程中令人动心的词句，或是陌生的词语句子，要记下来。对于陌生的词句要认真查找工具书，弄懂弄透词义及使用场合。

"读书破万卷，下笔如有神"。多读书，多领悟，潜移默化，语言学养自然就加深了。

三、设置语境，收集义项，准确运用词语

词语往往是多义的，而同一意义在汉语言中往往也是有多个词与之对应的，在具体的语言环境中，一个词可以有几个甚至几十个义项，应用写作中要准确地表情达意，就要理解词语的各个义项及对应语境。

日常训练中，可以有意识地置身于不同的语境，理解一词多义，比如"打"，可以表达"武力攻击"（打人）、"制作"（打戒指）、"十二个"（一打袜子）、"从……起"（打小）等多种意义。接收新词汇时要适当展开联想，体会不同语言环境中不同的词义，避免使用中发生歧义。

对于一词多义的现象，除掌握概念中的理性义，还要了解附加义，比如，要表达失去生命的中心意思，现代汉语中可以有多个词语：死、逝世、过辈、老了、牺牲、归西、撒手人寰、完蛋、翘辫子、去了、去世等。这些词语意义明了，但在受众心目中引起的联想和感情不同。“逝世”带有尊重的意味，“牺牲”带有对为正义而死的人的尊敬，“归西”带有一种陈腐的味道，“完蛋”表示出轻视，“翘辫子”除了轻视之外，还比较形象，而“死”、“老了”、“去了”、“去世”则比较平淡，没有特别的感情色彩。

四、锤炼字句，力求用词精当

古往今来，读书人炼字炼句的佳话广为流传。唐代诗人贾岛执着“推敲”，“二句三年得，一吟双泪流”。长期锤炼的心血之作，能够感天动地，流芳千古。

在日常习训练中，要力求把最恰当的词语摆在最恰当的位置，当词语不能精确地表情达意时，要有意识地去寻找、挑选最精当的词语，找出意义相近的各类词，辨析取舍，从不断地挑选锤炼中扩大词汇圈，丰富自己头脑中的词汇仓库，这种挑选与锤炼，也许是漫长痛苦的历程，但日积月累，厚积薄发，对于摆脱习作中的苍白无力或是老一套的“学生腔”大有裨益。

五、掌握公文常用文种的惯用语式，关注行业术语

公务文书常用文种具有较固定程序的用语，这些用语大体分八种：①开头语式。用词有“关于”、“兹因”、“根据”、“依照”、“为了”等。②称谓语式。用词有“贵（单位)”、“该（局)”、“本（院)”等。③祈请语式。用词有“恳请”、“期盼”、“诚请”、“希”、“盼”等。④经办语式。用词有“经”、“执行”、“落实”等。⑤征询语式。用词有“当否”、“妥否”等。⑥表态语式。用词有“准予”、“原则批准”、“应”等。⑦承启语式。用词有“为此，特通知如下”、“基于上述原因，提出如下意见”等。⑧转用语式。用词有“转发”、“批转”等。

各种语式的常用词，应烂熟于心，在应用写作中自然流露，信手拈来，决不能临到用时搜肠刮肚，难以起承转合。

对于专用文书，因其语言上有明显的行业特征，更要求习作者要在准确性上下工夫。对各行各业的专业术语多留意。日常阅读中注意吸收、积累。在应用写作中运用相关术语不能寻求所谓的创新，要选用业经约定俗成，耳熟能详的专业术语，以期更准确地表达特定的行业内容，更好地让受众接受。

六、掌握语法，学会修辞，理顺逻辑关系

语法、修辞、逻辑关系这三方面的训练，意在提高造句能力，句子是文章中表达一个相对完整“思想”的语言单位。因此，掌握大量词语而不会按照一定的语法规则、逻辑关系、修辞效果合理地排列组合，仍然不能写好应用文。

语法、逻辑、修辞在提高造句能力上各有各的用处。语法解决的是句子通不通的问题，逻辑解决的是句子对不对的问题，而修辞解决的是句子好不好的问题。多做组词选句练习，从简单句写起，逐步扩充句子成分，学会写复句。然后从单层复句向多层复句过渡，在写通句子的基础上学习运用修辞，句中加入必要的修饰可以避免语言的干瘪乏味。最后学会理顺逻辑关系，对零乱的语言、离散的结构、颠三倒四或含混矛盾的语句进行调整，遵循由先到后，由上而下，由远及近，由浅入深、因果相依的规律性顺序展开。

总之，要提高应用写作的辞章建构能力，除了积累词汇，还要具备相应的语法与修辞知识，通过多写多练多修改，逐步提高，除此以外没有他途。习作者只有坚持不懈，不断加强自身语言素养，才能在写作中达到文通字顺、言之有物。

（节选自华洁芸的《应用写作必须重视辞章建构能力》《应用写作》2002年第12期）

第三节　现代秘书的德性修养

秘书是领导的助手和参谋，处于领导近身，能对领导产生影响，有时还代表领导行使一定的权力；同时，秘书又处于幕后担当配角，为领导服务却不允许超越领导自作主张，掌握大量秘密却不允许随意泄露。所以，秘书工作同时具有极强的政治性、服务性、政策性、隐秘性、综合性和复杂性，为此，秘书人员需具备特别的德性修养。

秘书人员需具备特别的德性修养。

一、政治修养

要求秘书人员政治先进、立场鲜明。

秘书岗位是党政机关或企事业单位锻炼、选拔、培养领导干部的重要岗位。秘书的工作处在单位的核心层，因而具有良好的政治素养是秘书人员最基本的素养。

秘书的良好的政治修养。

（一）需要政治先进、思想稳定

秘书人员要爱国、爱党、爱人民，要坚持四项基本原则，从思想上、情感上、行动上处处与党中央和上级党政机关保持一致，能抵制方方面面的诱惑，坚定立场，自觉工作。

（二）要有高度的责任心和事业心

秘书工作性质决定了这是一项十分琐碎而又面面俱到的工作，

往往容易吃力不讨好，即使工作卓有成效，良好的业绩也只能通过领导的业绩间接反映出来。这就要求秘书人员要有强烈的事业心和工作责任心，在平凡的工作中保持旺盛的工作热情，才能干成一番事业。同时，要求秘书人员要埋头苦干，不计得失，全心全意为领导服务。只有辅助领导取得卓有成效的业绩，才能体现出秘书工作的成效。

（三）要有高度的组织纪律性

秘书工作就是使领导意图转为现实。秘书必须服从领导安排，严守工作纪律，决不能脱离领导自行其是。

二、道德修养

要求秘书人员注重自身人格修养，讲究职业道德。

秘书人员作为普通公民，首先应遵循社会公德，严守“八荣八耻”，以保有完善人格。

其次，作为特殊的职业人员，秘书应遵守自身的职业道德。

秘书的道德修养。

（一）忠心可靠，这是秘书人员首要的职业道德修养

第一，要忠于职守，热爱本职工作。

第二，要忠心耿耿，处处维护领导威信。

第三，要摆正位置，勤恳辅弼。

领导举止严谨，作风正派，道德高尚，礼贤下士，固然令人敬重，秘书人员要尽心尽职，勤恳服务。但有时领导可能在思想、行为上失之偏颇，这时秘书人员仍要摆正位置，及时提醒，拾遗补缺。既不要打着服从的旗号是非不分，曲意逢迎，也不要打着坚持真理的幌子，诋毁领导，抬高自己。

（二）甘居幕后

这是秘书人员重要的职业道德修养之一。

秘书为领导服务，决定了秘书需站在领导身后，其工作的成果是隐性的，往往通过领导业绩体现。

一次会议的圆满举行、一份翔实的工作报告，操办与起草的是秘书，赢取掌声的是领导，而秘书总是默默无闻。

有人开玩笑说：工作来了找秘书，出了问题怨秘书，福利待遇压秘书，功劳簿上没秘书。因此，秘书如果没有甘当无名英雄的胸怀，是难以胜任这项特殊工作的。

（三）服从领导

秘书的角色定位决定了秘书人员必须坚决服从领导，严格按领导意图办事。

提倡秘书发挥主动性、创新性，但这种主动与创新必须在符合大政方针和领导意图的前提下才能发挥。服从领导是秘书的义务，对于领导的错误决定，可以提出意见和建议，但不能停止执行，只能边执行边抗辩。

（四）实事求是

秘书人员在工作中一切要从实际出发，了解真实情况，反映真实情况，传达领导的确切意见，不掺杂个人意图。在办事过程中，要切合实际，有多大能力办多大事，不要为图一时好印象，大包大揽，也不要凭空想象，好高骛远。

（五）待人以诚

无论秘书与领导多么接近，也要对自己有清醒的认识，在领导身边工作是秘书职位注定的，并不意味着高人一等，因此，秘书与人打交道一定要平等待人，尊重人，理解人，设身处地为他人考虑，而不要傲气十足，借势压人。秘书言谈要谦和，举止要优雅，态度要和蔼，对上不卑不亢，对下礼貌热情，坚持谦虚谨慎，待人以诚。

（六）严格保密

秘书在事务中涉及单位上层文件，对领导工作日程和行踪安排清楚，与领导的频繁接触中也会直接听到领导的言论，参与单位重大事件，知道许多内幕，甚至来自上级的国家机密档也以文档保管的形式掌握在手。因此，秘书工作具有相当的保密性质。秘书人员必须严守机密，切忌泄漏或出卖单位各种秘密，或议论和打探别人隐私。

1. 公文保密。严格收发文处理程序，把握各个环节。

2. 会议保密。从会前筹备、会议资料到会后文件整理，都要做好保密工作，防止文件外泄、会议偷拍、偷录。

3. 办公自动化保密。主要是防止无纸化办公、电话、网络等泄密，要树立防范意识，防止电话窃听和网上黑客侵入。

4. 守口如瓶。秘书人员主观上要有保密意识，对于早知、多知或深知的单位秘密，要守口如瓶，严格遵守保密规定，决不能忘乎所以在人前卖弄。

三、心理修养

秘书良好的心理修养。

较之以前，现代工作节奏比任何时候都快，人的社交面比任何时候都广，这使现代人一直处于紧张状态，感受着较大的工作压力。秘书处于复杂的工作环境和人际关系中，所受的心理压力更大。因此，更需要良好的心理修养，具体地说，秘书心理修养表现在四个方面：

（一）积极快乐

捷克有句谚语：谁以笑开始新的一天，谁就能赢得这一天。为了愉快地开始工作，秘书要有能力在工作场所营造出具有工作乐趣的氛围，而将影响愉快气氛的干扰性因素减少到最低程度。注意将快乐和工作保持在一个自然的平衡状态，为此，可以设法将娱乐当作辛苦工作和达到引起轰动成果后的结果，但同时不要让娱乐喧宾夺主。要知道工作着是愉快的，那么快乐就能成为工作的副产品。以积极的态度投入琐碎的秘书工作，以愉快的心情收获点滴的快乐，这是秘书人员在从业中最基本的心理修养。

积极快乐。

（二）自信沉稳

有积极的生活态度做前提，良好的交际能力，独当一面的工作能力及适度的个性发挥，能使人保有健康的自信心。

秘书人员恰恰需具备以上三个方面的素养，这样才能在自信的基础上表现出沉稳的心理素养。为此，秘书人员要经常微笑，从潜意识里自我感觉“我很好”，对周围人群起到表达良好与坦率的作用。同时要老练地做自己认为正确的事，不要顾忌“别人将对此说什么”。对于工作中偶尔的小错误，不必耿耿于怀。要清醒地估计自己的优缺点，并能扬长避短。

自信沉稳。

如果你对自己感到满意的话，别人对你感到满意就容易多了。

（三）坚忍豁达

秘书人员地位特殊，角色复杂，工作繁杂而无规律，常常加班熬夜，造成身心疲惫，其一言一行可能招致众口称赞，也可能招致毁誉参半、讽刺挖苦，甚至招致抱怨责难，造成巨大压力。对此，要学会自我调整，减少遭受挫折的可能。

坚忍豁达。

1. 及时察觉自我情绪和心情

利用积极愉快的情绪，解决复杂事务或复杂人际关系，而避免在情绪消极时介入解决冲突的谈话和进行困难的工作。

2. 一旦感到身心压力，必须持续地改变思维模式，将使你处于身心压力的思维模式从头脑中清除掉

要认识到“身心压力”这个概念不总是消极的，正面地接纳它，可以在感到紧张和忙碌时激发对工作的兴趣和热情。如果消极的身心压力因素在较长时间里占据支配地位，则要高度重视，要淡化压力的影响。

3. 学会自我放松

保持健康的身体和充沛的精力，积极安排自我休息的机会，重新调整使人疲劳的工作日程，采用全新的、合理的工作方法，这些都能使人放松。

4. 心胸豁达，以平常心面对宠辱

秘书工作的复杂性，必然带来结果的多样性。面对各种结果，要胜不骄、败不馁，学会克制自己，冷静理智，以耐久性的行动释放温和，宠辱不惊。

（四）幽默机智

越是压力巨大，事务繁重，精神紧张，越要自求开朗，洒脱放松、泰然自若、幽默乐观、机智应对。

幽默机智。

要提高应对工作负担和临场应变的能力，在紧张的工作中学会放松，以保持自然平和心态，培养自己感情的弹力，尽可能短时沉浸在失去机会、失望和遭受挫折的痛苦中，视一切为学习机会，从心底认可“得失相对”。聪明人不单求笑到最后，而是求谁最先笑，笑得好，一路笑。这是秘书人员良好心理素质的表现。

思考题

1. 政治修养、道德修养、心理修养三方面孰轻孰重，理由是什么？

2. 凡是社会人都需具备一定的心理修养，秘书人员应比普通人具有更高的心理修养吗？为什么？

【案例分析】

案例一：

联合国需要什么样的秘书长?

英国《独立报》为联合国戏拟了一则招聘启事——“联合国正在招聘一名超级俱乐部总经理，要求应聘者最好有当CEO、销售员和催债人的经历，并且熟练掌握英语和法语。”虽然风趣不羁，却也生动地形容出了联合国秘书长所应具备的才干：领袖风范、出色口才、强韧手段。作为国际社会的首席公务员，联合国秘书长责任重大。尤其在美国单边主义政策愈演愈烈的今天，联合国秘书长承载了世界人民更多的期待，也承担了更多的责任。“他必须是一个协调高手，要善于了解和把握各方的利益与分歧点，并从中寻找一个妥善的平衡点。”

中国前常驻联合国代表李道豫说：“选举秘书长本身对联合国的走向是件大事，毕竟是选最高行政首脑，但秘书长并不能逾越安理会和联大，他的权威是安理会和联大赋予的，所以要说他对国际局势有什么影响，那倒谈不上。”他认为：即将当选的联合国秘书长不管是谁，不管是哪里人，都得是称职的，得是公允的，得公正贯彻和维护《联合国宪章》的宗旨和原则。

思考题

1. 你认为当前联合国秘书长最重要的能力是什么？
2. 作为最高行政长官，联合国秘书长为谁服务？

提示：

1. 秘书职业有专业特殊性。
2. 具备全面素养，才能胜任秘书工作。
3. 职权大小决定职位高下，但服务性是职业秘书的工作核心不变。

案例二：

臭皮匠和诸葛亮

中国有句很流行的谚语：“三个臭皮匠顶个诸葛亮”。大意是说，一些不起眼的小人物，如果发挥集体智慧，也能起到某个杰出人物的作用。

近来，有人考证，这里的“皮匠”只是“裨将”之误。裨将即主将属下的副将或助手，类似于今天的秘书。如此说来，这句谚语的意思可以理解为：三个秘书联手，可以替代一个领导。

思考题

对“三个臭裨将顶个诸葛亮”的立论，你赞同吗？请详述理由。

提示：

1.“裨将”具备一定的能力，不同裨将各有不同专长。秘书如果具备完美素养且专业取向多样化，工作起来就能产生以一当十的效果。

2. 秘书既需要全能运动员般全面均衡的职业素养，又需要陪练般的低调。能力再强，也顶不了领导的决策权、影响权和使命感。

案例三：

毛主席究竟如何选秘书

毛泽东一生中用过很多秘书，其中最著名的当数胡乔木、陈伯达、田家英。我们从毛泽东和他的三位秘书的交往以及三位秘书的经历中，可以获得不少借鉴和启迪。

1. 毛泽东欣赏有思想、有学问的人

毛泽东本人集思想家、政治家、军事家、书法家和诗人于一身，好学勤思，博古通今。作为他的秘书也必须是高水平的。毛泽东的几个主要秘书都是经他本人发现和挑选的。毛泽东认为：“有了学问，好比站在山上，可以看到很远很多的东西；没有学问，如在暗沟里走路，摸索不着，那会苦煞人。”因此，毛泽东选秘书一个重要标准须是“有学问”的。毛泽东习惯于以文识才，以才举人，他的三位秘书都因各自的文才而引起毛泽东的注意和任用，并在以后的工作中成为毛泽东的得力助手。例如胡乔木的选用。起因于毛泽东看了胡乔木在《中国青年》杂志上发表的一篇纪念五四运动21周年的文章，发现“乔木是个人才”，所以后来点名要调胡乔木去当秘书。胡乔木来到毛泽东身边后，在毛泽东的影响下，读了大量的理论著作和文献，由于胡乔木的埋头苦学和深厚的理论功底，使胡乔木在正确掌握毛泽东思想和起草中央文件方面发挥了重要作用。1971年夏，毛泽东南巡中在回答丁盛“胡乔木是什么样的人”时说道：“胡乔木曾为中央起草了许多重要文件。《关于若干历史问题的决议》，别人搞了几个月，没有搞出头绪。他一写，就写出来了。《再论无产阶级专政的历史经验》也是他写的，写得不错。”由于胡乔木出色的文字能力，逐渐成为“中共中央一支笔”、“大手笔”、“新闻首脑”。

陈伯达能成为毛泽东的秘书，是因为陈伯达在延安的一次座谈会上较为有特色的发言而引起毛泽东注意的。当时会上对孙中山的思想发生了争论，陈伯达的发言阐述了孙中山的思想。陈伯达刚发言完毕，毛泽东就站了起来，很高兴说道：“刚才陈伯达同志的发言很好，很恰当地分析了孙中山思想的阶级属性问题……”散会后，毛泽东就把陈伯达留了下来。晚上，毛泽东请美国客人吃饭时，又邀请了陈伯达。席间，毛泽东与陈伯达关于古代哲学的谈论，使他们有了共同的话题。这一天，成了陈伯达一生的转折点。从此，他成为毛泽东手下的“一支笔”。

田家英最初引起毛泽东的注意，也是因 1942 年田家英在延安《解放日报》发表的《从侯方域说起》一文。毛泽东看后，颇为赞赏。虽然那只是一篇千余字的杂文，但毛泽东从中看出了作者较好的文史功底和敏锐的思想。此后不久，毛泽东就把田家英调来当毛岸英的语文、历史老师，后又经过几次特殊的“面试”，毛泽东都很满意，才正式选调为自己的秘书。

2. 毛泽东希望秘书博览群书，兴趣高雅

毛泽东本人喜欢吟诗书法，泼墨挥毫，博览群书，也希望身边人员能经常与他交流心得。毛泽东的秘书受他的熏陶，也都培养出广泛的兴趣爱好。例如，读书填词是毛泽东的一大嗜好，也是胡乔木的最大嗜好。在 20 世纪 60 年代，胡乔木因病疗养而离开毛泽东身边多年。胡乔木在休养期间，开始学写古诗词，并将每次习作呈送给毛泽东审阅，毛泽东因对诗词的浓厚兴趣，故而忙中偷闲，对胡乔木每次送来的诗词“终日把玩推敲，帮他逐句修改”，如此书信来往不断。正如胡乔木所说的那样：“《词十六首》都是在毛泽东同志的鼓励和支持下写出来，经过他再三悉心修改以后发表的。我对毛泽东同志的感激，难以言表。”

陈伯达与毛泽东共同的兴趣爱好在于两人对中国古代哲学的兴趣。陈伯达曾讲授过先秦诸子课，擅长中国古代哲学研究，而这正是毛泽东当时思索的热点。20 世纪 30 年代，陈伯达在毛泽东的指导下，曾一口气写下《墨子的哲学思想》、《孔子的哲学思想》、《老子的哲学思想》等哲学文章，并引起毛泽东的很大兴趣。他对陈伯达说：“《墨子的哲学思想》看了。这是你的一大功劳，在中国找出赫拉克利特来了。”借助于对中国古代哲学的探讨，借助于呈送文章向毛泽东请教，陈伯达与毛泽东的关系日益密切起来。田家英比毛泽东小 29 岁，如同子辈，但由于田家英喜欢文史，跟毛泽东一拍即合。毛泽东读了好书，感慨一番，还经常向田家英推荐。共同的兴趣爱好，使他们之间填平了年纪的沟壑，如切如磋，亲密无间。在毛泽东的影响下，田家英还逐渐对书法产生了兴趣，并陆续买了上千幅清朝字画。闲暇时，评论古人书法，常成为毛泽东和他的共同话题。毛泽东爱诗，田家英也爱诗，田家英经常为毛泽东查对古诗，并相继编辑出版《毛泽东诗词十九首》、《毛泽东诗词》等。

3. 毛泽东教导秘书注重调查研究

毛泽东做任何事都非常严肃认真，喜欢对每事寻根究源，弄个彻底明白，因此，他十分注重调查研究。他不但自己经常深入群众作调研，还要求身边的工作人员也要经常到基层了解情况。例如1961年，毛泽东曾指示田家英、胡乔木、陈伯达分别带一个调查组下乡，进行调查。为此，他给田家英写了一封信。在这封信中对调查的人员组成、调查方法、对象、时间等都一一作了详细布置，还要求将他以前写的《调查工作》一文(后改题为《反对本本主义》)，发给每个组员。从中可以看出毛泽东对调查工作的重视程度。毛泽东像当年指挥作战一般，向身边人员部署着调查任务。

4. 毛泽东看重人品，喜欢老实人

在毛泽东身边工作的人员都知道，毛泽东喜欢老实人。毛泽东身边的工作人员，大都老老实实，勤勤恳恳，忠心耿耿。毛泽东不喜欢的是自作主张，做事事先不报告，爱出风头，喜欢投机钻营的人。胡乔木第一次挨批评是因起草1958年中共中央政治局扩大会议公报，陈云当时建议胡乔木不要把“跃进指标”这些具体数字写入公报，并请转告毛泽东，胡乔木没有听进陈云的建议，又不敢向毛泽东报告陈云的意见。事后，毛泽东知道了这件事，十分生气，第一次用颇为尖锐的言辞批评。陈伯达与毛泽东第一次发生不愉快，是在1949年随毛泽东出访苏联，一次在与斯大林会谈时，陈伯达因斯大林对自己的问话而忘乎所以，表现十足，却把毛泽东撂在了一边，形成喧宾夺主的局面。之后，陈伯达又不打招呼，私自搬到外面住宿，毛泽东知道后，严厉地批评了陈伯达：“你为什么不得到我的同意就搬走？你的工作岗位究竟在哪里?”毛泽东批评了陈伯达以后，虽仍然把他留在身边工作，不过这件事在毛泽东心中，从此留下不愉快的阴影。后来，在20世纪50年代，毛泽东曾批评陈伯达：“过去你专门在我和少奇之间进行投机。我和你相处这么多年，不牵涉到你个人，你从来不找我。”可见，毛泽东对陈伯达的油滑心态是多么深刻的洞察和鄙弃。胡乔木在1959年庐山会议和文革中所以能基本上“过关”，主要也还在于毛泽东平时对胡乔木印象不错，认为胡乔木是个老实人。说乔木跟他一二十年“总还是一介书生”。这句话颇为传神，也说明毛泽东对人的诚实是看得很重的。

1952年，经过三年休养生息的新中国将开始第一个五年计划，中央要调大批专业知识干部“归口”，时任湖南省委宣传部部长的李锐见机会来了，以自己在大学学习机械为由，要求到工业战线工作。1952年9月，黄克诚由湖南省委书记调任中央军委总参谋长，李锐被黄老邀请同车上京。10月10日，李锐任燃料工业部水电工程局局长，从此他成为我国水电事业的创始人之一。

1958年1月18日，一架专机把李锐和长江水利委员会主任林一山接到南宁，讨论三峡工程建设问题。

毛泽东要在长江上大展宏图由来已久。1953年视察长江时他就对上三峡工程表示赞许。1956年成立长江流域规划办，实际上三峡工程已在开始实施中。毛泽东做的都是惊天动地的大事，“高峡出平湖”就是一件。当时林一山就催中央赶快上马，而李锐却有不同意见。他写文章秉笔直书，认为三峡工程急于上马带有很大的主观性、片面性和随意性，不要说七八年修不好，十年内也办不成。这次二人决定在毛泽东面前辩论。林一山学识丰富，口才出众，先讲了两个多小时，谈古论今，尽述建三峡工程好处多多，远景美好。李锐简洁扼要，针锋相对，列举国力、技术、国防、移民等诸多问题，发言没有超过半小时，毛泽东等领导同志认为他思想别有见地，使人大受启发。最后还是毛泽东拍板说：讲了不算数，你俩各写一篇文章，三天交卷。林、李奉命行文，林一山写了20000字，李锐写了8000字，文中有一段话特别发人深思：“三峡水电站所有重大技术问题，可以说无一不超过当前世界水平很远。当然这一点吓不倒我们，但问题是需要时间……”这场辩论以李锐的意外获胜结束。

毛泽东看中李锐这支笔，指着李锐说：“我们要有这样的秀才。”南宁会议散会前，毛泽东要李锐当他的秘书。李锐忙说恐怕不成，水电业务忙得很。毛泽东说是兼职的嘛。事情就这样定了。

思考题

1. 如何理解“秘书人才”这一概念？
2. 秘书文才至关重要，它包括哪些具体内容？

案例四：

“河北第一秘”李真案启示录之二

共产党人的理想信念，是与其全心全意为人民服务的宗旨观念水乳交融的，二者彼此相依，成为马克思主义世界观不可或缺的基本要素。“河北第一秘”李真既丧失了理想信念又热衷于谋取权势、追逐私利，做不到“权为民所用、情为民所系、利为民所谋”，这样，最终遭人民唾弃、成为历史罪人就成为其必然的归宿。

长期在中央文献研究室工作的逄先知同志曾这样评价毛泽东的秘书田家英：“在田家英的一生中，受毛泽东思想影响最深的，主要是两个基本观点。一是关心群众生活，全心全意为人民服务。田家英曾对我说，毛主席的关心群众生活的思想已溶化到他的血液里。这有他十几年的工作为证。一是实事求是。这也贯穿在他的一生中，并因此而作出牺牲……在各种政治风浪中，他之所以能够坚持正确方向，敢于同党内不正确的思想和作风以及某些邪恶势力进行无畏的斗争，无愧为一名诚实的共产党人，主要靠这两个基本观点作为思想支柱。”纵观李真短暂的秘书生涯，他所缺失的正是这种为人民服务的宗旨观念和实事求是的科学态度，问题的根本症结就出在世界观的改造上。这是李真为我们从反面提供的又一个重要启示。

为人民服务的宗旨观念和实事求是的科学态度并非空洞无物的抽象概念，它体现在秘书本职工作与日常生活的各个方面。为说明此点，不妨将“河北第一秘”李真与田家英等中国当代秘书大家作些更具体的比较。

一、田家英一生坚持不懈地致力于世界观的改造（详见其《学习“为人民服务”》《改造自己》等著述），十分注重道德情操的自我修养，颇具儒雅之风；李真忽视世界观的改造，擅长搞低级趣味，浑身上下充满铜臭之气。

田家英公务之余的雅好就是用自己的工资和稿酬收藏清人翰墨，且年复一年，终生不辍，日积月累遂成规模。其藏品若以年代计，从明至民国初年，前后大约三百年；就所涉及的人物论，有学者、官吏、金石家、小说家、戏剧家、书画家、诗人等，近五百位；按数量说，包括中堂、条幅、横幅、楹联、扇面、册页、书简等达一千五百件，专家誉之为海内“清儒翰墨第一家”。

李真公务之余的私好也是“收藏”，而且专收“别人主动送来的”（李真语）金银财宝等值钱之物，短短几年已是数量可观：名牌手表 24 盒（只）、高档相机 15 架、各类玉制品 110 件、精美工艺品 78 件、极品茅台（50 年）及珍品五粮液 61 箱、名贵洋酒 110 箱、品牌时装 157 件，另有金银首饰、古玩字画、珍贵邮票、健身器材、家用电器、高级烟、极品茶、保健品等不计其数。若以价值论，仅其中一套世界伟人金版画册就高达 100 万元。

观其所藏，知其所养。田家英业余潜心于收藏字画，旨在修身养性。他将自己心爱的藏品——林则徐的一幅行书轴《观操守》挂在书房，饭后寝前吟诵，用“观操守在利害时……防欲，如挽逆水之舟，才歇力，便下流……”来激励自己；他把林氏之名句“苟利国家生死以，岂因祸福避趋之”刻成印章，钤盖于书前，时时警示自己；他发愿要将“戊戌变法”遇难“六君子”之墨迹收齐，他最倾慕谭嗣同“我自横刀向天笑，去留肝胆两昆仑”所显示的义无反顾、视死如归的豪情；他在邪恶势力占上风时，留下“士可杀不可辱”的遗言。这些足以说明田家英与民族英雄、志士仁人一脉相承、息息相通。

而李真醉心于索取、收受价值不菲的古玩珍品乃是为了满足自己的贪欲和虚荣心。他在回答记者采访时举例说：“把这个‘玉白菜’带到家后，放到书桌上，左看右看，觉得摆上这东西确实有气派。以后朋友来了，也会感到我的家有‘派’了，就是要别人知道，省领导秘书的家与一般人的就是有点不一样。”李真也“特别喜欢字画”，因为他“担心人民币贬值”，担心“把这些钱存到香港时，都换成美元，但美元也会贬值呀，只有字画这些艺术品是时间越久远越值钱。”言为心声，李真这番话让人看到了他与田家英在收藏方面截然不同的价值取向。

至于藏品的归宿，田家英嘱托家人“物从民众来，将来定要还给民众”，其家人已遵嘱将首批藏墨捐献给中国历史博物馆；而李真则把“贵重物品转移到香港，因为在家里放着太危险”，“有的存入新加坡银行，有的存入香港银行”。在这里，秘书大家田家英情操的高尚与李真内心的龌龊形成了鲜明的对比。

二、面对直接的服务对象，田家英是实事求是，敢于提出不同意见，立党为公，忠心可鉴；李真则是察言观色，投其所好，结党营私。

田家英坦言他对毛泽东有一种知遇之感、怀有深厚的敬佩之情，但决不迷信盲从，更不阿谀逢迎。20世纪50年代前期，毛泽东号召“并社升级”，急速扩大合作社规模，田家英根据自己在农村的调查研究所得向毛泽东提出了相反的意见，不去迎合当时党内外的狂热思潮；60年代初，中央发出的“十二条”指示信明确规定人民公社“必须坚持公共食堂”，田家英又根据实地调查向毛泽东反映了农村的真实情况，提出了应该解散食堂的建议；田家英经过多次农村调查之后，依据客观存在的实际问题，冒着政治风险向毛泽东力陈只有暂时实行“包产到户”才能迅速恢复农业生产的意见，以至违背毛泽东的意志失去了毛泽东的信任。田家英敢于和能够这样做的根本原因，在于他具有“四面江山来眼底，万家忧乐到心头”的博大胸怀。

李真又是如何对待他的服务对象的呢？他的信条是：“对待上司，你只要投其所好，就没有什么风险了。你看马戏团里的驯虎员，整日与老虎打交道，他没有危险的原因，就在于摸透了老虎的脾气。”于是，当河北省委原书记程维高与省委甲领导有分歧时，李真便给中央写了状告甲的匿名信（1992年）；程对乙领导不满意了，李真又给中央纪委写了反应乙有经济和作风问题的匿名信（1993年）。李真就这样与程书记之间很快建立起了“很深的关系和友谊”。他说：“秘书出了事，有领导护着；办私事时，往往首先抬出‘我是谁谁的秘书’。”如此看来，是李真的私欲决定了他对服务对象的态度。秘书与领导一旦结成如此关系，还侈谈什么为人民服务？

三、秘书，尤其是高层次秘书，身处机关的中枢地位，如何处理与各方面的关系、怎样对待下级同志，直接体现出他们的素养和品格。秘书大家胡乔木在这方面表现得光明磊落、以诚相见、公道正派，而李真则表现为专横跋扈、仗势欺人、拉帮结派。

据胡乔木身边的同志讲，胡乔木每次外出公干，总是设身处地为下面的同志考虑，即使有照顾不周之处也都给予充分的谅解。有一次胡乔木到某省调研，省委的几位领导同志当晚要设便宴表示欢迎，被他婉言谢绝了；第二天上午，省委的同志又来宾馆看望他也被他当即请回。胡乔木对身边工作人员说：地方上的同志特别是做领导工作的同志，本来就够忙了，何必让人家再把宝贵的时间用在毫无意义的应酬上呢？

李真的做派恰好与之相反。他出差邯郸，因该市领导班子正在开会，领导们未能马上出来陪他，他便对出来解释的人大怒道："现在不是我安排你们领导的时候了，求不着我了是不是？咱走！"说罢上车就走。

该市领导闻讯后赶紧停会追车，见面后向他赔礼道歉才算了事。他到秦皇岛，在市委组织的欢迎宴会上，一位新调来的局长因为不认识他而没站起来敬酒，第二天他便放出话来：那个某某局长是不是不想干了？吓得那位新局长赶紧去登门道歉。

建国之初，政务院文教委员会（胡乔木时任副主任）下设的计划委员会拟内定林默涵同志为副主任，胡乔木认为林的资历不够，便当面对林直截了当地说："你当个委员差不多，你当副主任不合适。"胡乔木为人处世的坦诚由此可见一斑。1953 年，中国建筑学会拟推举建设部部长周荣鑫担任理事长，由清华大学建筑系的梁思成教授担任副理事长，此事报到胡乔木那里后，胡乔木认为不妥，政治不能代替学术，便当面建议周荣鑫部长：学会的任职，你与梁是否互换一下？这同样表现了胡乔木坦诚求实的态度。而李真则惯于拿政治做交易。他利用省委书记秘书的特殊身份，经常把省委的用人意见说成是他自己的意思；他常常违反保密规定将省委常委会确定的用人方案在第一时间内透露给当事人，用以讨好、拉拢对方。有一次，河北省政府办公厅原副主任吴庆五进李真的办公室，听到李真正给某市一位领导人通话说："你的事（指升迁）在常委会上刚刚通过。事前，我可费劲了……"他就是利用这种卑劣的手段在河北省控制了一批干部。

将胡乔木与李真放在一起加以比较，他们各自的党性修养及人品优劣可谓泾渭分明。

四、因为李真与田家英、胡乔木彼此素养不同，所以，各自的言谈举止自然就有天壤之别。

胡乔木做毛泽东秘书 20 年，总体而论，毛泽东对胡乔木的使用是得心应手的，胡乔木为毛泽东服务则如鱼得水。

毛泽东赏识胡乔木的学识和才干，诙谐地夸他："靠乔木，有饭吃。"胡乔木则佩服毛泽东的雄才大略和非凡气度，赋诗"如此江山如此人，千年不遇我逢辰"来表达其对毛泽东的无比崇敬之情。田家英与毛泽东因为有共同的情趣，在 18 年的相处中，同样建立起了深厚的感情和友谊。在 20 世纪 50 年代，"几乎每天晚上，毛泽东都要找田家英去谈话或交办事情。他们交谈的内容很多，范围很广，从古到今，从政治到生活，每次都有新题目。"由此看来，不论是胡乔木还是田家英，想与毛泽东单独合个影应该是有很多机会的。但迄今为止我们所看到的他们与毛泽东的合影只有"多人会议照"，并没留下一帧"单独照"。这在李真看来简直不可思议。在李真办公室里，挂着一排他与多位中央领导人的合影，此举无非是向世人显示：李真不愧“河北第一秘”的称号，与多位中央领导有着“特殊关系”。局外人哪里知道，这些合影都是拼制而成的。在胡乔木和田家英看来无足轻重的照片，到李真那里就会成为自我吹嘘的道具。

田家英对于毛泽东实事求是的思想，自觉主动地身体力行。20世纪60年代初，他修改“七千人大会”的报告稿时，特意增写了“实事求是的作风是党性的第一个标准”的内容，并就此话题展开论述，着重批评了“谁老实谁吃亏”的思想倾向，提倡共产党员“说老实话、办老实事、做老实人”。他修改的报告稿顺利获得通过，并在大会上引起热烈反响。而李真则堪称中国当代秘书史上的造假大王。他在调任河北省人民政府秘书之前，就经他人帮助伪造了七份档案材料；在省府、省委秘书任上，为讨省委书记欢心，多次向中央、中纪委、中组部等匿名寄送假材料；他还编造并宣称自己是高干子弟，谎称他人民大学毕业后被分配到中央办公厅，是一位“中央领导”要他到基层锻炼才到了河北，但人事关系仍在北京等。李真说：“造假是一个省力、快捷获取权力的好办法。人们常用眼睛观察问题，没有人会一天24小时盯着你，关键时造点假，很难被发现，还能派上用场，你说何乐而不为呢？再说，在目前这个社会，骗人只要带着金钱和笑脸，总能找到愿意受骗并帮助你升迁的人。”他还振振有词地说：“干部弄假文凭，比起别的造假来，危害不是特别大，还有不少好的作用。比如干部（队伍）的学历水平普遍得到了提高，文化知识结构有了很大的改善，对外形象好多了。”这就是李真的“造假经”。

列宁生前曾警告苏共官员：“吹牛撒谎是道义上的灭亡，它势必引向政治上的灭亡！”数十年之后“苏东剧变”的事实，至少在官员诚信方面证实了列宁的英明及其预言的正确。中共中央总书记胡锦涛同志在中央纪委第三次全体会议上的讲话中指出：“求真务实，是辩证唯物主义和历史唯物主义一以贯之的科学精神，是我们党的思想路线的核心内容，也是党的优良传统和共产党人应该具备的政治品格。”胡总书记要求全党：“要进一步增强党的宗旨意识。坚持全心全意为人民服务，摆正同人民群众的关系，是坚持求真务实的根本准则。只有始终牢记党的宗旨，坚持一切从人民的利益出发，坚持以最广大人民的利益为最高标准，才能从根本上做到求真务实。”这的确是至理名言。“河北第一秘”李真与秘书大家田家英、胡乔木的事例，就是反正两方面的有力佐证。

通过对“河北第一秘”李真与秘书大家胡乔木、田家英的比较研究，我们可以得出这样的结论：执政党的秘书从业人员务必注重世界观的改造，切实将为人民服务的宗旨溶化到自己的血液里，因为这是成为执政党合格秘书的根本性标志。

（选自李秀芹的《秘书要把宗旨观念溶化到血液里》《秘书之友》2006.5）

思考题

1. 从秘书的职业素养方面解释“权为民所用、情为民所系、利为民所谋”。

2. 李真怎样对待上级领导和下级同志，从中可以看出贪欲之下缺失职业素养的秘书品格上有哪些污点？

提示：从秘书职业必备素养方面逐一对照。

【实务操作】

组织课堂交流：

1. 主题：秘书行为及其修养。

2. 准备：

(1) 全班分成若干小组，每组推举组长一名。

(2) 各组分头访问可以接触到的秘书人员，了解其从业过程中职业行为的得与失。

(3) 整理访问记录，小组讨论分析，归纳秘书成功与失败的经验或教训。

3. 交流：组长发言，课堂交流小组访问情况及得出结论。

4. 点评：教师就各组材料点评，明晰秘书必备素养。

5. 时间：课堂交流 80 分钟，准备工作在课余进行，教师点评 20 分钟。

第三章　现代秘书的日常事务

学习要点

● 掌握办公室日常事务的主要内容，明确各项工作的具体方法和原则，了解各项工作中易出现的问题和应对措施，能够按要求进行各项事务的操作，为更好地开展秘书工作打下良好的基础。

办公室日常事务是秘书工作中最基础的一项，也是最见秘书管理工作水平的一项。秘书在办公室的日常工作主要内容包括：维护管理办公环境、接待工作、日程安排、接打电话、管理和发放办公用品、对零用现金进行管理、负责信息的上传下达和保密工作、处理各种突发事件等。

第一节　办公环境管理

一、优化办公环境

办公室工作环境的清洁、安全、有序，直接影响着组织的形象和工作绩效。一个良好的工作环境，不仅有利于组织的对外形象塑造，而且为组织内的员工创造了一个适宜的沟通氛围，有利于提高工作效率。

办公室的人文环境和自然环境。

办公室的环境一般可分为人文环境（软环境）和自然环境（硬环境）。人文环境包括办公室的工作氛围、人际关系、秘书人员的素养等；自然环境包括办公室所在地、建筑设计、室内空气、光线、颜色、办公设备和办公室的布局、布置等因素。因此，秘书对办公环境施加管理，在很大的程度上来说，就是不断优化办公的自然环境。

1. 办公环境的构成要素

一般来说，构成健康安全的办公环境的基本要素有以下几个方面。

(1) 空气。空气环境的好坏，对人的心理和行为有着直接的影响，清新的空气能振奋人的精神，而浑浊的空气不但使人精神委靡，还有损健康。空气环境是以空气温度、湿度、清洁度和流动速度来衡量的，称之为空气的“四度”。

办公室内的温度要适宜，可根据天气设置供暖供冷设备。办公室的适宜温度是22℃～26℃。

湿度是空气中水蒸气的含量，适宜的湿度使人感觉清凉、爽快、精神舒畅。据有关的研究表明，在正常温度下，办公室的理想相对湿度是在40％～60％之间。

空气的清洁度是表示空气的新鲜程度和洁净程度的物理指标。

空气的新鲜程度是指空气中氧的比例是否正常。在一个封闭的办公室中，空气浑浊，氧的比例降低，人会出现胸闷或压抑的不适感，影响工作。因此，办公室应不时打开门窗或利用有关的设备，如开启排气扇或空调机，调节室内空气，并做好办公室的清洁工作，保证办公室空气的新鲜和洁净。并且禁止在办公室吸烟，需要时可在工作区域外设立吸烟区。

室内空气的更换是通过空气流动来实现的。在室内温度22℃左右的情况下，空气的流动速度在0.25m/s时，人有一种微风拂面的舒适感觉，人体热量散发保持正常。因此，常开窗门“换气”，保持室内空气的对流是很重要的。

(2) 光线。办公室的光线应充足，局部照明要达到要求，亮度过高或过低，都容易造成视觉疲劳并进而牵连影响其他的身体不适。因此，布置办公室时应注意：

第一，办公桌最好安放台灯，以20～25W为宜，要加灯罩，避免灯光直射人眼。

第二，尽量利用自然光。因为人工照明比自然光源更容易使人疲累，也正因为这样，办公室的窗户更适宜于采用有利于采光的百叶窗。

第三，尽量避免因计算机、办公桌面、玻璃或其他有光亮表面的物品反光而刺激人的眼睛。

美国一间家具工厂，利用先进的灯光技术制造了虚拟加州海滩氛围的工作环境，工作人员可以穿着海滩短裤、T恤上班，享受100%的新鲜空气和自然光。这家公司的生产率因此增加了15%，其中，有8位被挖墙脚跳槽的员工，在离职两星期后自动回来报到，原因竟是他们“无法忍受其他单位晦暗的工作环境”。美国《商业周刊》也报道了一间地方邮局利用简单的自然光线，配合室内照明灯具的改善，将邮局生产力提高了16%的例子。

(3) 色彩。色彩对人的情绪有着直接的影响，因此，必须注意办公室的内墙、天花板、地板、办公家具等色彩的和谐。办公室的色调从总体上来说应单纯柔和，使人置身其中时感觉平静舒适。一般办公室的内墙宜采用白色、乳白色等，会议室、接待室多用淡黄色；为保持较高的光线反射率，天花板一般都用白色；地板以多采用不易被污染的棕色为佳。

(4) 声音。排除、降低噪声，是办公室对声音的要求。噪声会使人注意力分散，思维力下降，记忆力减退，并令人产生烦躁、厌恶等负面情绪。因此，进行办公室布置时应采取相应的措施排除或降低噪声。

第一，尽可能让办公空间远离噪声源。如果噪声对办公室造成影响，有条件的话，可在办公室和噪声源之间种植绿化带。

第二，地面、墙面、天花板应有一定的吸音、静音装置。

轻快抒情的音乐能调剂人的身心，使人心情舒畅，愉快工作，所以，有条件的话，在工作休息时段播放一些音乐，是很有益处的。

(5) 空间。办公区建筑必须坚固安全，办公设备的摆放应整齐，布局要合理，办公室空间及座位空间要适当，座位间要留有通道。在通道的拐角处要注意桌椅、设备摆放的安全。

(6) 绿化。办公室内适当摆放一些花木，会使办公室内空气更清新，布置更优雅。绿色生命为办公室增添了生机和活力。

办公环境管理，应以人为主体，以人自身的生理、心理特点为出发点。

办公环境管理，应以人为主体，以人自身的生理、心理特点为出发点，从外观、视觉、听觉、空气直至安全、保险等方面研究办公活动的工作环境，使其更适合办公人员的身心活动要求，让办公人员能更主动、更高效地支配设备和环境，更健康、更愉快地工作，营造一个舒适、和谐、安全、健康的工作环境。作为“上班一族”的秘书来说，绝大多数人每周几乎有40个小时的时间是待在办公室的，所以，不断优化办公环境，更是不容忽视。

2. 现代办公室布局的类型

办公室布局合理与否，对工作人员的精神状态及工作效率有着很大的影响，因此，合理地设计好办公室布局，是优化办公环境的重要内容。对于创造最佳的工作环境至关重要。

(1) 开放式布局。开放式布局又称为灵活布局，是将一个大工作间“切分”成多个相对独立的工作单元，把组织内部各职能部门的所有工作人员按照工作程序安排在各工作单元中开展工作。

在开放式布局中，工作单元的“切分”可以通过活动对象(如办公桌、活动屏风、书架等)来实现。这种布局模式以其突出的优点在国外被普遍采用。目前，在我国的外商独资企业和一些“三资”企业也大都采用这种布局模式。

开放式布局的优点是：

现代办公室开放式布局的优点。

有利于沟通。把所有员工集中于一处，且彼此没有墙壁的阻隔，也没有明显的等级标志，所以，部门与部门、管理者与员工、员工与员工之间交流的心理障碍得以消除或减小，工作的合作和协调也就显得更为灵便，工作效率也就得以提高。同时，领导也有更多的机会接触员工，并观察员工之间的相互影响，有利于管理工作的进行。

有利于办公空间和经费的节省。有关数据显示，开放式布局设计要求使用的地面面积比传统的固定墙壁的办公室面积可减少20％～30％；同时，它的灵活性也很大，如果需要对办公室的布局进行调整或重新布局，也无须再对其进行大量的资金投入；再次，由于办公室没有了墙壁，能源的消耗率减低；办公的集中化也使办公设备的共享性得以提高，这些都是节约办公经费的有效途径。

当然，这种布局也存在着一定的弊端，如在这种工作环境中，难以进行带有秘密性质的工作；噪声太大，“此起彼伏”的谈话声、机器设备声、电话铃声等，使人难以集中注意力开展工作；缺乏单独办公的机会，有人可能会产生处于被监控之下的感觉。

(2) 封闭式布局。封闭式布局是一种较为传统的办公室布局，是用墙壁将办公空间分割成若干有门、窗的独立房间。每个房间都有一人或多人办公，一般是按照工作任务或职能分工划分办公室。每个办公室配有办公桌椅、计算机、传真机、文件柜、书架、绿色植物、饮水机等。

我国的企事业单位大多采用这种布局模式。

现代办公室封闭式布局的优点。

封闭式布局可以使工作环境显得相对的安全，有利于保密；同时，可以使员工拥有相对独立的私人空间，有效地保护个人隐私；而相对安静的工作环境，也易于使人集中注意力来进行更为细致和专业的工作。

但是在封闭式布局中，各职能部门之间的信息难以得到及时有效的沟通，工作协调也不够快捷灵便，工作效率受到一定程度的影响；并且非办公空间的占用率较大，这无形中提高了行政费用。

(3) 混合式布局。混合式布局是指在开放式布局的大办公室内，把组织内部的各职能部门用组合式办公用具或其他材料分隔开来，组成若干个工作区域。

这种布局模式把开放式和封闭式结合起来，“扬长避短”，使各部门既相对集中，又在一定程度上避免了相互干扰，是目前较为科学合理的布局模式，因此，尽管它需要相当量的资金投入，但还是被许多“三资”企业所采用。

3. 办公布局安排应考虑的主要因素

优化办公环境是提高工作效率的前提，方便、和谐、美观、安全、舒适的办公环境需要靠秘书的参与来实现，因为良好的办公环境离不开精心的设计和组织。环境，需要考虑以下因素：

影响办公环境布局的主要因素。

（1）组织的规模、员工人数以及购买或租用的面积。

（2）组织的机构设置和工作设计。它决定了办公区域的划分，办公流程的排列，部室的设置。

（3）组织经营的性质和内容，业务部门的职能特点。与公众接触频繁的部门应位于离公司大门近的地方，例如采购部门、人力资源管理部门等；公关部门也需要经常与外界接触，可安排在离接待区较近的地方。

（4）部门间的工作联系，以确保科学有效实施工作流程，减少或避免不必要的重复与浪费（业务关联较密切的部门的位置应尽量邻近，以避免衔接出问题，或者重复颠倒，使得员工在工作和文件的流动中来回奔波）。

（5）办公室的间隔方式应符合工作的需要和保密的需要。

由此可见，秘书要帮助领导制订一个合适的办公布局方案，就需先认真了解各种布局类型的特点，并要结合本单位的规模、人数、结构、经营特点和工作情况进行设计。

二、办公环境的日常维护

办公环境的日常维护，是办公环境管理不可或缺的内容。秘书必须学会维护和整理自己的办公责任区的整洁卫生，让所有与自己发生公务交往的人都能从干净、整洁的办公环境中感受到组织良好的形象和高水平的管理。

1. 设备、物品放置适当，取用有序

本人经常使用的办公用品和设备摆放有序，方便操作。最常用的办公物品，像文具盒、便笺要放在触手可及的地方，按照使用频率及使用习惯安排，常用档夹应整齐地叠放在桌边或直立在文件架上，并贴有标识予以区分，取用有序；保密的文件和不常用的活页夹应存放在文件柜里；专用的电话应放在左手边方便拿到的位置，以用右手记录留言；计算机、打印机等用电设备宜放置在一起，便于电源接线和管理；办公桌面要收拾得井然有序。

公用资源摆放有序，用后归位。文件柜里的公用活页夹应整齐有序地摆放，取用后要放回原位置，方便他人再用；公用办公用品柜的物品也要放置规范，通常重的、大的放在下面，轻的、小的放上面，且摆放有序，便于取用，并做到用后归位；一些常用的公用物品，如电话号码本、航班表、火车时刻表、字典等按办公室要求放在柜子里或书架上，注意用后放回原位，不给他人带来不便；接待区为访客阅览的宣传品、数据以及报纸杂志应整齐地摆放或码放，并经常整理，做好接待窗口的对外形象。

2. 经常清洁整理责任区

秘书要经常清洁整理由自己负责的办公区。清洁台面、地面、计算机、有关的设备、家具以及门窗墙壁等处；保持办公桌面清洁、整齐、美观，不乱放零散的物品和无用的东西，也不能摆放私人的物品；电话按键和听筒应经常清洁消毒；来访者用过的茶具应立即清洁干净，并重新摆放好；废纸篓要放在隐蔽处，及时进行清理。

清洁整理由自己负责的办公区。

自觉清洁整理本人参与的公用区域，通常包括：经常清洁整理自己使用的复印机、打印机等设备的周围区域，发现复印纸抽拿零乱、废纸扔在地面等，都要及时整理；经常清理参与使用的茶水桌，保持桌面、地面无弃物、无水迹，茶具清洁整齐；经常清理参与使用的档柜、书架、物品柜等家具；注意清理自己负责的接待区或会议室，并在访客离开或会后立即清理，保证下一个访客或会议前又显现一个清洁整齐的环境。

清洁整理本人参与的公用区域。

3. 自觉整理领导的办公区域

经常清洁、整理领导的办公桌椅，把档放整齐，档柜、书架、百宝阁和各种陈设要经常清洁，地面和废纸篓要经常打扫和清倒；经常打扫领导办公室的门窗，每天要打开窗户通风，调试好空调、照明设备；经领导授权后，定期对领导的档柜进行整理，把档进行归类，将一些无用的档销毁；注意对领导的办公室进行绿化，

清洁、整理领导的办公区。

适当摆放一些绿色植物。

秘书一定要形成好习惯，维护办公室的清洁环境，虽然这些工作是繁琐的、不起眼的，但不管是对于组织整体形象来说，还是秘书形象而言，都是不可忽视的，所以，对于秘书，这必须是一件持之以恒的工作。

三、办公室的健康安全管理

“以人为本”以及生命意识的日益增强，使得人们越来越关注办公环境的健康和安全，因此，办公室的健康和安全管理，成为优化办公环境的一个重要内容。

1. 树立健康安全意识

秘书的办公室健康安全意识。

安全的工作环境所给予人的不单是身体上的健康，更是一种精神上的安全感，政府对此也相当重视，《宪法》、《劳动法》等法规也有相应的一些规定。作为秘书也应树立健康安全意识，如掌握基本的法律知识，用法律保护自己的合法劳动权益；上岗前认真学习并自觉遵守有关安全生产、劳动保护的规定和本组织有关的规章制度；细心检查并主动识别存在于工作场所及机器设备等的隐患，一旦发现问题，如果是在自己的职权范围内的应及时加以排除，或者向领导报告，尽快解决，以维护好健康安全的工作环境。

2. 识别办公室安全隐患

对于一个秘书来说，应该在强烈的安全意识的指导下，了解识别办公室中各种有碍健康和安全的潜在危险，以减少乃至抑制危险发生的可能性。一般来说，办公室的隐患主要存在于下面几个方面：

（1）办公建筑隐患：这主要指地、墙、天花板及门、窗等，如地板缺乏必要的防滑措施，离开办公室前忘记关窗、锁门等。

（2）办公室物理环境方面的隐患：如光线不足或刺眼，温度、湿度调节欠佳，噪声控制不当等。

（3）办公家具方面的隐患：如办公家具和设备等摆放不当，阻挡通道；家具和设备有突出的棱角；橱柜某端堆放太多东西有倾斜倾向等。

（4）办公设备及操作中的隐患：如电线磨损裸露，拖拽电话线或电线，计算机显示器摆放不当的反光，复印机的辐射，违规操作等。

（5）工作中疏忽大意的人为隐患：如站在转椅上举放物品，女士的长头发卷进有关的机器设备，复印后将保密原件遗留在复印机玻璃板上，在办公室里抽烟，不能识别有关的安全标识等。

（6）消防隐患：如乱扔烟头，灭火设备已损坏或过期，灭火器上堆放物品，火灾警报失灵等。

了解这些潜在的办公室安全隐患，可以帮助我们养成良好的工作习惯，为工作效率的提高创造一个健康安全的工作环境。

3. 办公环境健康及安全的维护和管理

首先，应遵守有关的法规，实行安全管理责任制。作为秘书，应协助领导按照国家及有关部门的法规、本组织的规章中的有关规定，在组织内部落实安全管理责任制，对办公环境实施安全和健康管理，使办公环境的健康和安全得以有效的完善。

其次，应定期进行安全检查，改进工作环境。秘书除了要协助领导按照有关规定，落实好安全管理责任制外，还要在自己的工作范围内，主动自觉地对办公环境和办公设备定期进行安全检查，及时发现隐患，采取有效措施，做好风险的防范和排除。特别要注意危害人群健康，污染办公环境的“无形杀手”，如吸烟以及装饰时有没有采用无毒无害的绿色建筑材料等，有必要和有条件的话，可以请有关的部门进行检测，进行科学的处理。

思考题

1. 秘书应如何管理好自己的办公责任区？
2. 办公房间内的设计与布置要考虑哪些具体细节？

第二节　接待工作

一个组织在社会这个大网络中有着许许多多的内外联络，像工作联系、业务往来、友好访问等，这些联络大都要通过秘书办公室这个枢纽部门来进行，所以，接待工作既是组织整个联络工作中的一个重要的组成部分，也是秘书工作的一个重要内容。接待工作的好坏，不但直接体现了秘书个人的素质、能力，更反映出了一个组织的工作作风和外在形象，所谓“见其礼而知其政”，因此，秘书必须重视和切实做好接待工作。

一、接待工作概述

（一）接待工作的类型

接待工作涉及面广，对象多而复杂。根据不同的对象，不同来访的目的，接待的内容和方式也往往会有一些不同。

秘书接待工作因素。

按来宾的目的和任务不同，可以将接待分为公务接待、会议接待、视察与检查接待、参观接待、经营活动接待、技术考察接待和其他接待。

按来宾的地域不同，可以把接待分为有本地接待、外省市接待、境外及国外来客（外宾）接待。

按来宾人数不同，可以把接待分为团体接待和个别接待。

按来宾是否有预约，可以把接待分为随机性接待、预定性接待或计划接待。

对于秘书来说，接待工作最常见的类型主要有日常一般性个别接待、团体接待等。

（二）接待的规格

秘书人员必须根据来宾的身份，确定接待的规格。接待规格是以陪同领导的角度而言的。接待规格过高，影响领导的正常工作；接待规格过低，影响上下左右的关系。所以，确定接待规格时应慎重全面地考虑。

从主陪人的角度论，接待规格有三种：

高规格接待。指主要陪同人员比主要来宾的职位高的接待形式。如一公司的副总经理接待上级单位派来了解情况的工作人员，或接待一位重要客户，而该客户的职位不过是某公司部门经理。高规格接待表明对被接待一方的重视和礼遇。

对等规格接待。指主要陪同人员与主要来宾的职位相当的接待形式。

低规格接待。指陪同人员比主要来宾的职位低的接待形式。如上级主要领导或主管部门领导来本地视察、了解情况或调查研究，本部门最高领导的职位也不会高于上级领导，只能低规格接待。

（三）接待中的准备工作

1. 做好接待环境准备工作

首先从自然环境入手，来宾所到之处的所有接待区域，如前台、接待室、会议室和办公室等，不论大小都应尽量做到清洁、明亮、整齐、美观，让来访者一走进来就感到这里工作有条不紊，充满生气。其次是人文环境的准备。根据接待目的的不同，注意从不同的方面彰显组织文化，如布置展示组织文化的展览橱窗，张贴实施科学管理的规章，悬挂体现组织文化的口号等，这都能给来宾留下深刻的印象。

秘书接待准备的三项工作。

2. 做好接待物质准备工作

前台或办公室应准备约会计划记录本或计算机约会登记系统，根据预约整理出当天的来访者单位、姓名、职务、时间、事由及接待者等内容的接待计划表，以便来访者造访时不会忙乱。会客室应准备好座位、茶水，还应有一部电话，以便在谈及有关问题需要询问有关部门时，可以立即打电话出去。有条件的情况下还应有复印设备，当来客需求索有关资料时，能立即复印。桌上应放置纸笔，方便来访者留言以便转交。为了方便来访者进屋后有放衣物的地方，应准备衣帽架。为使来访者排解等待的时间，可准备一些书报杂志、单位介绍等材料。

3. 做好接待心理准备工作

所谓心理准备，是指接待秘书要以诚心、热心去面对每位来宾，热情适度，和蔼可亲，用语礼貌，举止大方。秘书人员待人接物的良好行为有助于赢得对方的好感。那种“门难进、脸难看、话难听、事难办”的现象，令人反感。外面的人对于领导评价的标准，首先取决于秘书人员接待客人的情感。若一开始受到秘书人员真诚亲切的接待，来访者对将见到的领导也会抱着同样的期待。反之，如果秘书人员对于来访者拉长脸，嫌麻烦，来访者也一定会产生连锁反应，认为领导也不会热情。因此，秘书人员应有真诚的待客心理。

（四）接待的礼仪原则

从事接待工作的秘书是单位的门面，是展示单位形象的一个重要窗口。因此，秘书应掌握接待工作的礼仪原则，建立和维护公司良好的公众形象。

秘书接待工作的四项礼仪。

1. 热心适度，耐心倾听

应该让来访者感觉到他们的来访是受欢迎的。秘书在接待过程中，对于来访者提出的合理要求，应尽量予以满足，同时，应以满腔的热情与来客沟通，倾听他们的各种要求，耐心回答来访者的问题，积极帮助来访者解决各种问题，使客人有宾至如归的感觉。

2. 礼貌周全，仪表得体

从事接待工作的秘书应该穿着得体，气质端庄，举止大方，礼貌待人，能在工作中使用礼貌用语，注重接待礼仪，显示出良好的修养和高超的工作技巧。

3. 照顾周到，进退有度

在接待工作中，既要热情礼貌，又要进退得体。服务要周到，做到一视同仁。遇到为难的人和事，秘书一定要以礼相待，尽可能地让其满意而归。

4. 有始有终，始终如一

秘书在接待工作中，不能因为初次接触一个陌生的来客而冷漠、拘谨，也不能因为仅仅是工作中一面之交而人走茶凉。

总之，在整个接待中，秘书不能因个人感情影响对来客的礼仪和态度，无论来客如何，秘书既不可不礼貌、少礼仪，也不必过分热情，要客套而不俗套，亲切而不做作。

二、日常接待工作的基本程序

日常一般性个体接待几乎是秘书每天都必须要面对的。处理日常一般性个体接待，无须制订具体的接待计划，只需有礼有序地接待便可。一般来说，日常一般性个体接待又有有约接待和无约接待之分。

（一）有约接待

有些来宾就来访的有关事宜已事先约定好，秘书接待依约而来的来宾，称有约接待。在有约接待中，秘书一定要做好充分的准备，使接待有礼有序地进行。

1. 热情迎候客人

一般来说，对预先约好的客人，在约见前夕便要做好相应的准备：如适时提醒领导，做好接待室的卫生和布置以及相关的其他准备工作。如果有必要，还要跟对方予以确认，保证约见按计划顺利进行。

热情迎候来客。

对依约前来的客人，秘书应立即停下手头上的工作，以站立姿态面带微笑主动问候："×先生，您好！我们经理正在等您呢！"即使来宾是秘书初次见面，秘书也应早有心理准备，可诚恳地招呼并作自我介绍："您是×先生吧？我是经理秘书×××。"

如果来宾比约定的时间来得早一些，领导因工作关系，不能马上接待，这时，秘书应请其入座，款待茶水，递送书报以排遣时间，或轻松地和他们交流，使他们感到不被冷落。

如果来宾进入办公室时，秘书正在接电话、打文件或是查找数据，这时，秘书要先向来宾致意，请来宾稍候，然后迅速结束电话、放下手里的工作，招待来宾。

问候后，秘书应及时用适当方式把来宾来访信息通知领导，或直接把来宾引到接待地点，而不能让来宾久等。

2. 正确引导客人

迎接来宾后，应妥善地把来宾引导到事先安排好的领导办公室、接待室或其他接待场所。离开办公室时，秘书别忘了把桌面上的文件、资料等收起放好。

引导来宾途中，秘书应配合来宾的步调，在来宾左前方一步左右的位置引导，并可与来宾进行适当的寒暄、交谈。转弯或上楼梯时，应稍停并指示方向，礼貌地用手示意且说："请这边走"或"请上楼"。乘电梯时，应先告知来宾"在×楼"，并按住电梯开关，让来宾先入先出。

如果来宾手提皮箱之类的对象，应主动提出帮助；若对方拒绝，则不必勉强。

到达接待场所，应向来宾说明"就在这里"，或先行敲门，或直接为来宾推拉门，面对来宾，请来宾先入内。

进入接待场所后，秘书应为初次来访的来宾和领导作介绍。介绍的顺序是先介绍主人，再介绍客人。介绍时要礼貌地平伸右手，手心向上，介绍的内容要简明，注意说清楚双方的姓名和职务。然后，秘书要将来宾引领入座，座次的安排，一般遵循面门为上、以远为上、以右为上的原则。若来宾是内宾，有时也可以按照我国"以左为尊"的传统来排列座位。

3. 适时告退

一般情况下，在领导和来宾入座后，秘书要端上茶水、饮料，然后，便应适时告退了。退出接待室关门时不要背对来宾，应以正面倒走方式退出。退出时用目光扫视一下接待室里所有的人，看看他们是否还有事要办。

在领导和来宾会谈时，秘书应在适当时候添加茶水饮料，如果接待室的门关着，进去时别忘了敲门，并诚恳地说声“对不起，打扰了！”之类的礼貌用语。

4. 妥善处理临时失约

领导如果临时失约，秘书要做出妥当的安排。不经领导允许，秘书不应该擅自请客人在领导的办公室等候，因为领导的办公室里往往有许多重要文件，容易泄密。如果领导遇到突发性的事情，需要取消事先已经订好的约会，秘书应先向领导请示处理办法，如果可能，可与对方另行约定时间，获授权请其他人接待。如果客人已经来到公司，秘书应该向客人道歉并作解释，以取得对方的谅解，并及时采取措施进行补救。

5. 礼貌送客

来宾将要离开时，秘书应妥善照顾，如主动为客人取衣帽等物，并扫视一下桌面，看是否有东西被遗忘，为客人开门等。送客人到电梯时，要为客人按电梯按钮，在电梯门关上前道别；如送到大门口，要一直等到客人所乘坐的汽车开出视野后再转身回去；和领导一起送客时，要比领导稍后一步；在按电梯门或开车门时应抢前一步做好工作。

如何接待无约来客。

（二）无约接待

来访宾客事先未经预约而突然来访，如联络、咨询、推销、求救等人员，采访的记者以及其他各种不速之客，这种接待称为无约接待。当了解到对方未做预约时，秘书仍要以欢迎的态度礼貌友好地接待，为其服务，同时，要求秘书随机应变，灵活处理，既要维护组织的利益与形象，又要以不得罪人，尽量广结良缘为原则。

1. 了解来宾的身份及来意

领导的日常工作大都是按计划进行的，不速之客的到来可能会使既定计划受到干扰，因此，为了保证工作的正常顺利进行，领导对不速之客不可能“每个必见”，但也不能“一个不见”，因为这样的话，有时可能会使一些重要、紧急事情的处理受耽误，所以，对于不速之客，秘书必须礼貌委婉地了解其身份及来意，以便做出恰当的接待安排。

2. 分流

秘书在了解了来宾的身份和意图后，应及时对来宾作出恰当的分流处理。

及时对来客做恰当分流。

确实应该由领导亲自接待的重要来宾（如领导熟识的上级、客户、亲属、朋友等）或有重要、紧急事务者，秘书对他们作了初步接待后，或尽快安排他们的会面时间，或立即通知领导，按领导的指示处理。

应该由领导接待，但事情不是非常的紧急，领导目前又没有时间接待的，秘书可以诚恳地与来宾协商另外的会见时间。

对于不需要领导出面就能解决问题的来宾，秘书不应该态度漠然地予以拒绝，而应热情地把他们介绍到其他有关的部门。

如果领导刚好独自在办公室，而这时有来宾来访，秘书也不要贸然把来宾径直接带到领导办公室，而应先问清来宾意图，经请示领导后再按领导的意愿处理。

对于上门的推销员，秘书可介绍其与采购部门联系，或者让其留下名片和产品说明书，告诉他会转告领导，需要的话会与其联系。不能动辄就带其见领导。

对于不受欢迎的来客，如胡搅蛮缠者、多次前来索取赞助者等，也要以礼相待，以显示出自己的涵养和礼貌。秘书可委婉而坚决地打发他们离开，也可根据来宾的意图，请有关部门作必要的解释。对于个别无理取闹的蛮横者，必要时，在得到领导同意的情况下，可与有关部门取得联系，争取他们的帮助，以防止无理取闹者破坏性行为的出现或使事态扩大。

3. 婉拒来宾

对于不愿表明来意的来宾，或领导不准备会见的来宾，秘书应明确婉拒来宾。可使用“善意的谎言”，表明不清楚领导去向。如果当天确实不能找到适当的人与来访者见面，要立即向来访者说明情况，切忌不要让客人产生“等一等还有希望”的误解，以免浪费双方时间，使自己更被动。

如何婉拒来宾。

在无法接待来访者的情况下，应主动请来访者留言，并向其保证尽快将留言递交给被访人。

在接待过程中，要耐心听取对方的要求，要确保来访者感到舒适，比如联系过程中，为来访者提供座椅和饮料等。

4. 礼貌相送

尽管来宾是不速之客，但秘书同样也应以礼相送，即使来宾仍有不服甚至余怒，也应如此，因为这样既可以平息他们的情绪，也显示了自己的风度，对组织良好形象的树立也有极大的帮助。

（三）其他相关工作

1. 帮领导接待来宾

帮助领导接待来客的注意事项。

有时，由于领导外出或其他的原因，秘书被授权代表领导接待一些来宾，这时，秘书接待工作的质量及其效果对领导的工作将产生直接的影响，因此，秘书必须认真对待这项工作。对于自己被授予的权力范围，秘书必须清楚，知道哪些事情可以做出承诺，哪些事情能自主解决，哪些事情必须向领导请示，哪些事情需经由其他部门处理。秘书要准确理解来宾来意，认真倾听，详细记录，在自己的权力范围内及时做出处理。接待完毕后，秘书应及时把接待情况及结果详细记录下来，并尽快向领导汇报，这样有利于工作的有效衔接和开展。

2. 必要时帮助领导终止会客

如何帮助领导终止会客。

秘书应留心领导接待来宾的情况，有时领导需要秘书帮助他及时结束接待工作，如在下一个活动，尤其是重要活动的时间已经临近时，秘书需及时提醒领导，或者面对已谈完正事仍喋喋不休的来宾。秘书应该明白，在什么样的状况之下应该给予领导什么方式的帮助才能有效地终止接待，成为领导名副其实的助手。

3. 做好来访记录

为了更好地掌握、总结接待来访工作，秘书应对每天的来访情况进行记录，可以准备一个专用的来访记录本，也可以采用表格式。

三、接待团体来访的基本程序

团体来访一般来宾比较多，事情比较重要，来访期也更长一些，如果来宾是外宾，接待工作更是影响着我国在国际交往中的声誉。因此，团体接待比日常一般性个体接待工作要复杂得多，往往会涉及组织中更多的人和事。为了使接待工作能够有条不紊地进行，秘书或秘书部门在接到接待任务后，就必须进行周密的部署。

（一）接待准备

团体接待准备的几项内容。

团体接待基本上属有约接待。准备工作是整个接待工作中的一个重要环节，也是做好接待工作的关键。准备工作做得好坏，在很大程度上影响甚至决定着整个接待工作的质量和效果。所以，应在来宾抵达之前，把准备工作做好，做到家，力争主动。一般说来，接待准备工作包括以下具体环节：

1. 了解来宾的情况

秘书必须准确无误地了解来宾情况，如来宾的国别、地区、所代表的组织机构及其概况、职务、级别、性别、民族、宗教信仰、生活习俗、身体状况以及人数、来意、来访性质、逗留时间、抵离日期、交通工具，还有过去来访的情况等，对这些了解得越多、越具体，接待的准备工作就能做得越好，越能取得接待工作的成功。

2. 制订接待方案

一般来说，团体接待，尤其是重要的团体接待，都应当事先制订好接待方案，报有关的领导或部门审批。接待方案一经批准，就成为接待的重要依据。接待方案大体应包括如下内容：

接待方针，即接待的指导思想。

来宾情况。

接待规格。根据接待的目的、性质、方针及来宾的身份、地位、影响、宾主双方的关系等实际因素来综合确定。

接待计划。详细接待计划的制订，须与对方联络协商并得到有关部门的同意。接待计划一般包括接待日程和接待形式的安排。接待日程的安排要周全、合理，应具体标示出每项接待活动的时间、名称（如接站、陪车等）、出面人、地点等，不能疏漏。日程的安排要尊重来宾的意愿，并且在时间安排上既要紧凑，又要留有弹性。接待形式是指接待活动进行的形式，如个别会谈或集体会谈或现场参观，迎送、宴请、参观、游览等事宜进行的形式等。

食、宿、交通安排。来宾的用餐、住宿以及接待期间的交通工具的安排。

接待经费。接待方案中应该对接待经费的来源和支出做具体的说明。主要包括住宿费、餐饮费、劳务费（讲课、作报告等费用）、交通费、工作经费（如租借会议室、打印数据、通讯等费用）、考察参观娱乐费、纪念品费、其他费用等。

其他事宜。如翻译服务、新闻报道、礼品赠送、安全警卫、医疗卫生、代购车船机票等。

有时，有的一般性的团体接待，为方便起见，在做好相应准备的情况下，只是制订出详细的日程安排，有的组织则把接待方案的主要内容打印成表格，接待时予以填写则可。

（二）接待工作的实施

来宾到达后，按照接待方案，秘书随时与有关部门及人员联系沟通，实施接待。包括迎送来宾，会见会谈接待，宴请接待，参观游览，新闻报道等。

（三）接待工作后总结

来宾接待工作的记录，是重要的档案资料之一，一定要收集齐全，及时整理，按照档案管理规定的要求整理归档。另外，在送走来宾后，应结算接待经费，做好会谈善后事情的处理，力求事事落实到位。写好接待工作小结，如有必要，可编印简报。

接待工作对秘书的综合素质要求相当高，除了掌握接待工作的技巧外，还必须具备个人的素质，如精神状态、言谈举止、着装打扮等。秘书应该熟悉接待事务，积极、主动、热情地做好这项工作，为单位树立良好的组织形象。

思考题

1. 如何做好团队接待工作？
2. 接待方案包括哪些内容？

第三节　日程安排

秘书日常事务工作之一就是辅助领导安排好时间，主要内容是做好日程安排，包括每年、每季、每月、每周、每天的日常工作安排。通常采用表格的形式将已明确的工作任务清晰地表达出来，提醒使用人和相关人按照进程行动，从而有效地管理时间，完成工作任务。

一、日程安排的内容及要求

（一）日程安排的主要内容

秘书日程安排的内容是把领导或组织的主要活动纳入计划。

领导或组织日常工作安排一般涉及以下内容：

（1）各种接待、约会。包括接待或会见本单位员工、外单位来宾和国外的来宾。

（2）商务旅行活动。当前各组织领导特别是企业领导经常到各地、各国去联系合作事宜，进行市场调研和参观学习。

（3）参加各类会议。各类组织都会经常举行不同类型的会议，领导部署重要的任务，或听取员工的建议，或组织各类表彰会议等。

（4）到车间进行实际检查或指导。优秀的企业家都注重及时了解本组织的生产、营销、资产运算等方面的情况，这离不开亲自去做市场分析、产品分析、资产分析等过程。

（5）组织的各类重大活动的安排。

（6）领导私人活动的安排。在西方国家，包括日本秘书一般都要对领导的私人生活进行安排。比如何时去休假，替领导安排好接待领导私人亲朋的日程表等。

（二）日程安排的基本要求

（1）统筹兼顾。所谓统筹兼顾，就是安排日常活动要从组织的全局出发统一筹划，又要兼顾领导的实际情况。

（2）安排规范。就是根据组织领导的分工，明确规定哪一类组织活动应由哪些领导参加，避免出现随意性，注重实效，克服形式主义。

（3）效率原则。日程表的安排要体现效率原则。

（4）突出重点。要突出重要的工作或活动，以便领导集中精力办大事。

（5）留有余地。安排领导的时间要留有余地，不要安排得过于紧密，要给领导有空隙时间。

（6）事先同意。在安排领导的日程表时，无论是一般的工作还是重要的工作，都要事先得到领导的同意。

秘书日程安排的内容是把领导或组织的主要活动纳入计划。

（7）适当保密。领导的日程安排，一般都是自制成一览表的形式。日程表给领导一份，给秘书科长和其他领导一份，再就是有关科室和司机一份。不过，给科室和司机的日程表，内容不能太详细以防泄密。

二、日程安排的形式

领导的日程安排的几种形式。

领导的日程安排可以分为以下几种形式：

（1）年计划表。该表是将企业、单位或组织一年中例行的会议、重要经营活动、已经确定的商务出访、公共关系活动等作出妥善安排。秘书可以参照上一年度的时间表和新一年工作部署来编制，力求内容简明概括，一目了然。详细情况在月时间表和周时间表中体现。

（2）季计划表。详见上例，略。

（3）月计划表。其信息由主管领导负责，请其他领导提出下月计划，再结合集体议定的事项，由秘书制表，经主要领导审定下发实施。也有的组织月底请各位领导将下月的安排或活动口头或书面交给秘书综合整理，有矛盾冲突的加以沟通调整，然后将编制的月安排表交主要领导审定下发实施。

（4）周计划表。该表是在月计划的基础上制订的，表中内容常在周五下班前或周一上午由主要领导碰头协商活动安排，加上平时收集的信息，由秘书填写在固定的按周一至周五并分上下午时间的表格中，经被授权人过目审定后印发相关人员。

秘书人员在编制日程计划表时，要注意以下几点：根据需求确定编制时间的周期；收集并列出该阶段所有工作、活动或任务；发现活动有矛盾，主动与负责人协商，及时调整；按照时间顺序将任务排列清晰；绘制表格，标明日期、时间和适合的行、列项目；用简明扼要的文字将信息填入表格，包括内容、地点。

三、工作日志

工作日志是根据周计划表写出的一天时间内领导的活动计划，是秘书协助领导提高工作效率的一种很重要的工具和工作方法，秘书应学会很好地利用它。

工作日志的利用。

（一）工作日志填写的信息内容

工作日志一般有手工填写的和电子的两种，二者填写的信息内容应相同。领导日志内容通常包括：

(1) 领导在单位内部参加的会议、活动情况，要记录清楚时间、地点、内容。

(2) 领导在单位内部接待的来访者，要记录清楚来访者的姓名、单位详情、约会时间。

(3) 领导在单位外部参加的会议、活动、约会等情况，要记录清楚时间、地点的确切细节、对方的联络办法等。

(4) 领导个人的安排，如去医院看病等，要保证秘书不会在这段时间安排其他事宜。

(5) 领导私人的信息，如亲属的生日，要提醒领导购买生日卡或礼物。

秘书的日志内容除了包含领导的日志内容外，还需要包括：

(1) 领导的各项活动需要秘书协助准备的事宜，例如，为领导的某某会议准备发言稿、会议议程、订机票，为领导的某某会谈草拟合同和订餐等；

(2) 领导交办自己的工作，例如，为签字仪式联系地点、媒体等准备工作；

(3) 自己职责中应做的工作、活动，例如，撰写半年工作总结，参加值班等。

(二) 电子工作日志

计算机程序现已可以提供日历、日志和计划等，并应用于联网的计算机中。有条件的可以使用计算机电子日志来管理时间，通过计算机程序中的 Microsoft Outlook 可以打开个人档夹，上面有今日的时间、本月和下月日历，只输入工作任务即可。输入的方法和内容与手工填写日志基本相同。电子工作日志比手工填写日志用起来更加方便，可以迅速修改和更新日志内容，且不留痕迹。

(三) 填写工作日志的方法

(1) 手工填写的日志要用钢笔——尚未联系妥当的约会可以先用铅笔记载，待约定之后再用钢笔描一遍；还可以使用不同色彩的笔，反映活动的轻重缓急。

(2) 一天的活动安排，应按时间先后记载。

(3) 提前了解领导工作和活动的信息，填入领导和自己的日志，并于当日一早再次确定和补充。

填写工作日志的注意事项。

(4) 提前在自己的日志上清楚标出自己当日应完成的工作；应该在每天下班前把第二天的工作计划准备好，它可以使你第二天一来上班就能进入工作状态。

(5) 输入或填写的信息要清楚、方便阅读，同时信息要完整，应标明各项活动的时间、地点、参加人员的姓名、联络方式等必要信息；记载社交活动，要注意招待会或酒会的时间——“18：30分动身赴 19：00 的酒会”。

(6) 输入或填写的信息要准确，当日出现情况变化，应当立即更新日志，并告知领导。

(7) 在领导日志变化的同时，应更改自己的日志，并做好变更的善后工作。

(8) 在自己的日志上要清楚标出为领导的有关活动所做的准备，并逐项予以落实。

(9) 协助或提醒领导执行日志计划，在需要时能帮助领导排除干扰。

另外，秘书在记录和执行日志时，每天开始要先为当天的所有活动做好必要的准备工作，如：为会议和约会准备好档和档案材料；每天工作结束，要仔细检查每个日志，看所有项目是否都已处理，所有约会是否都已赴约。

(四) 处理工作日志的变化与调整

有时会因为预想不到的事或对方的原因而必须改变日程安排，如果是我方原因变更安排，会造成一些有形无形的影响，甚至会影响企业、单位的信誉和双方的信赖关系。因此，应尽量想办法将日程安排的变更限制在最小的范围内。一般变更包括：原定结束时间延长超时；追加紧急的或新添的项目；项目的时间调整、变更；项目终止或取消等。

调整时要注意：

(1) 安排的活动之间要留有 10 分钟左右的间隔或适当的空隙，以备活动时间的拖延或新添临时的、紧急的情况。

(2) 进行项目的时间调整、变更，仍然遵循轻重缓急的原则，并将变更的情况报告领导，慎重处理。

(3) 确定变更后，应立即做好有关善后工作，例如通知对方，说明理由，防止误解等。

（4）再次检查工作日志是否已经将变更后的信息记录上，防止漏记、错记。

此外，秘书还应注意确保领导日志信息的保密，只给领导授权的人查阅；要保持两本工作日志信息一致和准确，若领导有了新安排，应立即补充，并且每天要进行检查和更新；秘书应熟悉领导工作习惯和约会时间的长短，每天最早和最晚可安排约会的时间，以便安排的约会符合要求；秘书应熟悉领导用餐和休息的时间，以便安排约会避开领导的休息。

思考题

1. 工作日志应填写哪些内容？
2. 秘书工作日志与领导工作日志如何协调？

第四节　接听与拨打电话

在现代社会，电话已经成为不可或缺的通信交往手段，尤其是秘书部门的工作，上传下达、内外沟通、左右联系……很多都需要用电话来进行。礼貌、准确、高效地接打电话是秘书的一项重要的业务技能，正确使用电话，有助于创造良好的沟通气氛，提高办事效率，树立个人和组织的良好形象。因此，秘书应以礼貌的态度、专业的方式处理好每一个电话，应在电话里表现出良好的职业规范和高超的电话技巧。

一、接听与拨打电话的基本要求

（一）文明礼貌

无论是打电话还是接电话，秘书人员都应当讲究文明礼貌。首先，使用礼貌用语，如“您好”、“请”、“谢谢”、“再见”、“请多联系”等；其次，态度要和蔼，尽量做到耐心、热情、周到，创造一种相互信任和尊重的气氛。同时，要注意语速和音量要适中，声音愉快自然，语气清晰和婉；最后，要面带微笑，姿势端正，这样做所发出的声音会亲切悦耳，充满活力，也展现出良好的自身形象。

> 无论是打电话还是接电话，秘书人员都应当讲究文明礼貌。

（二）简洁高效

秘书在每次通话时都要尽量控制通话时间，遵守 3 分钟原则，以提高电话系统的使用效率并降低电话费用。因此，电话内容要简明扼要，语言要简洁明了。在进行复杂内容的通话时要事先打好腹稿，尽量不在工作时间扯无关紧要的话题，要善于处理电话中的闲聊和纠缠。

（三）安全保密

电话保密是秘书通信保密的重要方面，秘书人员一定要加强电话保密意识，严格把好电话通信的保密关。具体应注意：在打电话时不要无所顾忌，随意谈论他人和公司的秘密；凡涉及秘密事项的，一律使用保密电话；打保密电话还必须注意周围环境是否安全，有无不该了解情况的人在场。

二、拨打电话的基本程序及技巧

拨打电话的技巧。

打电话，要“打”出成效来，这是对秘书人员的基本要求，为此，就应该了解打出电话的程序及技巧，做到胸有成竹。

（一）选择合适的时间

秘书在打电话时，要考虑对方的时间，尽可能在对方方便的时候打电话。一般的公务电话最好避开刚一上班或临近下班的时间，这些时段，人们一般不太愿意被电话打扰。往国外打电话，还要注意时差。

（二）通话前的准备

通话前的准备是非常必要的，主要有以下几个方面：

1. 情绪准备

打电话要保持愉快的心情，当不顺心的时候，尽量不要打电话，以免怒气通过话筒传到对方；非打不可时，一定要控制好自己的情绪，千万不能表现出不耐烦的态度，更不能因自己不称心而迁怒于对方。

2. 内容准备

拨号前，要在记事本上逐一列出将要谈的事项，或者打好腹稿，以便在电话中讲清楚，避免遗漏。同时，如果有几件事情同时要说，要考虑其先后顺序。手头还应准备好通话时所需要的文件、数据。

3. 工具准备

应准备的工具主要包括电信局印制的最新电话号码簿、自编的常用电话号码表、国内外城市直拨电话区号（代码）、世界各地时差表以及记录用的笔、纸（或电话记录单）等，以便节约时间，提高效率。

4. 拨号准备

拨号之前一定要查对清楚预打电话的号码以及预找之人的姓名、职务或身份，不能先摘机再查对，否则便是对电话资源的无效占用。

（三）正确拨号，耐心等待

摘机后要立即拨号，拨号时要集中精力，以免拨错。拨叫电话要有耐心，要考虑到对方接电话的人可能恰巧不在电话机旁，要将对方在听到铃声后从其他地方走过来所需要的时间考虑进去，确认对方没人应答再挂机。如果听到占线的忙音，应暂时挂断电话，过一段时间后再重新拨叫。

（四）及时自我介绍

自我介绍是通话的基本礼节。

电话接通后，如果对方未自报家门，首先应用亲切的语调向对方问好并确认对方，在得到对方确认后，主动自报家门，报出自己的工作单位、姓名、职务并说明来意。如果对方已自报家门，便可直接进行自我介绍并“直入主题”。如果接电话的正是你要找的人，便应亲切地称呼对方。如果找不到要找的人，千万不要“咔嚓”一声挂断电话，而应表示一下谢意或给对方留言。

（五）清楚陈述

简明扼要、准确清楚地陈述预先准备好的电话内容，特别重要和容易弄错的地方，如双方约定的时间、地点，谈妥的产品数量、种类，认同及分歧的地方，确定的解决方案等，可以重复，确认对方已明白无误地听清记住。

（六）要求对方做好电话记录

有的电话会涉及重要事情或详细的时间、地点、名称及数据等，为了不致发生错误，方便对方办理、转达，秘书应要求对方做好电话记录，并就记录的内容进行重复和核对。

（七）替领导拨叫电话

有时领导在比较忙的时候，会要求秘书先替他拨通某个电话，然后他再来和对方讲话。秘书可以在拨通对方电话后及时进行通报，然后再把电话听筒交给领导。如果领导要打电话找对方的领导，作为秘书不宜直接找对方领导，而应先打电话给对方领导的秘书，等对方的领导出来通话时再把话筒交给自己的领导。

（八）道别挂机

通话结束，使用如“谢谢!”“再见!”“请多多关照!”之类的礼貌告别用语，然后轻轻挂机。挂机时应先把耳机一头朝下，按住叉簧，切断通话，再放下话筒一方。

（九）其他应注意的问题

如果不慎拨错了电话，要及时道歉，决不可一挂了之，道歉的态度要诚恳，话不必多。

如果线路出现故障，电话临时中断，作为打出的一方，应主动在将电话打回去，并向对方解释和道歉。

通话过程中如有紧急事项非马上处理不可，须向对方道歉，处理完毕接着通话时，应再次致歉；如果处理的时间较长，可与对方另约时间通话。

对于一些啰嗦的电话，秘书要学会及时摆脱，运用语言技巧，及时结束冗长的难对付的谈话。

三、接听电话的基本程序与技巧

电话交谈的第一声，常会给人留下深刻的印象。美国贝尔电话公司向 25 万名接线生提出“带着微笑接听电话”的职业要求。的确，每个电话都会影响整个组织的形象。对于一个企业来说，有时它就是一笔生意。曾经有这样的一个例子，一天，一位美国商人打电话给新加坡的一家银行，准备存进一笔 15 万美元的款项，但由于接听电话的人漫不经心，粗鲁无礼，商人改变初衷，把存款存进了另一家银行。所以，秘书必须彬彬有礼地接听电话，以显示你的职业素养。

接听电话显示秘书的素养。

（一）记录准备

秘书一定要养成随时准备记录的职业习惯。电话记录更应该形成制度，记好电话内容，不但可以帮助秘书合理地安排时间，及时地处理一些重要问题，还有助于日后建档以便备用。秘书应在电话旁边准备好电话记录本和笔等，电话铃一响，左手摘机，右手马上准备记录。

（二）及时接听

一般情况下，秘书应在电话铃响起两声之后的间隔里拿起话筒，进行接听，即“铃响不过三”。铃声响了三次以上才拿起话筒是缺乏效率的表现，势必给来电者留下不好的印象。如果确实有事耽搁了，拿起话筒后应先向对方真诚地表示歉意：“对不起，让您久等了”。

（三）礼貌应答

接电话时，先主动问候对方，然后再作自我介绍，报出本单位的名称或部门名称，这是国际惯用的电话礼节，目前，我国很多单位也都是采用这一模式。如果对方也作了自我介绍，则可正式通话。否则，秘书就应礼貌客气地了解对方的身份：“请问您是……”“请问您贵姓?”切忌单刀直入问“你是谁”、“你找谁”或“你要干什么”之类的话。

如果一接电话就能辨认出对方，便可直接称呼对方，“啊，您好！王先生（小姐）”，这会给对方留下特别亲切的印象。

如果要传呼电话时，应明白告诉对方：“请稍等一下，我这就去请小王来接电话。”如果对方要找的人刚好不在时，应彬彬有礼地告知对方并商议有关转告事宜，例如：“小王刚好不在，方便让我转告他吗?”千万不能鲁莽地说上一句“他不在”就挂上电话。

如果某个问题必须放下话筒作进一步的查问才能回答对方，则应向对方说明需要多长时间并征询对方可否等待。如果对方愿意等待，那么再次拿起话筒时要先向对方表示歉意。当然，让对方等待的时间不宜过长。

如果确信对方在电话中所谈的内容无法解决时，不要生硬地拒绝对方，使对方陷入窘境，而应热情地给予对方一些力所能及的帮助，如帮助对方把电话转到可以解决问题的分机，或告知对方应找人员的电话号码及姓名等。这样做，虽然增加了工作负担，但可给人留下良好的印象。

（四）认真听记

通话时，秘书应用心倾听，准确领会对方意图，认真做好记录。记录的内容应包括所有细节，不能仅仅记下对方所告诉你的情况，像来电单位、时间、主要内容、处理意见等都要如实记录。重要的内容，应主动予以复述，以得到对方的确认。不明白、不清楚的地方，应不厌其烦地请对方重复或解释，保证信息的准确性。记录完毕之后，还应该再次向对方重复核对，这是非常必要的。

（五）结束通话

结束电话之前，应确保事情已经谈完，所有的细节都已经讲清楚了。结束通话的礼节要求与主叫方相类似，一般来说，应贯彻“谁打出电话谁先挂断”的原则，如果对方是长辈或领导，应等对方先挂机。

如何处理特殊电话。

四、特殊电话处理技巧

秘书每天都会接到许多电话，或联系业务，或推销产品，或借贷募捐……有来自外界的，也有内部的；有认识的人，也有陌生人；有公开的，也有匿名的……面对繁多的电话，秘书必须迅速地进行甄别、过滤、分流，作出判断，或马上处理，或延后安排；或由自己答复，或交有关部门或有关人员处理，或请领导出面……而这必须讲究技巧，否则会使工作陷于被动之中。

（一）接听直接找领导的电话

秘书接到直接找领导的电话时，必须认真对待，切记要先问清楚对方的身份及目的。然后根据具体情况再作进一步的处理。

如果领导正在开会、谈判或会客不方便接听电话，秘书可以向对方作简单解释，并建议稍候请领导回电话，或请对方在之后的一个确定的时间再打过来。同时要注意保密，不要泄露领导的行踪和电话号码。

由于某些原因，有时领导会有一些不愿意接听的电话。这时，秘书就应一口回绝：“王经理出去办事，今天不回来了。您有什么事找他吗?”如果对方仍固执纠缠下去，也应礼貌地拒绝：“对不起，我还有急事要办。我见到他，会转告他的，好吗?”

（二）同时处理打进来的多个电话

同时多个来电的处理办法。

有时秘书的办公室配备了不止一部电话，秘书会经常遇到这样的情况：手头的一个电话还没有处理完毕，另外一个电话又打进来。这时秘书需要镇定、有序地进行处理，正确的处理方式有：

(1) 礼貌地请前者稍等，告诉他另有电话打进来，并闭音。

(2) 迅速接听第二个电话，并问清对方的目的，记下对方的电话号码，告诉对方稍候再复电，并简单解释原因，尽快回到第一个电话上来。

(3) 如果第二个电话必须马上接听，则应先请对方稍等，然后迅速向第一位通话人解释因另外有紧急的事要处理必须先结束这次谈话，必要时给对方回电，并中断电话，再接第二个电话。

(4) 应该先接听哪一个电话，需要秘书区分轻重缓急，对两个电话的重要、紧急程度和长途、市内、本单位内的前后顺序迅速作出判断，然后依序处理。

(5) 不管是哪一种情况，当重新接起等候在那里的电话时，首先要向对方致歉，然后继续通话。

(三) 接听纠缠电话

有时，秘书在办公室会接到一些纠缠电话，如推销商品的电话，而且是三番五次打来。秘书接听这类电话时，态度一定要明确，要礼貌地回绝对方，不留任何余地。不要发脾气或训斥对方，以免被对方利用。

(四) 接听打错的电话

接听打错电话的处理办法。

接到打错的电话时，秘书的态度也要和蔼客气，不能只说“打错了”便“咔嚓”一声挂断电话，而应不失礼貌地说“您打错了，我这里是……需要我帮你查找正确的号码吗”，这也不失为是宣传组织的一个好时机。

(五) 接到投诉电话

投诉电话往往会伴随着比较冲动的感情和激愤的言辞，这时，秘书不能针尖对麦芒，而应心平气和、冷静耐心地听，等对方发完火后，再诚恳地向其解释原因或提出建议，如“您购买的产品出现了问题，可以直接找我们的维修中心维修，它的地址是××××，电话号码是××××××。”或“我会把您反映的情况及时向领导汇报，有了结果，我将马上通知您。”或把电话直接转至有关的业务部门等，以此来显示出秘书的教养和风度。对于企业的秘书来说，这样的电话会更加频繁，更需要有耐心。

(六) 接听匿名电话

接听匿名电话的处理办法。

有时，打电话的人既不愿报上姓名，也不愿说明打电话的动机，只一个劲要直接找领导，这时，秘书仍应保持彬彬有礼的态度，坚持不报姓名或不说明来意就不打扰领导的原则，可向对方说：“很抱歉，先生，王经理此刻不在办公室。如果您不愿意告诉我您是谁，有什么事，那么请您最好写一封信来，注明‘亲启’字样，我会尽快交到王经理手上。”

如果接到匿名打来反映有关情况的电话，要注意先不要明确表态，也不要听到风便是雨，到处乱说，而应向有关的负责人反映。

（七）接听告急电话

接听告急电话的处理办法。

若接到告急电话，或反映情况，或请求帮助，或请示解决的办法……这时，秘书应沉着、冷静、细心、果断、迅速地予以处理，尽快弄清楚发生了什么事，在什么地方，什么人，严重程度等，如情况紧急又是自己职权范围内的，要当机立断，马上提出防范措施或初步处理意见；如不能决定，应马上请示汇报，并协助有关部门即刻处理。

五、电话的后续处理

（一）整理电话记录

秘书在通话后应及时整理记录内容（包括录音电话记录）。为了尽可能完整地记录电话内容，接听电话时秘书可以根据自己的书写习惯作快速记录，但如果记录较为潦草，别忘记在处理完电话后，及时地把较为重要的或较为复杂的电话内容（不管是打出的还是接听的）整理并誊写一遍，以便于领导批示或立卷存档和日后查考。

（二）及时处理有关事务

根据电话涉及的内容和缓急程度的不同，进行不同的处理。需要向领导汇报或请示的，要及时送领导阅读做出批示，如果内容较多，可先做初步的整理汇总，必要时还可附上自己的处理意见，协助领导处理；属于秘书个人或秘书部门能解决的，秘书人员可直接答复或办理；需要有关部门解决的，或及时转交、移交，或协调有关的部门解决。对重要的事项还要跟踪了解并把有关的情况回馈给领导。

良好的办公环境，有助于提高工作效率，直接影响组织形象。秘书对办公环境施加管理，在很大的程度上来说，就是不断优化办公的自然环境，包括室内空气、光线、颜色、办公设备和办公室的布局、布置。接待工作是面对面的沟通，电话通讯则是非面对面的沟通，它们都是办公室日常办公事务的重要组成部分，正确接打电话，树立良好的电话形象，热情做好接待工作，对于组织的形象有着十分重要的作用。另外一项重要的事务性工作是日程安排，它是有效管理时间，提高效率的方法和手段。

思考题

1. 拨打电话的基本程序和技巧有哪些？
2. 特殊电话有哪些处理技巧？

【案例分析】

单位新来一位实习兼试用的秘书小王，连接几个电话都不得体，受到批评和警告，主任给他提了几条建议，小王照着认真练习，逐步掌握了接听电话的技巧，表现得当，保住了工作。

下面是小王接听电话的实录：

状况一：(有电话打进)

小王：喂！

对方：是A单位吗？

小王：你找谁？

对方：T总经理在吗？

小王：你是谁？

对方：我这是B公司。

小王：什么事？

状况二：

对方：请问T总经理在吗？

小王：他不在！你是谁？

状况三：

对方：请问T总经理在吗？

小王：他还没回来。

思考题

1. 详细分析小王有什么不得体？
2. 假如你是主任，你会给小王哪些建议，列出提纲。

提示：

1. 秘书是对外的窗口，注意礼貌。

2. 维护单位形象。

【实务操作】

1. 到一家单位的办公室参观，了解并分析其办公环境的管理情况。

2. 请为某公司王总经理拟制一份为期一周的时间表。要求：

(1) 内容应包括：会议、面谈、接待、出差、深入基层及其他重要事件；

(2) 表格要简洁规范，内容要适合、适应、适时。

3. 模拟秘书在办公室接电话时的几个情景。

① 对方要找人事部王经理，秘书告知王经理不在的对话情景。

② 对方打错了电话，秘书的应对。

③ 对方询问公司新产品的情况以及要转接的电话。

④ 秘书自己拨错了电话时的应对。

⑤ 顾客购买的产品使用中出现了问题，反映情况的电话。

⑥ 通知部门经理开会的电话。

⑦ 对方咨询本公司产品情况时，秘书需要查数据要对方等候的电话。

4. 模拟秘书在办公室接待访客时的几个情景。

① 有一外地公司的客户，慕名来到宏远公司，但因为事先无约，显得有些不好意思，请演示秘书接待的情景。

② 吴总经理与洪达公司王经理是大学的同窗好友，有着十几年的友情，关系非常亲密，经常在一起打球，在生意上也有合作。王经理经常到宏远公司来找吴总经理聊天，吴总经理也经常到洪达公司看望王经理。今天，王经理又来找吴总经理，正好吴总经理不在公司，他陪同台商汪先生打保龄球去了，这时秘书应如何接待，请演示。

③ 有一位推销员，事先没有约定，一来就声称是经理的朋友，坚持要见经理，秘书请教他的大名，却又不愿通报姓名，也不愿说出求见理由，秘书委婉拒绝安排会见，可他却一直赖着不肯离去。演示秘书应对的情景。

④ 一天早晨，两位预约的客人刚到，另一位客人却由于急事来到公司，要求马上见到吴总。演示秘书接待的情景。

⑤ 今天有 4 位重要客人来访。秘书要在办公室外迎接客人并进行自我介绍，然后引导他们上楼，进入经理办公室。演示整个过程。

第四章　现代秘书“办文”

学习要点

● 通过本章学习，了解现代秘书“办文”的基本内容及工作程序，了解机关常用文书的格式、用途及写作要求，学会秘书常用文体的写作，掌握文书拟写与处理的基本程序和要点。

办文，即文书的制作和处理，它包括秘书起草撰制文书、收发、传递和处理文书以及针对文书内容办理各种事务工作。简而言之，“办文”工作是围绕“文”而展开的一切工作，它是秘书最主要的工作之一。

第一节　现代“公文”类别及格式

一、公文的概念

在从事政务、商务等公务活动中代表本组织形成并使用的规范的文书均可称为公文。

公文是公务文书的简称，对其含义的理解又有广义与狭义之分。从广义上说，机关、团体、企事业单位以及一切依法成立的组织，在从事政务、商务等公务活动中代表本组织形成并使用的规范的文书均可称为公文。它包括行政机关在行政管理过程中所形成的具有法定效力和规范体式的行政公文，机关、单位、团体和个人在处理日常事务中常使用的形式较为灵活的事务文书以及像经济文书、法律文书、新闻文书、外交文书等在一些特定行业和工作部门范围内使用的专用文书。从狭义上说，公文是指国务院办公厅《国家行政机关公文处理办法》中规定的13种行政公文和中共中央办公厅《中国共产党机关公文处理条例》中规定的14种党的主要公文，是专指国家行政机关和党的机关在政务和党务管理过程中所形成的具有法定效力和规范体式的文书。它是传达、贯彻党的方针、政策，发布行政法规和规章，施行行政措施，请示和答复问题，指导、布置和商洽工作，报告情况，交流经验的重要工具。本节所讲的公文，是广义上的公文。

二、现代秘书办文所涉文种类别

秘书办文涉猎文种繁多，最常用的有四类：

（一）国家统一规范的机关法定公文

根据国务院办公厅2000年8月24日发布的《国家行政机关公文处理办法》规定，我国行政机关现行公文有13种，分别是：命令（令）、决定、公告、通告、通知、通报、议案、报告、请示、批复、意见、函和会议纪要。

（二）机关法定公文之外较常用的事务文书

大体包括：计划、总结、调查报告、综述、简报、会议记录、章程、启事、海报、条据、讲话稿、演讲稿、述职报告等。

（三）日常信函文书

包括介绍信、证明信、邀请信、感谢信、慰问信、求职信、申请书、倡议书、建议书、涉外书信等。

（四）经济文书

包括经济合同、市场预测报告、经济活动分析报告、商品说明书、广告文案、招标书、投标书等。

三、国家行政机关法定公文的格式

行政机关法定公文的格式。

组成公文的各要素划分为眉首、主体、版记三部分。置于公文首页红色线以上各要素统称眉首；置于红色线以下、主题词以上各要素统称正文；置于主题词以下各要素统称版记。

（一）公文眉首格式

眉首又叫文头，由发文机关标识、公文份数序号、秘密等级和保密期限、紧急程度、发文字号、签发人、红色反线组成。

公文眉着格式。

1. 发文机关标识

发文机关标识应当使用发文机关全称或者规范化简称后面加“档”组成；发文机关标识上边沿至版心上边沿为25mm；对于上报的公文（请示、报告等），发文机关标识上边沿至版心上边沿为80mm。发文机关标识推荐使用小标宋体字，用红色标识。字号由发文机关以醒目美观为原则酌定，但是最大不能大于或等于22mm×15mm。联合行文时应使主办机关名称在前，“档”二字置于发文机关名称右侧，上下居中排布。

2. 公文份数序号

公文份数序号是将同一文稿印刷若干份时每份公文的顺序编号。用阿拉伯数码顶格标识在版心左上角第1行，顶格写。

3. 秘密等级和保密期限

公文如需标识秘密等级，用3号黑体字，顶格标识在版心右上角第1行，两字之间空1字；如需同时标识秘密等级和保密期限，秘密等级和保密期限之间用“★”隔开。

4. 紧急程度

公文如需标识紧急程度，用3号黑体字，顶格标识在版心右上角第1行，两字之间空1字；如需同时标识秘密等级与紧急程度，秘密等级顶格标识在版心右上角第1行，紧急程度顶格标识在版心右上角第2行。

5. 发文字号

发文字号由发文机关代字、年份和序号组成。发文机关标识下空2行，用3号仿宋字，居中排布；年份、序号用阿拉伯数码标识；年份应标全称，用方括号“[]”括入；序号不编虚位（即1不编为001），不加“第”字。

6. 签发人

上报的公文需标识签发人姓名，平行排列于发文字号右侧，发文字号居左空1字，签发人姓名居右空1字；签发人（3号仿宋体）后标全角冒号，冒号后用3号楷体字标识签发人姓名。如有多个签发人，主办单位签发人姓名置于第1行，其他签发人姓名从第2行起在主办单位签发人姓名之下按发文机关顺序依次顺排，下移红色反线，应使发文字号与最后一个签发人姓名处在同一行并使红反线与之的距离为4mm。

7. 红色反线

标于发文字号下4mm处，隔开眉首和主体，与版心同宽。

（二）公文主体格式

公文主体格式。

公文主体格式包括：标题、主送机关、正文、附件说明、成文日期、印章、特殊情况说明、附注、附件等。

1. 公文标题

完整的标题包括发文机关名称、发文事由和文种三部分，简称三要素。

公文标题居于红色反线下空2行，用2号小标宋体字，可分一行或多行居中排布；回行时，要做到词意完整，排列对称，间距恰当。

2. 主送机关

标题下空1行，左侧顶格用3号仿宋体字标识主送机关，回行时仍顶格；最后一个主送机关名称后标全角冒号。如主送机关名称过多而使公文首页不能显示正文时，应将主送机关名称移至版记中的主题词之下、抄送之上，标识方法同抄送。

3. 公文正文

公文正文居于主送机关名称下一行，每自然段左空2字，回行顶格。数字、年份不能回行。

4. 附件

公文如有附件，在正文下空 1 行左空 2 字用 3 号仿宋字标识“附件”，后标全角冒号和名称。附件如有序号使用阿拉伯数码（如：“附件：1. ××××”）；附件名称后不加标点符号。附件应与公文正文一起装订，并在附件左上角第 1 行顶格标识“附件”，有序号时标识序号；附件的序号和名称前后标识应一致。如附件与公文正文不能一起装订，就在附件左上角第 1 行顶格标识公文的发文字号并在其后标识附件（或带序号）。

5. 成文时间

成文时间用汉字将年、月、日标全；“零”写为“0”，成文时间右空 4 字；加盖印章应上距正文 2～4mm 。

6. 公文生效标识

单一发文印章：机关制发的公文在落款处不署发文机关的名称，只标识成文时间。成文时间右空 4 字；加盖印章应上距正文 2～4mm，端正、居中下压成文时间，印章用红色。当印章下弧无文字时，采用下套方式，即仅以下弧压在成文时间上。当印章下弧有文字时，采用中套方式，即印章中心线压在成文日期上。

联合行文印章：当联合行文需加盖两个印章时，应将成文时间拉开，左右各空 7 字；主办机关印章在前；两个印章均压成文时间，印章用红色，只能采用同种加盖印章方式，以保证印章排列整齐。两印章间互不相交或相切，相距不超过 3mm。

当联合行文需加盖 3 个以上印章时，为防止出现空白印章，应将各发文机关名称（可用简称）排在发文时间和正文之间。主办机关印章在前，每排最多 3 个印章，两端不得超过版心；最后一排如余一个或两个印章，均居中排布；印章之间互不相交或相切，在最后一排印章之下右空 2 字标识成文时间。

7. 特殊情况说明

当公文排版后所剩空白处不能容下印章位置时，应采取调整行距、字距的措施加以解决，务使印章与正文同处一面，不得采取标识“此页无正文”的方法解决。

8. 附注

公文如有附注，用 3 号仿宋体字，居左空 2 字加圆括号标识在成文时间下一行。

（三）版记（文尾）格式

版记是由主题词、抄送机关、印发机关和印发时间、反线等组成。

1. 主题词

“主题词”用3号黑体字，居左顶格标识，后标全角冒号；词目用3号小标宋体字；词目之间空1字。

2. 抄送机关

公文如有抄送机关，在主题词下1行；左右各空1字，用3号仿宋体字标识“抄送”，后标全角冒号；抄送机关间用逗号隔开，回行时与冒号后的抄送机关对齐；在最后一个抄送机关后标句号。如主送机关移至主题词之下，标识方法同抄送机关。

3. 印发机关和印发日期

位于抄送机关之下（无抄送机关在主题词之下）占1行位置；用3号仿宋体字。印发机关居左空1字，印发日期居右空1字。印发日期以公文付印的日期为准，用阿拉伯数码标识。

4. 版记中的反线

版记中各要素之下均加一条黑色反线，宽度同版心。

5. 版记的位置

版记应置于公文最后一面（封四），版记的最后一个要素置于版心最后一行。

（四）公文的特定格式

1. 信函式格式

公文的特定格式。

发文机关名称上边缘距上页边的距离为30mm，推荐用小标宋体字，字号由发文机关酌定；发文机关全称下4mm处为一条武文线（上粗下细），距下页边20mm处为一条文武线（上细下粗），两条线长均为170mm。每行居中排28个字。首页不显示页码。发文机关名称及双线均印红色。发文字号置于武文线下1行版心右边缘顶格标识。发文字号下空1行标识公文标题。如需标识秘密等级或紧急程度，可置于武文线下1行版心左边缘顶格标识。

2. 命令格式

命令标识由发文机关名称加“命令”或“令”组成，用红色小标宋体字，字号由发文机关酌定。命令标识上边缘距版心上边缘20mm，命令标识下空2行居中标识令号；令号下空2行标识正文；正文下空1行右空4字标识签发人签名章，签名章左空2字标识签发人职务；联合发布的命令或令的签发人职务应标识全称。在签发人签名章下空1行右空2字标识成文日期。

3. 会议纪要格式

会议纪要标识由“××××××会议纪要”组成，用红色小标宋体字，字号由发文机关酌定。会议纪要不加盖印章。

第二节 行政机关常用公文的拟写

一、通知的写作

（一）指示性通知的拟写

指示性通知。

指示性通知用于向所属下级布置工作，阐明工作活动的指导原则和方法；还用于传达上级的决定和指示、布置需要执行或办理的工作事项等。

指示性通知的正文由三部分组成：通知的依据（原因、目的、意义）、主体部分、结尾部分。

1. 通知的依据

是用简明的语言说明为什么发此通知，然后用一句过渡语，如：“现通知如下”、“特作如下通知”等转入主体部分。

2. 主体部分

是通知的具体事项。指示性通知主体部分比较复杂，应分条或分段叙述，使人一目了然。

3. 结尾部分

一般写执行要求。如：“以上通知，望认真执行”；有时则用一般号召性文字提出希望和要求，有的通知也可没有结尾部分。

（二）转发性通知的拟写

转发性通知。

将上级、同级或不相隶属单位的来文发给下级单位，用转发性通知。转发性通知正文的写法也比较简短。常用“现将×××转发给你们，望遵照执行。”这一模式。有时在此基础上，还根据本单位、本系统、本地区的实际情况，提出具体要求，或作补充规定。

转发性通知的特点在“转”字上，不能加批语。

发布性通知。

（三）发布性通知的拟写

发布性通知是用于告知受文单位，某一规章已经某会议讨论通过或经某上级批准，现予发布或印发，并要求下级遵照执行。重要的规章用“颁发”或“发布”，一般的用“印发”。这类通知所发布（印发）的法规性文书，一般都是发文单位本身制定的。发布性通知的正文也比较简短，一般只需写明发布根据以及发布的是什么文书，提出执行要求即可。有时也可简要阐述发布此文书的目的、意义或提出贯彻执行的具体意见。

事务性通知。

（四）事务性通知的拟写

事务性通知是上级要求下级办理或告知下级需要知道的一般事项。如：报送有关材料、启用或废止公章、出版刊物的订购、变更地址及电话号码等。事务性通知的正文往往采用篇段合一的形式。只把通知的是什么事情说清楚即可，没有必要予以议论评价或阐发意义，也不提执行要求。

会议通知。

（五）会议通知的拟写

各单位在召开会议时，会前要告知与会者开会的时间、地点、携带材料等，这时要用会议通知。除了一些小型或紧急会议就近口头或电话通知外，一般都要使用书面会议通知。会议通知的正文一般由召开会议的背景（目的、意义）和会议注意事项两部分构成。

召开会议的背景：主要写明为什么开会，一般文字比较简短，不要长篇大论。

会议注意事项：是指会议的时间、地点、与会人员、日程安排、报到日期，有时还具体地提出准备的材料及与会者赴会所乘车、船、飞机班次等。

任免通知。

（六）任免通知的拟写

任免通知是上级需要向下级传达对有关人员的任免事项时使用的通知。任免通知的正文要写明任免根据、日期、被任免人员的姓名与职务。

二、通报的拟写

通报正文的结构通常由开头、主体和结尾等部分组成。开头说明通报缘由；主体说明通报决定；结尾提出通报的希望和要求。

（一）表扬性通报

表扬性通报。

一般在开头部分概述事件情况，说明通报缘由。主体部分通过对先进事迹的客观分析，在阐明所述事件的性质和意义的基础上，写明通报决定。结尾部分明确提出希望和要求，号召大家向先进学习。

批评性通报。

（二）批评性通报

开头部分先写出事实，主体部分在分析评论的基础上叙写通报决定，最后提出希望和要求，让大家吸取教训，引以为戒。

（三）情况通报

主要起着沟通情况的作用。包括两项内容；通报有关情况；分析并作出结论。

请示的拟写。

三、请示的拟写

请示的正文一般由三个部分组成：请示事由或起因、请示事项、请求。

（一）请示事由

请示事由是请示提出的依据，放在正文的开头。这一部分可以反映情况，但要注意不是为了汇报，而是为所请示的事项说明理由。

（二）请示事项

请示事项是请示的核心内容，主要写明需要上级帮助解决的问题。为了有利于审批，还可以进一步提出解决问题的办法、措施、意见与建议。

（三）请求

请求是在请示的结尾提出要求的话语，是请示的终结与强化。一般紧接请示事项后面，另起一段书写。根据请示目的的不同，请求常用的语句是：“以上请示如无不妥，请批准”、“当否，请批示”、“特此请示，请予审批”、“以上请示如无不妥，请批转各地、各部门执行”等。

四、报告的拟写

工作报告的拟写。

（一）工作报告的拟写

工作报告主要用于总结工作经验、汇报工作进展情况或提出今后工作意见等。工作报告的正文，通常由四部分组成：工作过程、成绩或收获、经验或体会、存在问题与今后打算。

1. 工作过程

工作过程是指工作情况的概述，包括背景、依据、任务、成效等。

2. 成绩或收获

成绩或收获是指工作的成果，包括物质的和精神的，直接的和间接的，这一部分可分成几个方面叙述。

3. 经验或体会

经验或体会是指在完成工作任务的过程中带有规律性的认识或经验体会，这一部分比直接成果更进一步，属理性认识，对于其他工作具有指导作用。

4. 问题与今后的打算

问题与今后的打算是指工作中的失误和实际困难，下一步工作应如何做。

情况报告的拟写。

（二）情况报告的拟写

情况报告是用来汇报工作中发生的重大问题或特殊情况、接办事项的处理情况等。反映问题比较专一，主要是围绕一项工作、一件事情叙述和说明。其正文由两部分组成：事情的起因和经过、办理结果。

1. 事情的起因和经过

事情的起因和经过是指所要报告事情发生的原因（即报告依据）及发生的过程（或工作完成的过程）。

2. 办理结果

办理结果是指事情最后办理情况（或完成情况或结论）。

调查报告的拟写。

（三）调查报告的拟写

调查报告是指有关单位为了了解情况，研究制定政策、法规、计划，解决与处理问题，发现典型与总结新鲜经验推动工作等，有目的地指派专人或工作组，深入实际进行调查之后写出的书面报告。调查研究是取得第一手材料、制定有关方针政策和处理问题的重要依据。调查报告的正文通常由四部分组成：目的经过、基本情况、分析认识、结尾部分。

1. 目的经过

目的经过应放在正文的开首，简要交代进行调查的缘由，调查的时间、地点、对象，要解决的中心问题，参加调查的人员和调查的简要经过等。

2. 基本情况

基本情况是指通过调查得到的具体情况。

3. 分析认识

分析认识是指从调查所得情况中，经过分析研究得出的认识。这一部分可以和基本情况结合在一起写，可以采取纵的叙述法，即从事务的历史状况谈起，叙述它的发展变化及其原因，也可以从横的剖面叙述，即从几个主要方面来看事物的发展面貌、主要特点。无论是纵向的还是横向的，各部分均可拟出生动醒目的小标题。

4. 结尾部分

结尾部分是对全篇做出的“画龙点睛”式的总结，概括出全篇给人的启示和得出的结论，或者是对于问题的处理、政策的调整、工作的开展等提出意见和建议。

（四）答复报告的拟写

答复报告的拟写。

上级向下级询问某一问题或某项工作的进展情况时，下级要按要求如实向上级汇报，这时使用答复报告。答复报告具有很强的针对性，问什么答什么。答复报告的正文由报告起因和报告内容两部分组成。

1. 报告起因

报告起因是写报告的原因或根据，常要写明收到上级什么档或什么指示或接受了什么任务，执行办理情况及结果摘要。

2. 报告内容

报告内容是报告的主体，按照执行或办理的实际情况拟写，常要写明执行或办理的依据、主要过程、措施、结果，有时还要写出经验、教训与今后打算。

（五）报送报告的拟写

报送报告的拟写。

报送报告是下级向上送报送有关文书或物品时，随文书或物品写的一种报告。报送报告的正文比较简短，只写明报送对象及报送目的即可。

五、决定的拟写

决定的拟写。

决定的标题要求写明发文机关、事由、文种三部分，也有的只写明发文事由和文种。有些决定在标题下有题注，标明通过或发布时间。

对重要事项或者重大行动做出安排的指挥性决定，正文通常由决定缘由和决定事项两部分构成。决定缘由是指对某项工作或重大行动做出安排的依据。行文要求简明扼要，依据要恰当充分，令人信服。决定事项是全文的主体内容，主要包括开展工作的有关政策原则、执行的事项及有关规定要求等。行文要眉目清楚，用语要确切明了。

表彰决定的内容比较单纯，主要是作出表彰决定的依据和决定事项，即使有号召或者鼓动性的结尾，也很简短。在写法上往往开门见山，直接陈述，篇段合一，语句简练、明快。

处分决定要首先把错误的事实说明，并进行分析定型，然后写处分决定，最后提出希望和要求。

发函和复函的拟写。

六、函的拟写

函的正文通常由起因、事项、结尾三个部分组成。

主动发函的起因主要写明发函的原因；复函的起因是告诉对方来函已收到，常见的写法是："你单位×年×月×日来函收到"。

主动发函的事项部分主要写明商洽、询问的具体事项；复函的事项部分是答复对方提出的问题。

主动发函的结尾往往提出要求对方答复的请求，如"盼复"、"望函复"等；复函往往用"专此函复"、"此复"等作结尾用语。

第三节 国家行政机关公文处理

公文处理包括发文处理、收文处理、文书管理三个环节，是指公文在机关、单位内部运转处理和管理的全过程。

发文处理的 9 个程序。

一、发文处理

发文处理指以本机关名义制发公文的过程，包括草拟、审核、签发、复核、编号、缮印、用印、登记、分发等程序。

1. 草拟

草拟是秘书人员或有关人员将单位发文意图草拟成文书初始稿的过程。它包括交拟、议拟、撰拟，是发文处理的首要环节。拟稿环节必须严格按照撰写文书的基本要求来进行，以确保文书的质量。

2. 审核

审核是指秘书部门的负责人或有关领导人对草拟的文稿进行的审查、修改工作。目的是为领导签发做好准备。审核的重点是：是否确需行文，行文方式是否妥当，是否符合行文规则和拟制公文的有关要求，公文格式是否符合规定等。

3. 签发

签发是单位领导人对发出的文稿经最后审阅后认为确应发出，即批明发文意见并签字。文稿经领导人签发即成定稿，可以据此生效。签发人对其所签发的文稿从政治到文字上的准确性负完全责任。

4. 复核

公文正式印制前，文秘部门应当进行复核，复核的重点是：审批、签发手续是否完备，附件材料是否齐全，格式是否统一、规范等。经复核需要对文稿进行实质性修改的，应按程序复审。

5. 编号

文稿送印前要编好发文字号，并注明缓急或密级标记，确定印制份数，以便一并缮印。

6. 缮印

由文秘人员对已签发的文稿进行誊抄或打印。

7. 用印

对已缮印好的文书要加盖单位印章，以表示文书生效。

8. 登记

为待发文稿注册，以便于今后的查考利用。登记项目包括：顺序号、发文日期、发文字号、文书标题、附件、密级、份数、发往机关、归卷日期、归入卷号、备注等。

9. 分发

由文秘部门将印有公章的文书通过适当方式发送给受文单位。

二、收文处理

收文处理的7个程序。

收文处理指对收到公文的处理过程，包括签收、登记、审核、拟办、批办、承办、催办等程序。

1. 签收

签收是指接受档时收件人在送件人的档投递单或送文簿上签字，表示收到来文。秘书签收文件时要细致认真，签收前注意三点：第一，要认真核对所收文件的袋数、件数是否与档投递单或送文登记簿上的相符合。第二，仔细查看档封套上所注的收文机关部门或姓名，是否是本机关。第三，查对封签编号是否与投递单或送文簿上的登记相符合，检查封签或档包装是否有破损、开封等现象。

2. 登记

登记是对收进的文书进行注册，目的是便于对档进行查找、统计、催办以及今后的查考利用。登记的项目主要有：顺序号、收到日期、来文机关、来文字号、标题、密级、份数、承办单位、签收、复文号、归入卷号、备注等。

3. 审核

收到下级机关上报的需要办理的公文，文秘部门应当进行审核。审核的重点是：是否应由本机关办理；是否符合行文规则；内容是否符合国家法律、法规及其他有关规定；涉及其他部门或地区职权的事项是否已协商、会签；文种使用、公文格式是否规范。

4. 拟办

拟办是秘书根据来文的具体情况，对来文如何处理，提出初步方案和建议，供领导人审核决定的过程。经审核，对符合本办法规定的公文，文秘部门应当及时提出拟办意见送负责人批示或者交有关部门办理，需要两个以上部门办理的应当明确主办部门。紧急公文，应当明确办理时限。拟办的意义，在于充分发挥秘书人员的参谋助手作用，节省领导的时间，提高工作效率。

5. 批办

批办是领导人对应办的来文由谁或哪一部门办理及如何办理写出的指示性意见。档的批办工作一般由机关的负责人、秘书长或办公室主任承担。

6. 承办

承办是根据领导的指示意见，由有关部门具体承接办理文书所涉及的事务的过程，是文书处理工作的关键环节。承办部门收到交办的公文后应当及时办理，不得延误、推诿。紧急公文应当按时限要求办理，确有困难的，应当及时予以说明。

7. 催办

催办是指文秘人员对文书办理情况的督促、检查工作，以提醒有关人员加快办文速度。送负责人批示或者交有关部门办理的公文，文秘部门要负责催办，做到紧急公文跟踪催办，重要公文重点催办，一般公文定期催办。这是避免办事拖沓、档积压，加速档运转的重要措施。

三、文书管理

在发文和收文办理程序的最后，都有文书的管理工作。公文办理完毕后，应当根据《中华人民共和国档案法》和其他有关规定，及时整理（立卷）、归档。

文书管理的两大内容。

1. 立卷归档

文书立卷是整理与保存文书的一种方法，即将已经处理完毕的并且具有保存价值的文书组合为一个一个的案卷。案卷装订好以后，要按规定的制度向本单位的档案室移交，称为归档。归档范围内的公文，应当根据其相互联系、特征和保存价值等整理（立卷），要保证归档公文的齐全、完整，能正确反映本机关的主要工作情况，便于保管和利用。

2. 销毁

凡已办理完毕并无查考保存价值的文书，应妥善保存，于当年年底编制销毁目录，报请主管的领导人批准后定期销毁。销毁秘密公文应当到指定场所由二人以上监销，保证不丢失、不漏销。其中，销毁绝密公文（含密码电报）应当进行登记。

四、行文制度

无论是收文和发文，文书在运行传递过程中都要遵循一定的制度，这便是行文制度，行文制度主要包括行文关系、行文方向、行文方式和行文规则。

文书在运行传递过程中都要遵循一定的制度，这便是行文制度。

1. 行文关系

行文关系是行文时发文单位与受文单位之间的关系，它是机关单位之间的组织关系在公文运行中的体现。机关之间的工作关系有如下几种类型：第一类，处于同一组织系统的上级机关与下级机关存在领导与被领导的关系。第二类，处于同一专业系统的上级主管业务部门与下级主管业务部门之间存在指导与被指导关系。第三类，处于同一组织系统或专业系统的同级机关之间的平行关系。第四类，非同一组织系统、专业系统的机关之间，无论级别高低，均为不相隶属关系。因此，机关之间的行文关系也就包括了上下级关系，平级关系，隶属关系，非隶属关系四种。

2. 行文方向

三个主要行文方向：上行、平行、下行。

行文方向是以发文机关为立足点，公文向不同机关运行的去向。主要行文方向有三个：上行，指公文向上级机关单位运行。行政公文的上行文有议案、报告和请示。下行，指公文向下级机关单位运行。下行的行政公文较多如批复、统治、决定、通告等。平行，指公文向同级或不相隶属的机关单位运行。函、通知等都可以平行。

3. 行文方式

行文方式，指行文的方法和形式。

(1) 从行文对象分

逐级行文：向直接的上级或者直接下级行文。

越级行文：越过自己的直接上级或下级行文。

多级行文：向直接上级并呈非直接上级或者向直接下级并转非直接下级的一次性行文。

普发行文：向所属各机关及其部门、单位一次性行文，主送机关使用泛称。

通行行文：向隶属机关和非隶属机关以及社会群体一次性泛向行文。

(2) 从发文机关分

单独行文。

联合行文。

(3) 从对象主次分

主送。

抄送。

行文规则：行文规则就是行文中应遵循的规矩、要求和原则。《国家行政机关公文处理办法》主要规定了以下行文规则：

①注重效用。《国家行政机关公文处理办法》第 13 条规定：“行文应当确有必要，注重效用。”

②党政分清。为加强和改善党的领导，在对社会和国家的管理上，实行党政分开。反映在公文运行上，党和政府的行文不能混淆，党政可以联合行文而不要互相行文。

③部门行文规则。《国家行政机关公文处理办法》第 15 条规定：“政府各部门依据部门职权可以相互行文和向下一级政府的相关业务部门行文；除以函的形式商洽工作、询问和答复问题、审批事项外，一般不得向下一级政府正式行文。部门内设机构除办公厅（室）外不得对外正式行文。”

④联合行文规则：《国家行政机关公文处理办法》第 16 条规定：“同级政府、同级政府各部门、上级政府部门与下一级政府可以联合行文；政府与同级党委和军队机关可以联合行文；政府部门与相应的党组织和军队机关可以联合行文；政府部门与同级人民团体和具有行政职能的事业单位也可以联合行文。”联合行文的机关及部门、单位必须是平级的，还要经过协商并取得一致意见。

⑤抄送规则：《国家行政机关公文处理办法》第 20 条规定：“向下级机关或者本系统的重要行文，应当同时抄送直接上级机关。”《国家行政机关公文处理办法》第 23 条还规定：“受双重领导的机关向上级机关行文，应当写明主送机关和抄送机关。上级机关向双重领导的下级机关行文，必要时应当抄送其另一上级机关。”

⑥请示、报告规则：

不越级请示、报告。《国家行政机关公文处理办法》第 14 条规定：“行文关系根据隶属关系和职权范围确定，一般不得越级请示和报告。”

《国家行政机关公文处理办法》第 21 条规定：“请示”应当一文一事；一般只写一个主送机关，需要同时送其他机关的，应当用抄送形式，但不得抄送其下级机关。“报告”不得夹带请示事项。

“办文”是秘书工作的重要组成部分，它是围绕文件的撰制、传递、处理和管理而展开的一系列活动。秘书人员应该了解办文工作的基本要求，熟悉常用公文的规范格式和写作要求，掌握公文拟写和处理的基本程序和公文的行文制度，并围绕这几个方面的问题，着重培养、训练公文写作、修改和处理的实际操作能力。

思考题

1. 请示和报告有何不同？报告中为何不能夹带请示事项？

2. 根据《国家行政机关公文处理办法》的规定，公文一般有哪些部分组成？

3. 上报公文签发人的姓名写在何处？如何标注？

4. 收文处理一般包括哪些程序？

5. 举例说明什么是上行文、平行文、下行文。

6. 下列事例是否符合文书处理规则或程序？为什么？

①某单位对外拟发公文，领导签发后交秘书部门审核修改。

②某单位秘书为保证工作不出错，将所有来文一律以三天为单位，每三天分送一次，这样做对不对？为什么？

③某单位秘书每次都将来文按单位领导顺序填好名字，请他们自行传阅，这样做对不对？

【案例分析】

拟稿力求细致圆满

2000年10月至2001年8月，我在市委办公室秘书科负责值班工作，当时的主要任务是做电话记录、下发会议通知、接待来人来访等。事情虽然不是多么纷繁复杂，但由于当时我考虑问题不深入、不细致，作风不够扎实，有几件事情没有处理好，给我以深刻教训，现在回想起来还记忆犹新。

一天，领导交给我一项任务，让我搞一个贯彻省有关会议精神的情况汇报。我想，这不过是走走形式而已，便没加任何思考，完全按照省里会议提出的要求草草搞了一份汇报。领导看完汇报材料后指出，这个汇报材料完全是虚话、套话，一点也看不出我们是如何抓好工作落实的，这种敷衍了事、被动应付的作风要彻底改正。第二天，我怀着忐忑不安的心情将重新整理的稿子交给了领导，这次领导只是对几个错别字和使用不当的标点符号做了修改。看到领导在材料上签署了“同意上报”四个字，我心里一块石头总算落了地。虽然领导没有再说什么，但通过这件事我明白了什么叫“敷衍了事”，这使我对做好办公室工作有了更深刻的认识。

一天，我在值班时接到一个兄弟市市委办公室打来的电话，说该市的一位办公室主任将带领有关人员于某日来我市学习公文运转方面的经验，请接洽并给予帮助。我未加思考便根据电话记录起草了一份通知送领导阅示，领导看完后对我说：“这个通知不完整，等向对方问清楚具体情况再拿过来。”我当时一头雾水：记录肯定是清楚的，能漏下什么内容呢？这时有位同事过来对我说：有几个事你没有问明白，如对方带队领导的职务、姓名，他们一行共几人（男同志、女同志各几位），乘什么交通工具来，具体什么时间到，在衡水停留多长时间，等等。一个小小的通知竟有这么多事项需要我去落实，这些都是我当初没有想到的，经同事点拨，领导让我重新整理通知的谜团才解开了。我随即和对方进行了联系，在详细了解情况后重新整理了一份通知，领导阅后随即进行了安排，并语重心长地对我说：“办公室秘书工作无小事，要多想，往细里想，轻视不得，一个小小的疏忽就会给我们的工作造成被动。”

（节选自王立安的《秘书工作中的小事不可“小视”》《秘书之友》2006.3）

思考题

1. 为什么说办公室秘书工作无小事？

2. 秘书办文只要遵循程序就够了吗？为什么？

提示：

1. 秘书的文字工作要精益求精，不可敷衍了事。

2. 秘书办文时考虑问题要深入、细致，工作作风要扎实，这是秘书基本素质之一。

【实务操作】

1. 为了迎接省教育厅对学校的办学条件的评估，学校按照省教育厅的要求对本校的办学条件进行了认真的自查和整改，现在自查和整改工作已经结束，请你以××学校的名义起草一份给××省教育厅的请示，请求省教育厅派评估团来校进行办学条件评估。另外起草一份通知，安排学校各部门准备迎接省教育厅评估团来校评估。

2. 某市工商局收到《××省人民政府关于进一步打击假冒伪劣产品，切实保护消费者权益的通知》档，假如你是工商局办公室秘书，模拟对这份档进行收文处理。

第五章　现代秘书“办会”

学习要点

● 学习本章，要了解会议的概念，熟悉会议报批的基本程序，掌握会务工作的基本要点，熟悉秘书会务工作中会前准备、会场布置、会间组织服务和会后工作的处理，掌握会议组织方法。

现代社会，各种正式会议已成为人们社会生活、政治生活、经济生活中一种最常见、最广泛、最有效的群体沟通形式。会议的作用、形式和实效直接反映出社会的文明程度。

第一节 会议的种类和办会特点

会议是有目的、有组织、有领导的商议事情的集会。

会议是有目的、有组织、有领导的商议事情的集会。

在我国，会议已经成为党和国家机关、企事业单位集体沟通的基本方法，也是各种组织之间进行对外交流和日常内部工作协调的一种重要方式。在宣传、贯彻、执行党和国家的路线、方针、政策，统一思想，提高认识，进行决策，布置工作，推广项目，交流经验，统筹协调，纠正失误，解决问题等方面都有重要的作用。

一、会议种类

会议种类非常多，可以从各种不同角度划分出许多种类型。

（一）按照会议规模（即参加人数多少）划分

（1）小型会议：人数少则两三人，多则几十人，一般不超过百人的会议。如领导办公会议、例行工作会议、座谈会、洽谈会等。

（2）中型会议：人数在一百至一千人之间。如一些代表会议、交流会议等。

（3）大型会议：人数在一千以上、一万以内。如表彰大会、各种大型庆典会等。

（4）特大型会议：人数在万人以上。例如节日集会、庆祝大会等。

（二）按照会议性质和内容划分

按照会议性质和内容划分。

（1）约定性会议：即法定的必须召开的会议。一般是事先约定召开，具有例行性质，有较严格的程序，也可临时组织召开。如联合国大会、国民议会、政党大会、企业股东大会、工会代表大会、职代会等。

（2）日常性会议：即领导机关、管理人员为维持组织机制，研究和处理日常工作的会议。如联合国安理会、政府办公会议、防汛抗洪电视电话会议、企业经理办公会议、班组长碰头会等。

（3）专业性会议：即为解决工作中的某些专门性问题或专业技术问题而召开的会议。如教育工作会议、科技工作会议、生产经营性会议、可行性论证会议以及各种学术性会议等。

（4）纪念性会议：指为了纪念重大历史事件或人物或为庆祝重要的节日、纪念日而召开的会议。

（5）总结交流性会议：即在某项工作进行到某一阶段或者宣告结束之后，有关领导机关为总结工作，评比表彰先进，交流经验而召开的会议。

（6）动员性会议：这类会议以宣传动员群众，提高群众认识为目的，如征兵动员会。

按照会议召开的时间划分会议种类。

（三）按照会议召开的时间划分

（1）定期会议：指按照一定的时间间隔或一定的循环周期固定召开的会议，亦称例会。如办公例会、各种定期召开的经验交流会、学术讨论会、学术年会等。

（2）不定期会议：根据组织开展工作的需要，随时要召开的会议。如防汛紧急会、抗灾紧急会、工作布置会、研讨会等。

（3）一次性会议：指只需要开一次的会议。

（4）多次性会议：指需要开两次以上的会议。

按会议涉及地域划分会议种类。

（四）按会议涉及地域划分

（1）国际性会议：是指会议的内容涉及不同国家和地区，参加人来自不同国家与地区的会议。

（2）全国性会议：指参加会议的人来自全国各个地区，会议内容涉及全国性问题的会议。

（3）地区性会议：一般指省、市、县或企事业单位召开的各种工作会议，代表会议等。

（4）部门性会议：也称为局部性会议。指某个机关、企业、事业单位召开的内部会议。

按照组织程序或进展阶段的特点划分会议种类。

（五）按照组织程序或进展阶段的特点划分

（1）预备会议：预备会议是整个会议的组成部分，是为正式会议做准备的会议，但在职权和效力上同正式会议有所区别。

（2）正式会议。

（六）按照保密情况划分

（1）公开性会议。

（2）秘密性会议。

（七）按技术手段划分

按技术手段划分会议种类。

（1）常规会议：即传统的会议。

（2）媒介会议：指利用电子、网络等现代科技通信手段为媒介召开的各种会议。如电视会议、电话会议、互联网会议等。

（八）按层次结构特点划分

按层次结构特点划分会议种类。

（1）单一性会议：指只有一个层次结构的会议。

（2）复合性会议：指结构层次在两个或两个以上的会议。

（九）按性质和目的划分

按性质和目的划分会议种类。

（1）正式会议：指经过事先策划、专门组织并寻求某种结果的一般常规性会议。

（2）非正式会议：指不必寻求一种特定结果的会议。如春节联欢会、行业聚会、员工家属招待会等。

（十）按内容议题划分

按内容议题划分会议种类。

（1）务实会议：指围绕一个或多个专题分析问题、解决问题的会议。

（2）务虚会议：指不限专题、只有讨论范围，且议而不决的会议。如经验交流会、市场走向研讨会、员工座谈会等。

二、办会特点

办公的九个特点。

会议无论规模大小，也不管属于什么性质，都需要会务保障，这就是办会。会务工作完成好坏，直接影响到会议的质量和效果，甚至直接导致会议的成败。尽管每个会议都各有特点，但从一般情况看，办会具有如下九个特点。

（一）合法性

会议无论内容还是形式都必须合乎法律和政策的要求，即会议要具有合法性。

（二）社会性

除少数特殊会议外，一般会议需多数人参加，特别是跨组织的公开会议，它的社会性毋庸置疑。

（三）服务性

会务工作是直接为会议服务的，它的一切活动，都是为了给会议提供方便条件，做好各项服务工作，保证开好会议。会务人员必须摆正自己的位置，树立为会议和与会者尽职服务的思想。

（四）服从性

会务工作是为会议服务的，会务人员参加会议主要是办理会议事务，不管会务工作有多繁杂艰难，都要服从会议需要，不能因为会务安排或会务人员问题影响会议。

（五）事务性

会议的很多环节具有较强的事务性，办会工作特别繁杂琐碎。会务人员必须具有从宏观上把握会议组织工作的能力，同时还应该具有处理具体事务和注意每一个细节的能力。

（六）综合性

会议种类繁多，涉及内容广泛，与会者构成复杂，所以办会人员要成为通才和杂家，具有较高的综合能力，能够从全局出发观察与考虑问题。

（七）机要性

无论党政机关、社会团体还是企事业单位，许多重要事情都通过会议讨论后作出决定。因而，许多会议的内容都有很强的机密性。会务人员参与会议方案的制订、会议文件的起草等重要工作，保守会议秘密，理所当然地是会议秘书工作的任务之一，需要慎之又慎。如党政会议涉及路线方针、政策法规方面的内容多，会务工作的机要性实际上是政治性、政策性的具体体现；公司会议涉及经济贸易、技术合作、市场信息方面的内容多，会务工作也有很强的机密性；有些会议涉及人事调整、利益分配等方面的内容，会务工作中保守机密非常重要。

（八）时限性

会议是时限性很强的团队工作，会务人员应有高度的时间观念，具有很强的计划性和变通性，善于管理时间，善于处理事情，能在一定时限内完成每一项工作。

（九）团队性

会议的社会性决定了会务工作的团队性。

三、办会协调

（一）内部协调

办会的准备工作协调和组织工作协调。

办会内部协调包括准备工作协调和组织工作协调。

（二）外部协调

办会外部协调是指在会议召开前，会务部门应注意考虑与社会各有关方面的协调问题，如与供水、供电、安全、交通、新闻等部门及时取得配合与支持。如有必要，还应提前向有关领导报告，取得批准。

思考题

1. 根据会议划分，指出下列会议所属种类：

经理办公会、客户联谊会、产品鉴定会、奥运会、春节联欢会、人代会。

2. 会务协调要考虑哪些具体事项？有哪些技巧？

第二节　会议的报批

会议报批指会议的申报与会议的审批。无论何种会议，无论会议规模是大是小，都有动议和决定召开该次会议的过程或程序。这种程序，因会议性质、内容、技术形式、规模大小等不同而各有不同。

一般的，对于例行常规性工作会议，产生动议和审批的不是会议本身有无必要，而是会议应讨论的中心内容，即议题。而对于会议中占多数的非例行、非常规性会议，产生动议和审批的程序首先要涉及会议的必要性，然后才涉及会议的内容、形式、规模、人员范围、经费预算、宣传力度等一系列的申报内容。

一、会议申报与审批的形式

会议申报与审批的形式。

一般而言，会议申报与审批大体有三种形式。

（一）口头申报形式

对于小型座谈会、简短的碰头会、一般问题的现场会、报告会等，由职能部门负责人口头向主管领导提出召开会议的要求。

这种申报的审批形式有两种：

（1）当即答复。

（2）研究后答复。

（二）书面申报形式

由申办会议的单位或部门秘书将需要召开会议的目的、议题、规模、形式、时间、场地、出席范围、所需经费等项写成综合性文字材料，上报上级领导。

这种申报的审批形式也有两种：

（1）上级领导审定批复。

（2）上级秘书部门按领导研究意见予以书面回复。

（三）会议申报形式

在办公会、联席会或其他工作会议中提出需要召开某个会议的要求并陈述会议的大体方案。

这种申报的审批形式有两种：

（1）在会议上由领导研究，决定是否批准。

（2）领导原则同意后，责成秘书人员会同有关职能部门综合协调、反复研究后，制订出详细的会议预案，再次交办公会审定或报领导审批。

会议审批的原则

二、会议审批的原则

（一）精简从严的原则

对有关职能部门申报召开的会议，秘书部门和秘书人员要严格把好审批关，可从几方面考虑。

1. 会议有无必要开

可开可不开的会议，由秘书部门向职能部门说明情况，协商变通解决。如与职能部门产生意见分歧，应上报领导部门裁定。

2. 会议能否合并开

对于确定必须召开的会议，秘书部门应与申办会议的职能部门会商，在规模、规格、时间、经费等方面严格控制，从严把握，并报领导部门批准。

对于几个职能部门涉及共同议题的会议，可合并召开，秘书部门做好各职能部门的协调，协调会议时间、地点、出席人员、列席人员，协调会议议题，涉及几个部门的内容在会前取得一致意见，确定轻重缓急的讨论次序，最后报领导批准。

为避免会议的重复，“会出多门”或“会海”现象及议而不决，甚至劳民伤财，精简从严的会议审批原则，对提高管理效率，避免资源浪费，是十分必要的。

（二）遵循“一支笔”的原则

针对会议审批管理而言，遵循“一支笔”原则是为了更好地执行会议审批精简从严的原则。在党政机关、企事业单位中，众多的部门、复杂的事务，使得拟议需要召开的会议甚多，会议已经成为企事业单位集体沟通的基本方式，也是各种组织之间进行对外交流和内部日常工作协调的一种重要方式。会议的作用毋庸置疑，但会议有利也有弊，这需要秘书人员在会议的组织工作中认真分析，科学实施，真正做到趋利避害，事半功倍。取消不必要的会议，消除多余的协商和讨论，必须由组织内的一个部门负责会议审批把关。一般的，在党政机关里由秘书长把关，在企业由办公室主任或行政事务部门负责人审批把关。

思考题

下列会议中哪些必须取消？

1. 没有明确议题的会。
2. 议题很多的会。
3. 准备不太充分的会。
4. 几个部门都要开的会。
5. 可以用其他方式代替的会。

第三节　会务工作

一、会前准备

会前准备得充分，是取得会议成功的前提。秘书人员在会前要做的准备工作名目繁多，这里讲的是会议的一些关键环节。

（一）确定会议名称

（二）拟定议程、日程、程序

1. 拟定会议议程

会议议程是对会议议题的顺序安排。会议要讨论的问题不止一个，秘书要根据事务的轻重缓急，科学地统筹安排会议议程。

2. 拟定会议日程

会议日程是指会议议程在时间上的具体安排。它不仅细化围绕会议议题的全部活动，还包括会议过程中其他的辅助活动，如聚餐、参观、考察、娱乐等。

会前准备事项。

3. 拟定会议程序

会议程序是指一次会议按照时间先后排列的详细工作步骤，它可以让与会者了解每次具体的会议活动的内容及时间顺序，也是会议主持人掌握会议的操作依据。

（三）确定与会人员名单

提名与会人员是一项重要的政治性很强的工作，应当注意以下几点：一是周到全面；二是宽严适度，准确无误，从有利工作和便于保密的角度出发，做到提名合情合理，不宽不严，不错提，不漏提；三是会议秘书工作人员提出的与会人员名单，需要报请领导同志审核后方能最后确定。

（四）选择合适的会议地点

选择合适的会议地点，对于会议的成功是极为重要的。举行会议的地点，对与会者的心理有着不可忽视的作用，而与会者的心理状况直接影响到会议效果。选择完善的会议地点可以从下面几个方面考虑：

（1）利用会议中心。典型的会议中心坐落在没有大城市的汽车、飞机和行人交通干扰的地方，一般包括供会议使用的一家有充足房间的宾馆，附设餐厅、客房、会议室及供使用的娱乐设施等。

（2）提前预订。最好的会议地点要及早预订。预订时，应告诉对方你对会场的要求，一般包括活动的安排、场地的要求、拟议的社交活动、住宿伙食等时间。

（3）视察开会场地。

（4）签订书面合同。

（五）制发会议通知

在领导确定会议时间和内容，各项会议准备工作基本就绪后，要尽早发出开会通知，明确会议的时间、地点、出席人，尤其是会议讨论题，以便与会人员提前做好准备。

一般分书面通知、口头通知、电话通知和手机短信通知四种。

1. 书面通知

书面通知态度庄重严肃，备忘性好，一般用于参加人数较多或比较庄重的会议。书面通知也可以分为两种，一是张贴式，即黑板、启事栏等处的会议通知。一是便条式或卡片式的会议通知卡。一般来说，人多的，用张贴式；人少的，用便条式。但是也有一些较重要的会，两种形式并用。

2. 口头通知

开头通知适用于小型例会，三五个人的碰头会。

秘书在通知开会时一般不单采用口头通知，是口头和书面并用。即使采用，秘书必须一一面告，不请人转捎口信。

3. 电话通知

电话通知一般是与会者比较分散，尤其是不同单位部门的不定期会，常是以电话通知的形式通告。口头通知和电话通知应拟一个通知稿，以便简明、扼要、完整地进行通知。

重要会议的通知发出后，应及时检查并进行落实。例会一般是事先所规定的，比如每周的周一，每月的第一天等。即使是这样，秘书也要保险起见，再行通知。

4. 手机短信通知

临时决定召开的会议或出现会议时间、内容上的临时变更，可采用手机短信群发。会议中，如出现临时情况，也可借助手机群发短信，及时通报。

（六）会议物品购置与准备

这里所说的会议物品，包括会议文件以外的会议所需物品和设备。

1. 配置合适的视听器材。常用视听器材包括：黑板、翻动的图表、投影机、便携式计算机、录像带和电影、电子黑板、计算机传送的电视演出。

2. 准备会务用具。包括身份牌、记录用具、活动用具、宣传用具等。

二、会场布置

（一）会场形式

会议布置形式。

会场的布局有多种形式，应根据会议的不同规模、主题，选用不同的布置形式，以体现不同的意义、气氛和效果，适用于不同的会议目的。

1. 相对式

特征是主席台与代表席采取上下面对面的形式，整个会场气氛显得比较严肃和庄重。它可以分为礼堂形、教室形、弦月形等。

如下图所示。

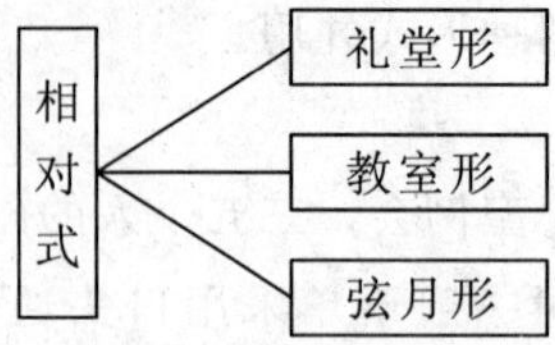

（1）礼堂形

（2）教室形

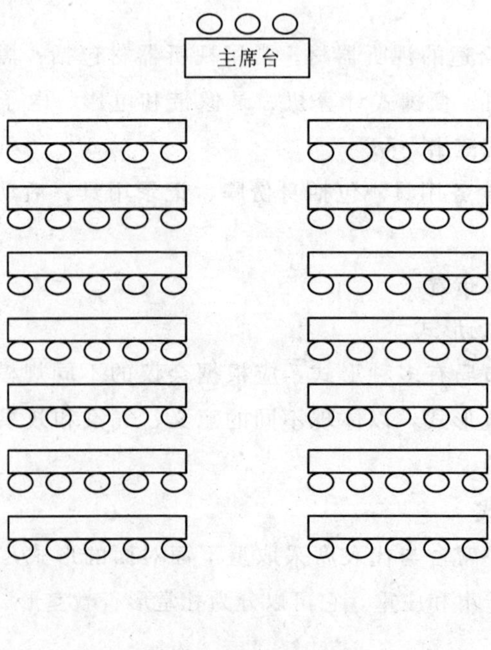

(3) 弦月形

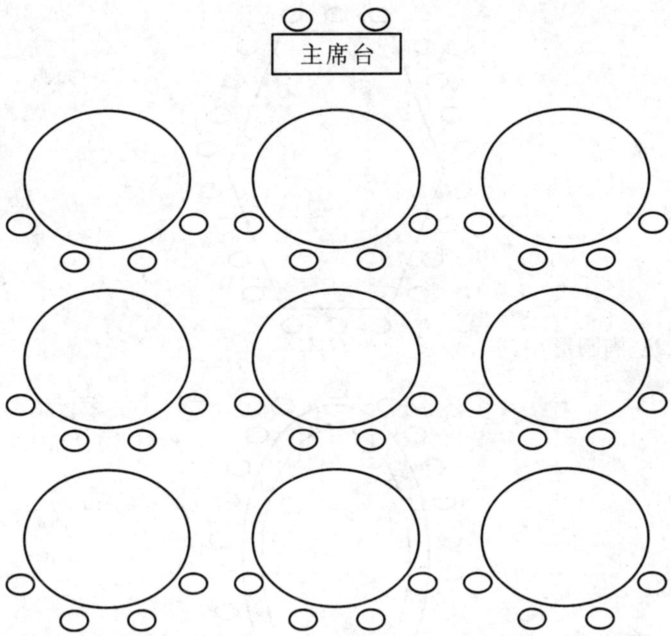

2. 全围式

特征是不设专门的主席台，会议的领导和主持人与其他与会者围坐在一起，容易形成融洽与合作的气氛，体现平等与相互尊重的精神，有助于与会者之间相互熟悉、了解与不拘形式的发言与插话，使与会者畅所欲言，充分交流思想、沟通情况，也便于会议主持者细致观察每位与会者的意向、表情，及时准确地把握与会者的心理状态，从而保证会议取得成果。它可以分为多边形、椭圆形、长方形、圆形等。如下图所示。

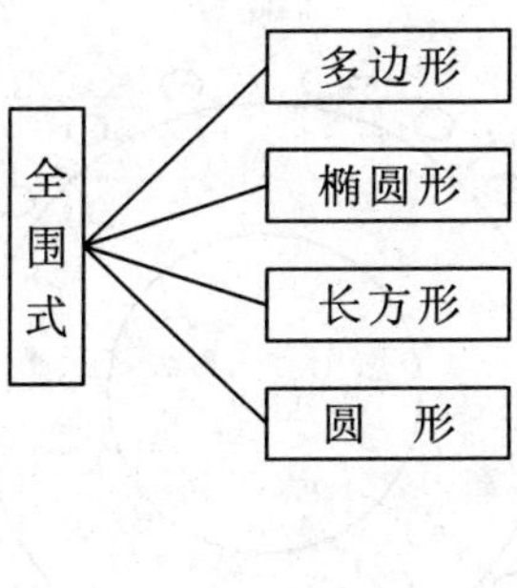

（1）多边形

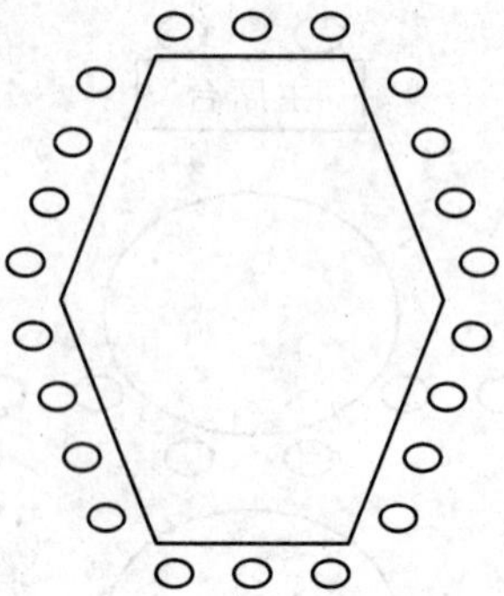

（2）椭圆形

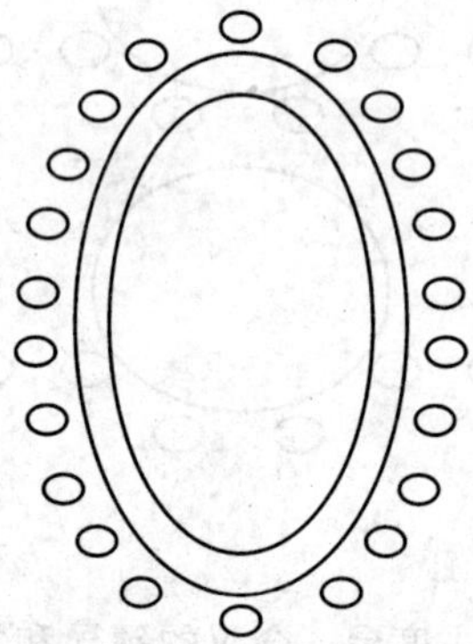

（3）长方形

（4）圆形

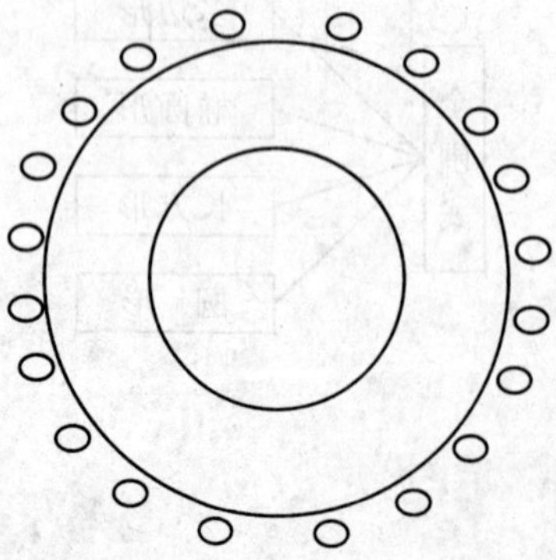

3. 半围式

介于相对式与全围式之间，在主席台的正面和两侧安排代表席，形成半围的形状，既突出了主席台的地位，又增加了融洽的气氛。它可以分为桥形、T字形、马蹄形等。如下图所示。

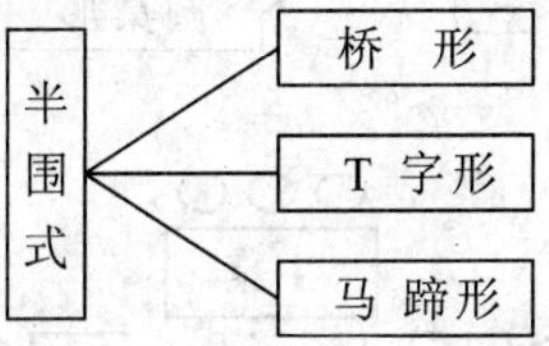

（1）桥形

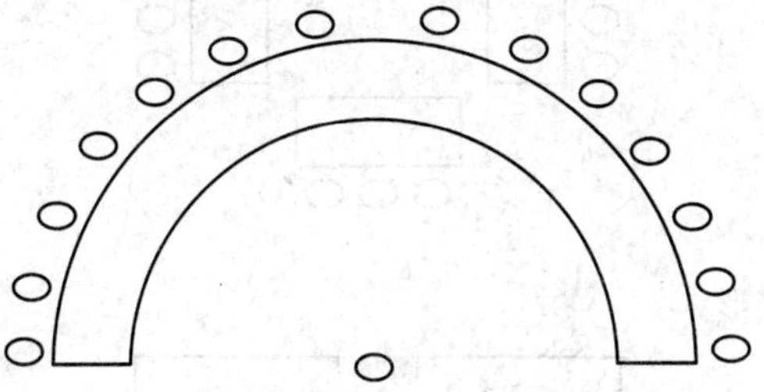

（2）T字形

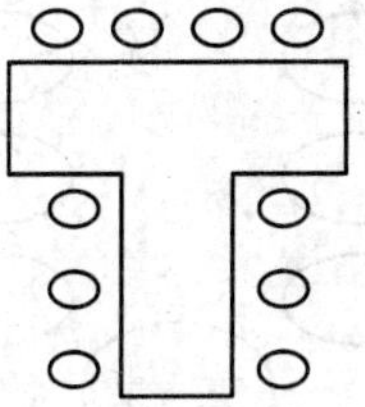

（3）马蹄形

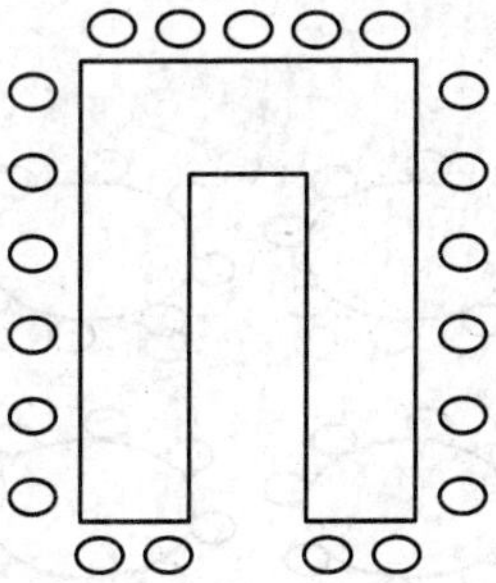

4. 分散式

将会场分成若干个中心，每个中心设一桌席，与会者根据一定的规则安排入座。领导人就座的桌席叫“主桌”。这种格局既在一定程度上突出领导，又给与会者提供了多个谈话、交流的中心，使会议气氛更轻松和谐。它可以分为方桌形、V字形、圆桌形等。如下图所示。

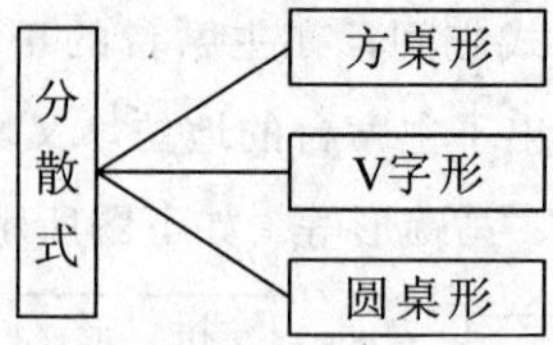

(1) 方桌形

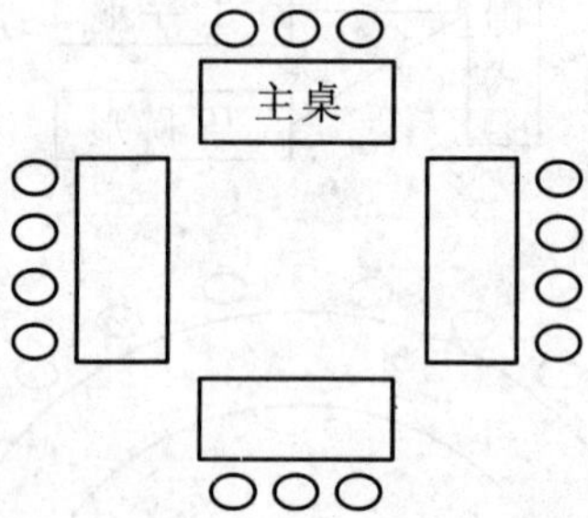

(2) V字形

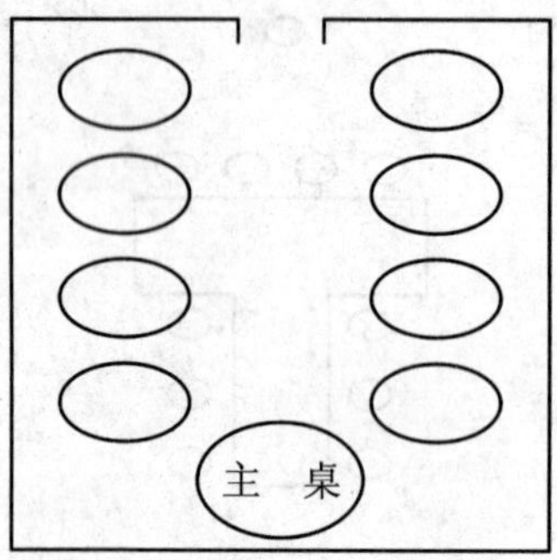

(3) 圆桌形

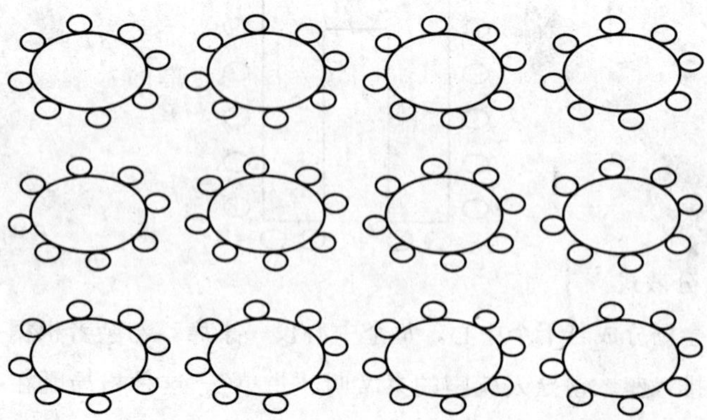

(二) 主席台布置

主席台是会场的中心，众人瞩目，是整个会场布置工作中的重点之一。主席台的座位布置一般采取横式，大体有如下图所示两种。

（1）横式、通栏式

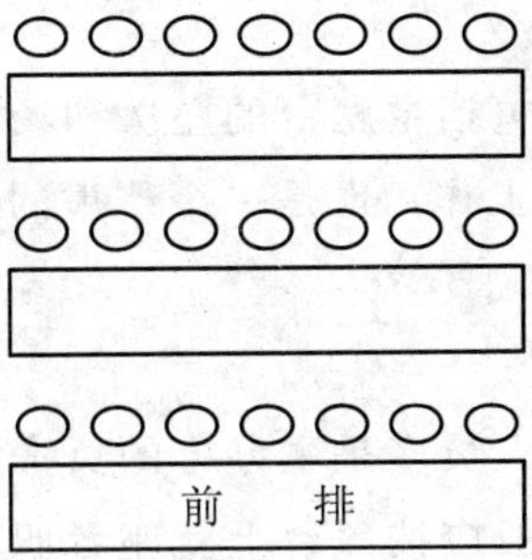

（2）横式、分栏式

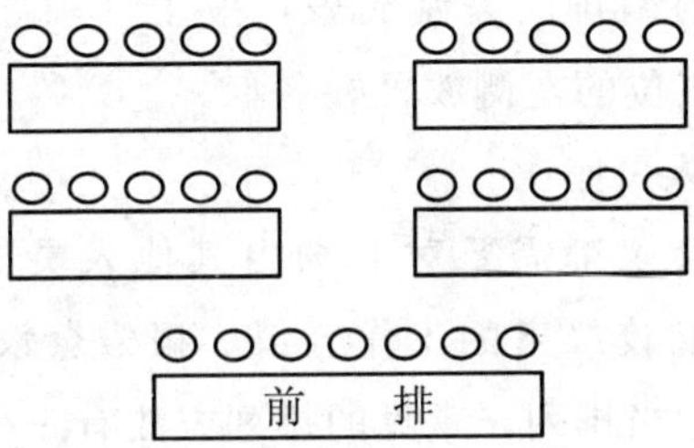

（三）会场气氛布置

如何营造会议气氛。

会场布置是指根据会议的内容，选择适当的背景色调或摆放会议物品，悬挂突出会议主题的装点物等，其目的是要营造会议气氛，这对与会者的情绪和心理状态有着很大的影响，与会议效果有着密切的联系。

（1）悬挂会标和会徽。正式、隆重的会议都应当悬挂会标。将会议的全称以醒目的标语悬挂于主席台前幕的上端或天幕上。会徽即体现或象征会议精神的图案性标志，一般悬挂于主席台的天幕中央，形成会场的视觉中心，具有较强的感染力，起到激励的作用。

（2）贴挂对联和标语。在主席台两侧可贴挂对联，在会场内外可适当地贴挂标语，以烘托会议的主题，渲染会议的气氛，振奋与会者的精神。

（3）插放旗帜。重要的会议应当在主席台、会场内外插一些旗帜，以增加会议的庄重气氛。

(4) 摆放花卉。在主席台前和空旷的会场角落里可适当摆放鲜花、盆景等，点缀会场，能给人一种清新、活泼的感觉，并能减轻与会者长时间开会的疲劳。

(四) 安排座次

会场座次的安排包括主席台的座次和场内人员的座次。座次安排既是一项技术性工作，也是一个严肃的政治问题，必须正确对待。

1. 主席台座次

主席台座次安排。

在主席台就座的人员多是主办方的负责人、贵宾或主席团成员。安排座次时，一般应按照台上就座者职务的高低排列，以职务最高者居中，然后依先左后右、由前至后的顺序依次排列。

主席台座次的编排应编制成表，报主管领导审核；在主席台的桌上，于每个座位的左侧放置姓名卡。

2. 场内其他人员座次

并非所有的会议都需要对会场内其他人员的座次进行排列，但如果是中型以上较严肃的工作会议、报告会议或代表会议，一般要对座次进行适当排列。常见的排列方法有三种：

(1) 横排法。按照参加会议人员的名单以其姓氏笔画或单位名称笔画为序，从左至右横向依次排列座次。选择这种方法时，应注意先排出会议的正式代表或成员，后排出列席代表或成员。

(2) 竖排法。按照各代表团或各单位成员的既定次序或姓氏笔画从前至后纵向依次排列座次。选择这种方法也应注意将正式代表或成员排在前，职务高者排在前，列席成员、职务低者排在后。

(3) 左右排列法。按照参加会议人员的姓氏笔画或单位名称笔画为序，以会场主席台中心为基点，向左右两边交错扩展排列座次。选择这种方法时应注意人数。如果一个代表团或一个单位的成员人数为单数，排在第一位的成员应居中；如果一个代表团或一个单位的成员人数是双数，那么排在第一、二位的成员应居中，以保持两边人数的均衡。

三、会间组织服务

会间秘书人员要直接面对与会者，这里的组织工作是整个会议工作中最具挑战性的工作。

（一）接站

秘书人员应在与会者报到之前预先了解好其所乘的飞机、车、船的班次、车次。并在车站、机场设接待站，制作一块醒目的牌子或横幅，写明“×××会议接待处”等字样。待与会人员到来，尽快将客人送往会场或会议驻地。

接站、签到和引导入场是会间服务的三个需要谨慎的工作。

（二）报到、签到与入场工作

1. 报到程序

（1）查验证件。

（2）登记信息。

（3）接收材料。

（4）发放文件。

（5）安排住宿。

（6）报告情况。

当与会人员来到会场或会址报到时，秘书人员应热情、礼貌地接待，应对与会者的到来表示欢迎，将事先准备好的会议文件和用品，包括会议须知等材料以及住宿房间的号码、餐券等发给与会者，尽可能引导客人到其住宿的房间，稍作简单介绍后提醒客人稍事休息，以解除旅途的疲劳，并报告会议的议程、日程或程序。

2. 签到方式

（1）簿式签到：与会者在簿册上签名，以示到会。

（2）卡片签到：与会者领取卡片，在上面签上自己的姓名，进入会场时交给签到人员。

（3）电子签到：将电子签到卡预先发给与会者，进入会场时，只需插卡，计算机自动记录。

（4）单式签到：即在准备好的表格上签名。

3. 引导入场

召开大中型会议时，为方便与会者尽快入座和保持会场秩序，需要采取适当方式引导座次，可以设立指示坐标或由会议秘书人员直接引导入座。

（三）会议记录

会议记录是会议实况的记载和反映，可以提供会议活动的原始信息，为形成会议正式文件打好基础，为总结会议和传达会议精神提供依据。会议记录要求准确、清楚、简洁。所以，做记录的秘书，要事先准备好记录用纸，做好会议记录。办公会议的会议记录主要内容包括会议名称，会议时间、地点，会议主持人（主席），会议出席、列席和缺席情况及会议议题，发言人及发言内容，会议决议，并注明散会时间。会议记录的方式有录音、录像、计算机录入、文字记录等。

（四）编写会议简报

会议简报，是会议期间编印的用来反映会议动态、进程和主要内容的内部性简要报道，是会议的交流性和指导性文件，包括与会者在讨论中提出的意见、建议和会议决定等。

（五）会场服务

会场服务是保证会议顺利进行的重要工作。包括奉送茶水、传接电话、协助领导控制会议进程。

（六）会间文化活动安排

为调节会议气氛，丰富和活跃与会者的业余生活，提高会议的质量和效果，会期较长的会议都应安排文化活动。活动的内容要健康，要为大多数人所喜爱，主要项目可以是参观旅游、舞会、观看演出等。

四、会后工作处理

会议结束时，秘书人员的任务还未完成。

会议结束时，秘书人员的任务还未完成，一般会后工作包括：

（一）会后服务

安排与会者返程，及时调配车辆，送别与会者；会场清理，清理茶具，退还设备。

（二）整理会议资料

收集文集，整理归档。

（三）拟发会议纪要

会议纪要是根据会议的主旨，用准确而精练的语言综合记述其要点的书面材料。是在会议记录的基础上，分析、综合、提炼而成，用来概括反映会议精神和会议成果的文件。会议纪要有两个目的：一是让与会者带回去作为传达贯彻会议精神的依据；二是上报，使上级主管部门和有关单位了解会议的情况或予以转发。

（四）会务工作总结

为积累会议经验，会议结束后，应当进行总结，作为今后会议的借鉴。会务工作总结要以总结经验、激励会务工作人员为目的。要根据岗位责任制和工作任务书的内容，逐条对照检查，在此基础上写出会务工作总结报告。采取座谈会、表彰会等方式，并且要安排在大家对会议还记忆犹新之时进行。

思考题

会务工作具体包括哪些工作？从会前、会间、会后工作方面分别说明。

【案例分析】

案例一：

某公司每周二下午召开公司经理办公例会，参加人员有经理层所有人员。这一周开会时间已到，总经理助理还没有到会，公司总经理包总查问原因，负责会议通知的秘书小刘解释说，昨天已经电话通知的形式通知了所有应到会人员，只是与会者名单是新来的蔡副总经理确定的，里面没有总经理助理。并且今天的例会已被蔡副总经理取消。包总经理沉吟片刻，让小刘赶快电话通知助理，参加办公例会。接到电话，总经理助理不太情愿地来到会议室。大家都对蔡副总经理有了一点看法。

思考题

1. 这件事负责会议通知的秘书小刘有没有责任？

2. 蔡副总经理工作有没有问题？

提示：

1. 会议召开没有随意性。

2. 与会人员选择是一项严肃的工作。

案例二：

某单位承办 2006 年度省内系统工作会议，办公室秘书老万把会议安排在当地四星级宾馆湖滨饭店。会议准备期间，单位主要领导外出，单位办公室在征得其他副职领导同意后把会议时间定了下来，并积极做好各项准备工作。正当下发会议通知之际，主要领导回到单位。他在听了办公室秘书老万的汇报后，觉得办公室擅作主张，心里不悦，遂推翻原定计划。

思考题

1. 单位领导为什么觉得办公室擅作主张？

2. 秘书老万做错了什么？

提示：

1. 秘书可以代表领导洽谈和处理许多事情，但重大决策仍需领导定夺。

2. 秘书应维护主要领导的权威，绕过主要领导做决定就是擅作主张。

【实务操作】

一、2006 年度江苏省某民办高等教育研究会于 11 月 28 日在 A 市召开，由 S 大学 H 学院承办。请代为拟定会议筹备方案。包括：安排会议时间、地点、制订与会代表住宿、饮食方案、会场布置方案、分组讨论方案。拟写会议通知、会议议程、日程表、会议简报等相关的文字材料。

二、某院欲设立人力资源管理专业指导委员会，并同时召开第一次会议，拟请《组织人事报》前主编担任会长，省人事厅有关处室领导及院内资深教授担任委员，院内人力资源管理专业学生 50 名列席。试拟出会议申报方案，详细列出会议程序、与会者名单、会议地点，制发会议通知，模拟准备办会物品，并模拟布置会场。

第六章　现代秘书“公关”

学习要点

● 明确秘书“公关”的含义，了解秘书公关在语言上的要求，明白秘书如何通过自己语言的表达来组织和协调公共关系；了解组织各种大型公关活动时必须准备的内容及注意的事项，明白如何组织一次公关活动。对照自己，认真分析以上内容的实践性，并能成为秘书必备的素养，及早提高自身的公关能力。

在现代企业策划中，越来越离不开公关手段的使用与配合，而公关也以提高企业形象和信誉为主要内容。秘书的“公关”作用在日常的工作和人际交往中发挥着越来越重要的作用。秘书的工作已经不仅仅是传统意义上的“写”、“传”、“送”等表面化的工作。在现代社会中，秘书是各种人际关系处理的最好的中介者，是树立本单位形象、联系外面业务的一个重要的中转者。所以，秘书的公关工作对于公司的发展至关重要。

第一节　秘书公关的对象

一、秘书公关的含义

企业秘书必须树立公共关系意识。

所谓的秘书公关就是企业秘书必须树立公共关系意识，通过自身的言行、工作、态度和仪容取得尽可能多的公众的信赖和好感，为本单位树立良好的形象和信誉，从而取得公众的关心和支持。秘书在公关方面必须具有以下意识：

树立和保持组织良好形象的意识。

（一）树立和保持组织良好形象的意识

秘书工作要取得成功，必须时刻注意树立和保持良好的形象、良好的信誉，并贯彻于从制订工作目标、方针到采取各种管理措施的全过程。秘书的良好形象包括两个标准：一方面是对外部公众而言，要使他们对组织留下长期得以依赖的形象，让他们感到组织对公众、社会是可靠的和负责的；另一方面是内部公众对组织有好感，他们具有主人翁责任感，人人关心组织，珍视组织信誉，为组织努力工作。一旦组织形象、信誉受到损害，就必须消除破坏因素，通过公关活动设法改善形象，换回信誉。良好形象能使组织获得公众广泛的信任、支持，受到爱戴。秘书必须在工作中注意树立和保持组织的良好形象，并像爱护自己的眼睛一样，珍惜和维护组织的良好形象。

具有较强的双向沟通的意识。

（二）具有较强的双向沟通的意识

所谓双向沟通是指一个组织既要让公众“听到”自己的“声音”，又要了解广大公众的意见和要求。交流思想，才能建立理解和信任，保持和谐的关系。双向沟通是包含在秘书业务中的工作。它分两类：一是为领导部门和内部员工之间的信息交流；二是为组织与外部公众之间的信息交流。秘书要协助领导将组织的真实情况，包括制定的政策和措施、制定的依据以及政策和措施对组织和公众双方的好处等情况坦诚、准确、及时地传播给公众，并进行解释、疏通，让公众理解和接受；同时又要收集公众对已推行政策和实施措施的意见，并回馈给组织，以便发现问题，纠正偏差，修正和完善政策、措施。

（三）要有互惠互利的意识

要有互惠互利的意识。

公共关系的实质是一种利益关系，是一种组织与公众均得利益关系。秘书在与各类公众交往中，既要维护组织的利益，也要兼顾公众的利益。只顾组织的利益，势必违反和损害社会和公众的利益，使组织声名狼藉，难以在社会中立足。当然，也不能只顾公众利益而损害组织利益。所以，秘书必须具有双方得益的意识，强调组织和公众利益的平衡协调，根据双方利益的共同点，建立平等互利的友好关系。

二、秘书公关的原则

秘书在公关活动中发挥着重要的作用，要建立组织内部和谐的人际关系，应遵循以下的原则：

（一）规范性原则

秘书工作的规范性原则。

秘书工作具有高度的机密性和政策性。因此，现代秘书在人际交往中，就要时刻注意规范自己的言行，严守组织的机密，严格执行各项政策法规，这是现代秘书正确处理人际关系的基本原则。不论与谁交往，都不能以个人情感代替工作关系，更不能丧失角色的准则。具体地说：一要守法守纪，要将个人的情感交流约束在国家法律法规和党的现行政策范围之内；二要秉公办事，不能为达到个人目的而损害群众利益和整体利益，更不能打着组织和领导的招牌与他人搞不正当的权钱交易；三要对错误做法和无理要求不盲从，不听之任之、不一味迁就，要敢于劝阻和抵制，敢于进行说服、批评和教育。

（二）目标原则

秘书工作的目标原则。

当好助手和参谋是秘书工作的目标，现代秘书的一切工作都要服从这一目标的要求。现代秘书的人际交往一般都具有目的性，即以实际工作目标为前提，协调服务对象之间的关系，形成感情上的共识，然后取得真诚的合作与支持。秘书一定要明确认识自己的角色地位，做到出力而不“越位”。准确认识自己的社会角色，摆正自己的社会位置。

秘书工作的平等原则。

（三）平等原则

平等原则是现代秘书在处理人际关系时应遵循的根本原则。现代秘书在人际交往中，不管自己服务的对象职位多高、权利多大，都不能以此作为自己的身价。在行使自己的职责与他人交往中，要找准角色的心理定位，不能居高临下、盛气凌人，也不能指手画脚，强加于人。这样，才能消除对方的戒备心理，增强彼此间的亲近感，从而形成和谐融洽的朋友关系。

现代秘书在工作中的枢纽地位，决定了现代秘书的复杂的多层次、多角度的人际关系。在工作中主要表现在以下几个方面：一是秘书人员与领导的关系；二是秘书人员与外部人员的关系；三是秘书人员与同事之间的关系。对于这些关系的处理，由于对象不同，处理的方式方法也有所不同，应遵照各自不同的原则。

三、秘书公关的对象

所谓的秘书公关对象就是指秘书在整个公关过程中所要面对的交往对象，主要包括对内的单位领导和同事，对外的就是客户及公众群体等。

现代秘书与上级领导的关系。

（一）现代秘书与上级领导的关系

秘书是领导者的参谋与助手，是领导身边的辅助人员，其主要服务对象是领导者或领导班子，秘书与领导者的关系是人际交往中较为特殊的一种关系。

秘书与上级领导关系的特征

（1）政治上的平等关系。

（2）组织上的上下关系。

（3）工作上的主辅关系。

（4）生活上的诤友关系。

详见第一章第二节。

现代秘书与同事之间的关系。

（二）现代秘书与同事之间的关系

1. 秘书部门内的同级关系

秘书部门内秘书与秘书间的关系是一种横向的人际关系，其特点是：

（1）直接性。在同一秘书部工作，秘书与秘书在一起工作，既要分工又要协作，要面对面地商讨、研究问题，交换意见和看法，相互间的融洽和谐与否，往往是从这种直接性的、首要的工作关系中形成和体现出来。

（2）频繁性。一个秘书接触最多的就是同一秘书部门内部的其他成员。朝夕相处，频繁接触，可使秘书间增进相互了解，求大同，存小异，共同努力实现既定的工作目标。同时，由于频繁的接触，秘书之间在一些问题上产生矛盾的机会也随之增多，如果处理不妥，也容易产生隔阂，给工作带来困难。

（3）平等性。秘书之间的同级关系是平行关系，没有尊卑之分。

2. 同一组织内各部门人员间的同级关系

这主要是指秘书与企业内计划、生产、营销、劳资等部门人员之间的关系。这种同级关系与部门内的同级关系不同，这里的同级关系是：分工合作的关系；地位相同的平行关系，但又互相依赖；是一种非面对面的、不够密切的同级关系。这一类同级关系的特点主要是：

（1）差异性。一个组织内虽有许多平行的单位或部门，但由于部门的职责范围和性质不同，在组织内的作用的重要性是明显不同的。

（2）依存性。企业各部门的差异性是分工的结果，有分工就需要合作。为了完成既定的任务和达到统一的工作目标，秘书与各个部门在完成自己特定任务的过程中，是互相联系和互相依赖的。

3. 秘书处理与同事关系的要求

秘书要处理好与一般同事关系，必须掌握以下的原则与要求：

> 秘书要处理好与一般同事关系，必须掌握以下的原则与要求。

（1）真诚地关心别人。秘书必须认识到，工作要顺利进行并取得成果，上司的信赖固然重要，但同事的支持和合作也必不可少。秘书要取得同事的支持和合作，就应该主动地、真诚地关心同事。要想得到，更要付诸行动。首先要以谦虚、平等的态度对待同事，切不可以“二首长”身份自居。代表上司向同事布置任务时，尽量以商量口气，不能颐指气使，发号施令，工作上应多体谅同事的难处，尽力给以帮助解决。现代秘书对同事也应树立“服务”的观念。现代秘书还应关心同事的生活和情绪，抽空多与同事接触，与他们谈心，以增加了解，消除隔阂，促进友好合作。

（2）坚持同等友好。秘书与同事之间应尽量做到同等友好，而不要对某些人特别亲密，对某些人疏远。即使秘书与某位同事特别情投意合，也应注意在公务场合不要表现出来。如经常同进同出，同桌吃饭，闲时聊天等，以免遭到其他同事的妒忌或被上司怀疑搞小团体。

（3）积极维护团结。秘书作为主管上司与群众之间的中介和桥梁，应努力维护上下的团结。秘书在传达上司不太有利于群众的指令时，应注意维护上司的威信与形象；同样，在向上司反映不太有利于群众的情况时，既不能隐瞒、掩饰，又要尽力保护群众的利益。尽量采取对事不对人的态度，使群众的缺点错误既得以纠正，又不至于受到伤害。对于同事、员工间的矛盾，也应尽己所能加以协调、缓和。总之，维护同事间的团结，维护上下之间的融洽关系，归根到底是为了维护整个组织的利益。

同级关系的处理艺术。

4. 同级关系的处理艺术

（1）处理矛盾的艺术。要“治人”先“治己”。出了问题，先从自身找原因，从而产生强烈的“治人效应”，化解矛盾，解决问题。秘书同事中出现意见分歧，要能客观居中、不偏不倚 。在同事之间出现分歧，产生矛盾是正常现象，适时回避，能起到“釜底抽薪”的作用，使对方头脑冷静，便于问题的解决。一个秘书应胸怀坦荡，有君子之心，即使别人做了对不起自己的事，亦应以德怀之，以情感之，这是征服人心之上策。

（2）增进同级间感情的艺术。主动沟通；善于选择沟通交谈的时机、场合和对方感兴趣的话题；态度谦虚诚恳；善于体察对方心理，因势利导，循循善诱地深入；讲究语言艺术；相逢开口笑；善于“制怒”；关键时刻送温暖；求同存异。

秘书与一般同事纯粹是工作上的合作关系的、相对稳固的业务关系。但是由于秘书的特殊地位，处于领导与基层员工之间，接近领导而比较疏远员工，容易受到妒忌或猜疑，很难与基层员工打成一片；而秘书工作的性质又要求他们在领导与员工之间传达指令、反映情况、沟通协调，员工往往视现代秘书为领导的替身，领导又会把现代秘书看做员工的代言人。如果上下关系融洽，秘书自然是左右逢源；如果上下关系紧张，秘书就成了矛盾的焦点。因此，秘书要处理好与一般员工和同事的关系，比之与领导的关系更为困难一些。这也是大多数秘书容易受到领导的信任、器重而缺乏群众基础的重要原因。

（三）现代秘书与外部人员的关系

现代秘书与外部人员的关系。

外部人员主要是指秘书服务的外部对象。现代秘书必须处理好与外部人员的关系。

1. 秘书与外部人员关系的特征

秘书与外部客户的关系，是指现代秘书与自己所在单位打交道的组织或单位之间在工作交往中所形成的关系。这种关系，从秘书部门所处的特殊位置看，是一种内外关系；从其职能看，是一种服务与被服务的关系。现代秘书正确处理好与外部人员的关系，既有利于推动工作，更有利于塑造单位和领导的形象。外部人员要接触了解一个单位或这个单位的领导，大多是从与该单位的秘书人员打交道开始的。作为一个单位对外的窗口，现代秘书在某种程度上体现了这个单位的精神风貌，是这个单位总体形象的缩影。与外部人员的关系处理好了，就能提高单位和领导者的声誉。

2. 秘书与外部人员关系的原则

（1）平等相处。不摆官架子，与人平等相处。官架子最容易使人产生反感情绪，造成人际交往之间的心理隔阂。现代秘书应注意与外部人员平等相处，以普通人的身份待人接物，而不能高高在上，颐指气使。

（2）努力获取外部人员的信任，关心和体谅他人。现代秘书应主动地接近外部人员，特别是与公司有来往的客户，这不仅是获得他们理解和信任的途径，也是获得信息、进行协调工作的基础。

3. 处理好组织外部的人际关系

组织是现代社会的基本经济单位。它的经营活动，既有相对的独立性，又是整个社会活动的有机组成部分。因而，它与社会各界有着十分密切而十分复杂的联系，构成了组织外部广泛复杂的人际关系。如顾客关系、社会人际关系、新闻媒介关系、兄弟企业关系等，秘书公关工作就是要处理好这些人际关系。在处理与外部的人际关系的时候就必须注意以下几点：

（1）正确有效地处理好本单位与公众的关系。这里的公众包括其他个人、群体、团体单位等。在当今社会里，任何组织都处于一定的社会关系网络之中，这个社会关系网络就是每个组织机构生存、发展的环境，必须同这个环境协调、和谐，以求得生存和发展。

（2）运用传播手段来协调与公众的关系，发展事业。公众关系旨在通过有计划、有目的的一系列有效活动来塑造自己美好的形象，向公众传递自己的信息，从而赢得公众的了解和关注、信任和好感、支持和合作，为自己的发展铺平道路。

（3）公共关系实质上是一种管理职能。有的单位有专门的公关部门承担公共职能，有的是由办公部门自己承担。秘书公关工作，其重要任务就是要尽可能及时和准确地向组织决策者提供关于公众的信息，及时提供咨询和建议；准确地向公众传递组织决策者的信息和意图，以避免和克服因决策的人格化和直觉判断而出现的错误。决策一旦作出，就进入了实施阶段，并对公众产生影响。这时秘书人员就必须做好信息沟通、解释和宣传工作，以使决策能有效实施且又得到公众的理解和支持。

思考题

1. 秘书的公关原则是什么？
2. 秘书怎样才能创造一个和谐有利的同级人际关系？
3. 秘书应该如何处理外部的人际关系？

第二节　秘书公关的语言

在公关活动中，说话是重要内容。会不会说话，说什么话，是修养，也是能力。作为思想交流的载体，掌握好语言运用技巧，是秘书人员必备的基本功。

一、秘书公关语言的基本要求

秘书公关语言的基本要求。

（一）言谈要有礼有理有利

秘书人员应将礼貌用语时时挂在嘴边。坚决不讲伤人自尊、伤人感情的话，不用粗鄙恶俗的词。无论遇到什么情况，讲礼貌和用语文明应是秘书人员的习惯行为。

说话有理不仅是指所说的话句句在理，符合有关法规和交际惯例，也指言语表达条理清晰，逻辑严密。说话要坦率诚恳，以增强言谈中表达的诚信之意，并使人准确无误地明白你的意思。说话有利，是从对话交谈的目的而言。一语不慎，可能使协作关系、贸易关系僵化、恶化，而巧妙地运用礼仪语言，使对方感受到你的诚意和热情，会使局势向更好的方向转化发展，所以，说话要讲技巧。如今的社会已不再认为“见什么人说什么话”是狡猾的表现，社会交往需要人们善于运用语言来表达与交流，秘书人员应努力钻研说话技巧，将自己的意愿清晰地传给对方，将自己的道理准确地表达出来。无论面对什么人，都能用最恰当的话语与他沟通，使他信服。

（二）言谈时要注意口齿清晰声音适宜

伶牙俐齿，是秘书人员必须具备的基本素质之一。秘书人员不仅要逻辑严密、有理有据地讲道理，而且在口齿上要特别注重清晰明确，注意使自己的嗓音朴实自然，声音高低适合说话场合的环境需要，节奏不紧不慢，吐字清晰。没有诸如“咬着舌头学鸟语”的坏习惯；不能带有明显的个人发音特点而使读音怪异；不能装腔作势或粗声粗气，旁若无人大声喧哗。尤其在接听电话时，对方唯有通过声音来接受你的信息，感受你的工作热忱，在电话里就更要掌握好音量音速，更要清晰地说话。

（三）言谈时要注意交流

作为一名出色的秘书，不仅要会说话，同时也必须会听话，善于听话，才能帮你更好地说话。交谈时，只顾自己一吐为快，不顾对方的反应，是说话艺术不成熟的表现。善于听别人说，让别人在你面前陈述、倾诉，是一种作风修养，在交谈时要倾听，在听的过程中，了解对方的感情和意图，才能使自己的答话更明确，更恰当。

二、秘书公关语言的具体要求

（一）介绍

无论是介绍别人，自我介绍，或是被介绍，都应亲切自然，简洁清楚。交际场合，有第二者在场而不介绍是极不应该的。同

秘书公关语言的具体要求。

时，在集体场合要掌握好介绍顺序：一般把身份低的介绍给身份高的，把年纪轻的介绍给年纪大的，把男子介绍给妇女。把本公司同事介绍给别公司同行，或把本公司同事介绍给客户。

（二）寒暄

寒暄，是正式谈话之前的开场白，是谈话进入正题的必要过渡，要注意掌握时间，不要没完没了地闲聊。同样，从寒暄切入正题，也应该自然，不能生硬了断。

（三）交谈

秘书人员谈话中要时时注意用语的委婉，说话留有余地，以利工作。我国著名外交家顾维钧先生曾经说过，在外交场合，一定要注意说话的委婉，如明知对方不会同意自己的观点，话却要说成：“我相信你一定会同意我的看法吧！”这种说话法可以避免矛盾的表面化，避免双方一触即发的剑拔弩张。

秘书交往谈话时的称呼礼仪。

三、秘书交往谈话时的称呼礼仪

（一）在各种正式场合，适当地称呼先生、太太、小姐、女士，这是最常用的普通称呼，表示对别人的尊重

称呼太太、小姐时，可以带上对方的姓，也可连名带姓，但不能单带名不带姓，如：“Mr John Smith.”或者“Mr Smith”，但不能说：“Mr John”。倘双方熟悉到可以只称呼其名而不带姓，那就可以称：“John”，而不必在前冠以“先生”一词。倘若是史密斯夫妇，则可称史密斯先生和太太“Mr and Mrs Smith”。小姐的称呼一直可以称到上了年纪的单身女士，不了解对方的婚姻情况，就一律称为“Miss”。但现在欧美流行称“Ms”对年纪稍大的女士，可如此称呼，如称其为：“Ms Smith.”

（二）先生、夫人（Sir、Madam）

这是对年纪较大、地位较高的人士的尊称，使用时可以不带姓名。

（三）阁下（Excellency）

对地位较高的西方人士可这样尊称。主席、总统、总理、部长、大使等均应称阁下，即使是女性也如此。倘若当面称呼，如在演讲时，可称：“Excellency”。但在某些国家并不如此，如美国就是称为：“Mr President”、“Madam Secret”即总统先生、部长夫人。

（四）陛下、殿下（Majesty Highness）

这是对王室及贵族的称谓。国王、王后称“Majesty”，王子、公主、亲王称殿下，在美国，所有有爵位者及其继承人均可称公爵，但也可称先生。

（五）职衔

对于有学衔、军衔、技术职称的人，可称呼这些头衔，如：教授、博士、将军、工程师等，对参议员、律师、医生、主教等，也可在姓氏前冠以职衔，如克拉克参议员、布朗律师、格林医生、怀特主教。也有些头衔是终身适用的，如：大使、将军、部长、议员、法官等，即使他已不在位，仍可以沿用原头衔。但外国人不用行政职务称呼人，如不称别人为“文莱局长”、“某某校长”、“某某经理”，而只在介绍时加以说明。

思考题

1. 秘书公关语言礼仪的基本要求是什么？
2. 秘书如何具体地应用称呼原则？
3. 秘书第一次与人打交道应该怎么称呼对方？

第三节　秘书的公关活动

秘书除了须具有公关意识和从事日常的公关工作以外，有时还需要筹办一些公关活动，通过这些公关活动，能够集中传播组织的信息，增进公众对组织的了解，扩大组织的知名度，维护组织的声誉，使组织能顺利地发展。

一、举办公关活动的时机

组织在面临如下情况时，秘书应当建议、参与筹办公关活动。

（1）当组织或组织的分支机构开设之际。

（2）当组织的声誉跟不上自身发展速度时。

（3）当新设施、新产品问世之时。

（4）当几个组织合并之时。

二、秘书公关活动的流程

秘书公关活动四个程序。

筹办一次公关活动应遵循其科学的流程。正规的公关活动包括四道程序：公关调查、制订计划、实施计划、评价效果。其中，决定一次公关活动成功的关键是制订计划和实施计划两个环节。

（一）公关调查

公关调查就是了解公众的观点、态度、反应和组织本身存在的问题，也就是收集组织公关状况的信息。

（二）制订计划

制订计划即进行决策，是组织根据公众的观点、态度和反应，规划出对双方都有利的发展方向。制订一次公关活动的计划，必须注意保持和以前的公关活动的连续性及与以后要进行的公关活动的衔接。

1. 选定主题

一次公关活动是由多个具体项目组成的，那就需要有一个串联所有项目的核心，由它来统率整个活动过程，这就是一次公关活动的主题。

2. 选择传播渠道

公共关系活动的目标、主题确定后，就要选择传播渠道，以使组织与公众建立起一种联系，最有效地传播、沟通信息。传播渠道有各自不同的长处和短处，选择的原则是以最少的人力、财力、物力获取最佳的效果。可供选择的传播渠道有人际传播、群体传播、大众传播等。

3. 时间安排

列出整个活动的日程表与每一项目中的细则安排。

4. 费用预算

将每一项中所需的费用估计出来，累计后算出整次公关活动的总费用。一次公关活动的费用包括人工费、组织活动费、印刷费、视听材料费、交通费、广告费等，再加上适当的机动费用。

（三）实施计划

将制订的计划付诸实施于公关活动实际上是组织向公众进行信息传播，所以，实施计划就是策动传播。它运用各种传播手段争取组织与公众在某一问题上相互了解、相互适应。

在策动传播的过程中，秘书必须注意如下问题：

第一，在印制宣传数据的时候应注意使用的语言文字要明白、准确，避免引起歧义。

第二，在宣传的时候要注意公众的文化层次、接受能力，据此选用不同的传播方式。

第三，宣传要注意适应不同的民俗习惯。

（四）评价效果

评价效果就是对一次公关活动的结果作出评估。当然最佳的效果是能提高公司的知名度、扩大公司的影响。具体的评价效果的操作方法如下：

第一，重温目标，就是重新回顾制订的公关目标，以此作为评价这次公关活动的尺度。

第二，收集和分析资料，即运用调查研究的方法，收集公众对这次公关活动的反应，包括有多大范围、多少公众参与、有多少公众了解了这次公关活动，有多少公众为此改变了态度、引起了行为等。然后，对这些资料归纳、统计，从数量、质量上分析、比较，看看哪些方面已经达到了预期目标，哪些方面尚未达到，各自的原因何在。

第三，写成书面报告，呈领导过目，让领导了解这次公关活动的成果或结局，作为制定政策的依据。

第四，报道结果。

三、公关活动的类别

公关活动根据其内容、形式和目的的不同，有不同的类别。

（1）提供信息类。着重于向新闻媒介提供新闻素材，如被刊播，则成为广泛的传播，如记者招待会，新闻发布会等。

（2）交流信息类。如洽谈会、研讨会、演讲会。

（3）促销类。经济企业为促进产品、服务的销售而举办，如新产品介绍会、展览会、展销会、时装表演会、指导使用新产品等。

（4）提高知名度类。如开业典礼、奠基典礼、落成典礼、就职仪式、参观组织设施等。

（5）提高美誉度类。如援助、资助社会福利、教育事业、赞助或举办体育比赛、文娱活动、影视剧的播映、文艺演出、评奖、智力竞赛、发奖仪式等。

公关活动根据其内容、形式和目的的不同，有不同的类别。

(6) 制造喜庆气氛。如举办周年庆祝会、联欢会、联谊会、招待会、宴会、舞会等。

四、重要公关活动的操作方法

(一) 庆祝典礼

如何操作重要公共活动。

庆祝典礼是提高组织知名度，扩大社会影响的公关活动。秘书作为领导的助手，对外联系的代表，在这类活动中实际上承担着具体设计、组织和礼宾职能，对活动的成败起着重要作用。

庆祝典礼也称庆典，它包括开幕式和节日庆典两种。开幕式用于组织开业、开工、新设施落成、奠基，各种展览会、展销会、文艺会演、电视、电视节、运动会拉开序幕之际。它是第一次与公众见面、具有纪念意义的事件，是隆重而又热烈的公关活动。

节日庆典是在法定节日，如国庆、元旦、春节和组织本身的周年纪念日，如校庆而举行的庆祝活动，也包括重要的地域、民族、宗教节日，如泼水节、开斋节等的庆祝活动，它着重于制造喜庆气氛，又如联欢会、团拜会、文艺演出、舞会等形式。

开幕式的举办是其中最为重要也是最为常见的一种公关活动，也是秘书所应该具备的一项重要能力的体现。所以，这里着重介绍开幕式的操作程序。

1. 准备工作

拟出邀请宾客的名单，包括政府公众（如本市、本区、本届党政领导人)、新闻媒介公众（如报社、电视台记者)、小区公众(如小区负责人、周围各单位的负责人)、消费者公众（如客户、业务往来单位的代表)、内部公众（如员工代表）等。名单经领导审定后，印制成精美的请柬，并提前两天左右寄送给宾客。

拟定开幕式的程序表，必要的话印制出来，程序表应选定致词宾客的人选，并提前通知他们做好准备，说明致辞的要求。

为领导拟好开幕词、答词。

布置好场地，对要登上主席台或站在第一排的主、客方人员要放好姓名牌或作出醒目的指示，如开幕式是站立举行的，最好在主要来宾站立之处铺设红色地毯，以示尊敬和庄严，安排好音响、照明设备，排列好花篮，使场地显得隆重、热烈。

2. 开幕活动

宾客来临时，要有专人请他们签到，签到簿以红色封面、装饰美观的宣纸簿为宜。请宾客用毛笔签名，既示庄重，又便于作为档案或纪念物收藏；同时，如印制有程序表，即可分放给来宾。

宾客签名毕，由接待人员引导至备有茶水、饮料的接待室，让他们稍为休息，相互结识。

由专人接待记者，为他们提供方便，如系大规模活动的开幕式，则最好设立新闻中心。

开幕式开始前约5分钟，秘书应引导主、宾进入场地，按事先确定的位置入座或站立。

开幕式开始，由主办方最高领导和来宾中地位最高者上前剪彩，这时，宜配以热烈的音乐。

由主方、客方先后致辞，无论开幕辞、贺辞、答辞均应简单明了、热情庄重，忌长篇大论。

对开幕式进行现场摄影、录像、录音，并由主方领导回答记者、来宾提出的问题。

3. 余兴节目

典礼完毕，敲锣打鼓、舞狮子、载歌载舞，并播放热烈、喜庆的音乐。允许的话可燃放礼花、礼炮，造成喜庆气氛，余兴节目最好由组织的内部员工来进行，有助于增强他们主人翁意识和自豪感。

引导来宾参观，如展览、展销、新商场、厂房、办公楼等，以便让来宾首先了解新推出的产品，也可以设宴招待来宾。

最后，可利用留言簿、召开小型座谈会等形式，征求来宾对新推出产品的意见，加以整理，有利于改进工作、鼓舞内部员工的士气。

从整个过程来看，开幕式并不复杂，时间也不是太长。然而，它却是组织或新事物的第一次亮相，是否成功，决定着公众对组织的第一印象如何，起着日后使他们和组织保持往来还是疏远的作用。所以，秘书对开幕式应精心设计、组织，力求办得热烈轰动、丰富多彩，给人留下深刻而美好的印象。

（二）参观

参观是指邀请外部公众或内部公众参观本组织的工作现场、设施等，是近年来颇为流行的一种公关活动。

参观活动的组织。

准备宣传小册子——这类小册子以简明扼要、深入浅出的语句介绍参观内容的概括，要注意配有一定的图片，少涉及深奥的专业术语，要考虑到一般公众的文化水平、接受能力。这种小册子宜在参观一开始时就分发给公众，使公众快速阅读后对参观内容有大致的了解，参观时还可边看实物边对照，能集中注意观看，免去了记录的麻烦，并可供公众日后参考。

放映视听材料——有些组织的结构复杂、技术尖端，为了帮助公众理解，观摩实物前可放映有关录像片、幻灯片或电视片，作简洁介绍。

观看模型——有的组织规模庞大，设施分布很广，公众不可能每处都到，每物必看，或有些设施不便于公众进入，可以事先制作模型，让公众观看。如不少大学制作出校园全貌模型，公众观看后，只需选择几处认为重要的地方实地观看即可。

引导观看实物——由专人引导公众沿着一定路线参观，逐一观摩文物，在重要的实物前，引导应作详细讲解或配备专门的讲解员讲解，讲解时要抓住公众关心的问题、易理解的重点，避免长篇大论、滔滔不绝，给人以吹嘘之感而产生逆反心理，让公众目击为主，讲解为辅，不能本末倒置。

中途休息——参观的时间不宜太长，以一天中完成为好，在参观路线的中途，最好辟有休息室，备有茶水，供参观者中途小憩。

分发纪念品——参观过程中可向公众分发一些小型纪念品，最好是本组织制造的或刻印有本组织名称的纪念物，让公众一见到它就想起组织，引起美好的回忆。

征求意见——观摩实物结束，宜在出口处设公众留言簿或意见簿，有条件的话，最好请参观者座谈观感、提出意见，便于组织改进工作。

参观除了平时可进行外，还可以结合一些特殊时机进行，如开幕式、周年庆典之后组织来宾参观。

（三）展览会

展览会是运用实物、模型、文字、图表等介绍、展现组织的成果、成就的公关活动。其中以推销商品为主的又称展销会。它是组织传播本身信息、扩大知名度、提高声誉、广交朋友的常用的公关活动。它的传播范围表面上局限于一地一市，影响仅作用于现场观众，实际上，通过观众的义务传播，尤其是通过新闻媒介的传播，它的说服力、感染力往往比其他方式更强、传播面更广。如中国广交会上的展品能让世界各国都知道。

举办展览会的注意事项。

展览会的种类繁多，就规模而论，有大型、中型、小型之分，大到世界博览会，小到一家企业的产品展销；就场所而论，有室内展览、室外展览（如汽车、建筑机械展览）；就方式而论，有固定展览、流动展览；就举办地域而论，有国内展览、国外展览；就举办单位而论，有单独展览、联合展览；就展品内容而论，则大体上可分为综合性展览和专题性展览。

综合性展览全面介绍一个地区或一个单位的情况，专题性展览则围绕一项专业或某一专题举办。无论哪一类展览会都是一种多维、立体的传播媒介，需要精心设计。

在举办展览会中负有公关任务的秘书需要在三方面工作中参与和发挥作用。

1. 准备阶段

协助组织确定展览会主题性基调，主题性基调是一次展览会的红线，它可以将所有展品、文字、图表有机地组合起来，以达到展览的目的，所以主题必须鲜明。

搜集实物和有关资料，选择具有代表性的展品，并据此撰写解说词、文字数据，完成脚本，然后物色设计师、美工师和解说员。

筹划展览会的开幕式。

筹备就绪后，举办预展，征询各方面意见修改，使之成熟。

2. 展览会举办期间

接待、陪同重要来宾观看展览会，介绍情况。

收集各方面回馈信息，如参观人数、留言题词、各种意见、报界反应，便于测定展览会效果，并为撰写展览会结束后的总结报告做好准备。

3. 与记者保持联系

预展时应邀请记者采访，使他们有所了解、准备；开幕式时也应邀请记者，并提供新闻通稿，供他们参考，为他们提供采访必需的数据、设备、交通工具等；展览过程中，秘书要随时提供具有新闻价值的信息，如需要，应及时举行记者招待会，统一发布信息，对规模大或影响大的展览会，秘书还应当代表组织事先与报社、电视台等新闻单位联系，预订广告版面，争取在展览会开幕前几天刊出或播出。总之，展览会全过程中，秘书负有和记者保持密切联系、提供方便的任务，争取事先登出广告、展览过程中发表若干篇新闻稿，结束时刊登出一篇总结性的新闻稿，使展览会的影响尽可能地扩大，有助于组织知名度、美誉度的提高。

展览会是经常运用的一种公关活动形式，秘书在积累经验的基础上，可以协助领导创造性设计，力求具有新意，既有利于开拓业务，又有利于树立组织的良好形象。如美国通用汽车公司举办过一次流动的汽车展览会，主题为"历代汽车进步大游行"，该公司将自最原始的、手摇发动的汽车开始的一代代更新的汽车，依次排列，最后是该公司生产的最新颖的汽车，在大街上组成蔚为壮观的车队，缓缓行进，使公众直观地了解该公司历史之长、技术之精良，为人类汽车业所作出的杰出贡献并领导世界汽车业新潮流的地位，公关效果显著。

（四）宴请

宴请的种类和要求。

宴请是指盛情邀请宾客宴饮的公关活动，组织在开幕式、纪念活动、庆功会后，亦有为了答谢协作者的支持等举办的宴请，招待宾客。由于秘书常受命代表组织筹备、组织宴请，应当了解宴请的种类和要求等情况。

宴请有如下种类：

宴会——正规、庄重的宴请活动，它规格较高，菜肴较丰盛，主客就座进食，由服务员依次上菜。席间，主宾相互致词、祝酒。它有国宴、正式宴会、非正式的便宴三种形式，一般社会组织举行的以正式宴会为多。

冷餐会——也称自助餐，它不排席位，以冷食、熟食为主，配以各式中西点心，如三明治、汉堡包、蛋糕、肉包、虾饺，加上咖啡、牛奶等饮料，全部陈列于长条餐桌上，供客人自行选择取用。这种形式适宜于人数众多的大型活动，方式便捷，轻松自由，气氛容易热烈，主客可以自由走动、交谈。冷餐会过程中，主客可以以水代酒，讲上几句祝贺、致意的话，放上几段轻松的音乐，或安排些小型的文娱节目，以活跃气氛。

酒会——以酒类、饮料为主，辅以些小吃的宴请活动。它适宜于一般的社交联谊活动，大多不设席位，主客可随意走动，自由结合、交谈。

宴请是联络感情、增进友谊、提高组织知名度、美誉度的公关活动，要使它达到预定的效果，秘书在筹办时要掌握如下操作方法：

第一，确定邀请对象。即根据宴请的目的，邀请有关对象参加，如为了感谢兄弟单位的协作、支持而举行，就应将这些兄弟单位的领导和为本单位出过力的人员都请来，遗漏了会引起对方的不快；硬拉人数，滥竽充数也会使理应被邀请的对象感到不快。一般说来，正式的、规格高的、人数少的可采用宴会；人数多、规格低的则可采用冷餐会或酒会。

第二，选定合适的时间和地点。宴请的时间应征求客人的意见，选择在主、客都方便的日子里；宴请的场所应根据规格的高低、环境格调、供应特色来选定，如是宴会，则宜选择环境幽雅、设备齐全、大家都熟悉的宴会厅举行。

第三，适当的口味和席位。举办宴会，菜味以适应来宾，尤其是主要来宾为主，要考虑到对方的年龄、习惯、健康状况和民族的因素。宴会如有多桌的话，应设置一主桌，安排主要来宾和主方领导就座，其余备桌也有主方人员陪同，主方要考虑邻座的来宾是否相识，如不认识的，主方应为他们介绍相识，如宾客中有人要求和某一宾客坐在一起，主方应尽量满足其要求；如桌数众多，宜写明座位牌，让客人及时对号入座。

第四，桌次、席次的排法。桌数众多的宴会，桌次的排列要遵循离主桌越近地位最高、右高左低两条原则。如下图所示的两例排列法（第1桌为主桌）。

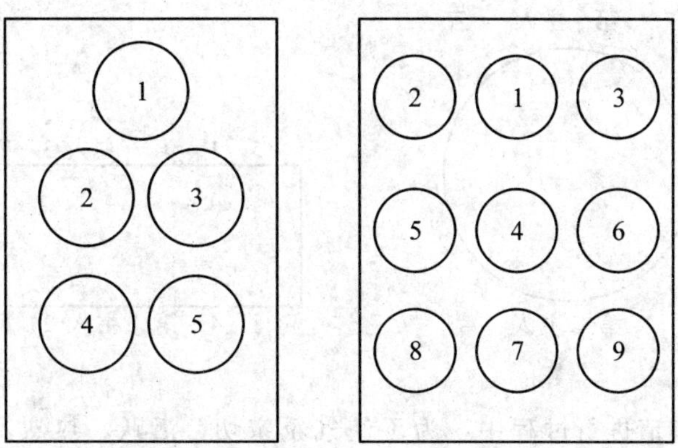

如宴会采用长桌，其排列法也依据上述两条原则，如下图所示为两例排列法。

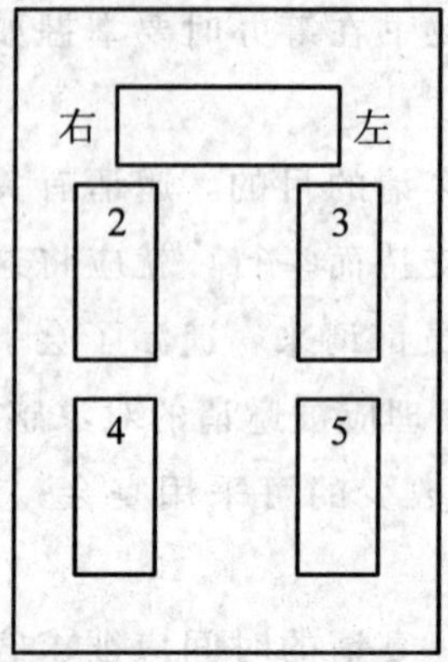

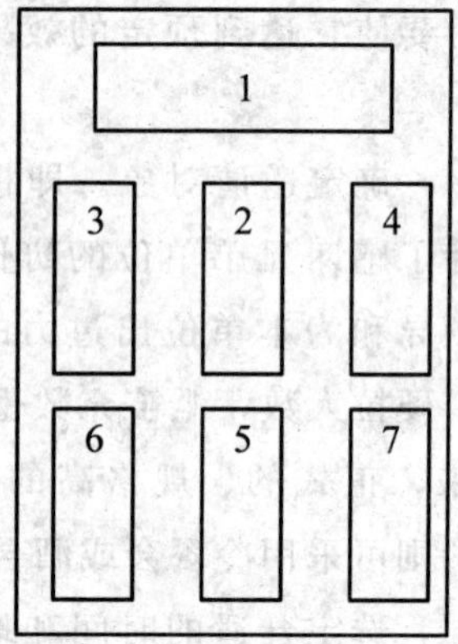

至于席次的安排，则遵循右高左低的原则，如采用圆桌，则将主要来宾安排在主人的右边，第二位客人安排在主人左边，以此类推（见左上图）；如采用长桌，则将主要来宾安排在主人对方（见右上图）。

如桌上有两位主人作陪，则将第一位客人安排在第一主人的右边，第二位客人安排在第二主人的右边，其余客人依其地位高低类推（见左下图和右下图）。

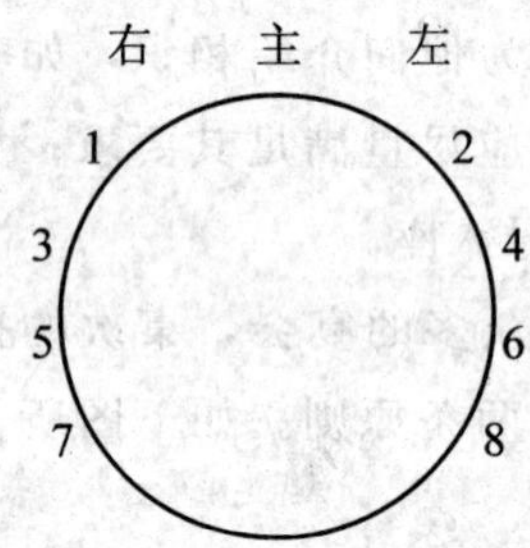

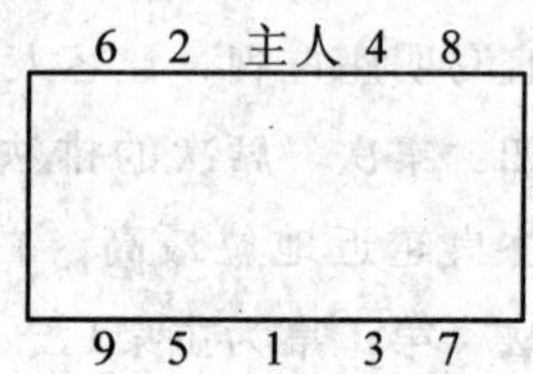

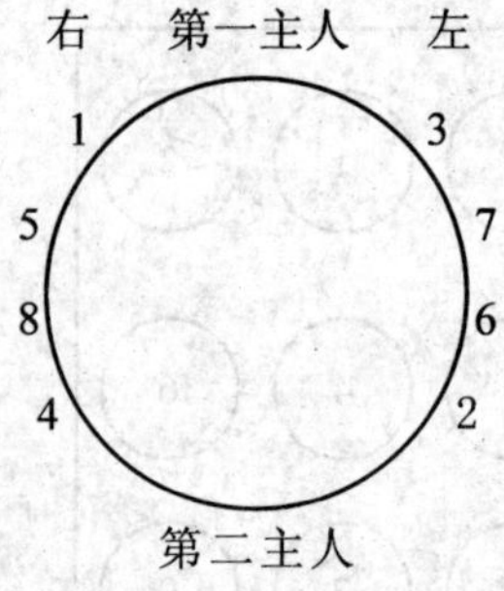

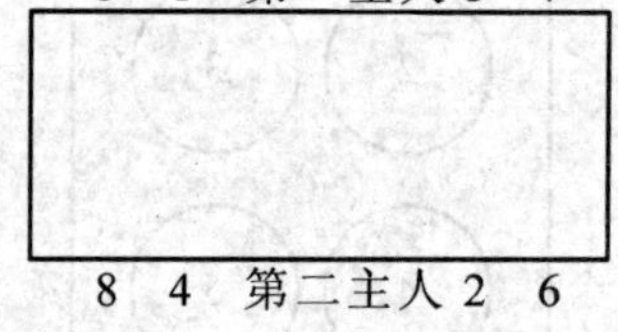

在宴请进行过程中，为了使气氛亲切、活跃、热烈，秘书应

当充分发挥自己的公共关系技巧，有如下方法可参考使用：

第一，要不时提一些客人们共同感兴趣的问题，如气候、社会新闻、文体活动消息、烹调知识等，使大家参与议论。

第二，要关注少说话或未说过话的客人，根据你对他的背景了解，提一些他们内行的、感兴趣的问题，向他请教，使他加入交谈中来。

第三，敬则能有效地活跃气氛。主方应以重要来宾和年长者为首要对象，频领敬酒。如果发现有酒量好的宾客，可以鼓励他们对饮；如了解某些来宾有说唱的文艺才能，也可鼓励他们来上几句，唱上一曲，使宴请的气氛始终充满欢声笑语。

宴请结束后，主方人员应将来宾送到门口，热情友好地话别。

秘书除了为组织筹办宴请外，自己也常常作为组织的代表，单独或伴随领导应邀出席其他组织的宴请活动，因此，秘书还必须懂得赴宴礼节，以维护组织和个人的良好形象。

秘书须知的赴宴礼节。

当秘书接到赴宴邀请时，应立即答复对方，以礼貌的公关语言表明应邀或致歉不能赴约，以使对方早作安排。

赴宴前要修饰外貌，使自己衣衫整洁，精神愉快地前去，这样既可以给宴请活动带来隆重的气氛，也能使主人感觉受到尊重。

赴宴的时间最好在宴请活动开始前几分钟，过早到达自然不太适合，迟到也是一种失礼，到后应向主人问候致意。

进入宴会厅，根据主方的安排，找到自己的座位，请邻座的客人，尤其是年长者、地位高者和妇女先入座，然后，自己以右手拉开椅子，从椅子左边入座。

坐下后，宜和邻应的客人相互认识、交谈，宴请活动是让自己认识新朋友的一个好机会，切勿傻呆着。

宴请开始，即停止交谈，听主人致词，以示礼貌。

进餐开始，将餐巾对折，折向外，并铺在双腿上。

进餐时要举止文雅，当服务员送上第一道湿毛巾时，是让你擦手，别用它来抹脸、擦脑袋；吃东西时声音不能太响，鱼刺、骨头不要直接外吐，可用餐巾掩嘴，用筷子取出；不能当众解衣扣、脱衣服或松裤带，这些动作可去洗手间完成；当碰翻酒杯、菜汤，溅在邻座客人身上时，除道歉外，还应递上餐巾纸或手帕；如果你有事要早退席，不要大声招呼、道别，以免影响别人情绪和整个气氛。

宴请结束后，要向主人道谢、告别。

（五）记者招待会

记者招待会也称新闻发布会，它是组织向记者集中公布、解释组织的重大新闻，争取新闻界作客观报道以扩大信息传播面的公关活动。

当组织开业、合并、周年庆典、新产品面世、产品展销、政策重大改变或受到社会误解、批评时，可举行记者招待会。因此，它有明确的主题。

筹办记者招待会是秘书的职责。

筹办记者招待会是秘书的职责，操作程序包括如下环节。

第一，确定被邀请记者的范围。需要邀请哪些记者应根据公布事件发生的范围、影响来决定。如事件涉及全国，则要邀请全国性新闻单位的记者出席；如事件的影响只限于本地，则邀请当地新闻单位的记者；如事件涉及专门业务，则只需邀请专业性新闻单位的记者即可。范围确定后，应提早几天将请柬寄送记者，便于他们安排时间。

第二，确定场地。记者招待会在何处举行，也得根据会议的主题来确定，如果是一般招待会议，应在组织的会议室、接待室举行或租用宾馆、招待所或赴外地举行；如果是希望造成全国性影响的招待会议，则可以赴首都或大都市租用场地举行。

第三，确定日期。确定记者招待会的日期，一是应及时，当新产品、新政策出台前夕及时举行，或组织受到指责、误解时及时举行，以便澄清真相，挽回影响；二是日期应当避开重大会议、社会活动，如全国人民代表大会会议期间、奥运会期间、新闻界和公众的注意力都集中于它们，作为一个一般的社会组织，内部再大的事件相比之也要退居次要地位，不易被公众广泛接受。

第四，确定主持人和发言人。一般组织举行的记者招待会由公关部负责人或办公室主任、秘书长等主持。主持人负责介绍主题及基本情况，要求措词典雅而有力，风趣而庄重。发言人应由熟悉组织全面情况、头脑机敏、语言表达能力强的人担任，以组织首脑为宜。如安排几位发言人，事先应讨论成熟，在重大问题上保持口径一致。

第五，准备好书面材料。秘书要拟定好发言提纲、会议程序表及准备好有关数据、图片、统计数据，打印好，以便开会前分发给记者，供他们提问、写新闻稿时参考。

第六，布置会场。会场要选择交通便利、安静而无噪声，有电话等电信设备的地方。会议桌可以围成圆形，使气氛显得和谐。如是大中型的记者招待会，可使用长方形桌子，并分别标明“记者席”、“嘉宾席”、“工作人员席”，主持人和工作人员应配有写明姓名的胸牌，主持人、发言人还应设置标明职务的姓名牌，以便记者识别。如邀请的记者颇多，还可排定座次顺序，分清主次，注意照顾有代表性的新闻单位的记者，避免出现混乱和不愉快。准备好录音设备、录像设备、工具用品、饮料茶水等。

第七，主持会议。秘书部门的负责人如担任记者招待会的主持人，其职责是把握会议的主题，别使大家离题太远，发言人讲完后，主持人要引导记者踊跃提问，遇到冷场时，可用轻松、幽默的语言活跃气氛，提高记者们提问的兴趣和勇气；遇到记者竞相提问时，应控制提问时间，避免提重复的问题，以提高会议效率。记者招待会的时间一般在两小时之内，如在此时间内记者们尚有不少问题要问，主持人应在散会前宣布下次会议的时间、地点。

如有条件，记者招待会结束后参观实物、成果展览、模型、图片等。

第八，收集有关新闻报道。记者招待会举行后的一段日子里，秘书要注意搜集到会记者采写、刊登的各类新闻稿件，分门别类地登记、分析，以便检验会议的效果。对参加会议而未发布新闻的记者，也应礼貌地询问原因，便于组织日后改进工作。

思考题

1. 举办公关活动的时机有哪些？
2. 举办公关活动的流程是怎样的？
3. 结合实际情况，安排公关活动时应该注意哪些问题？

【案例分析】

案例一：

一把坚实的大锁挂在大门上，一根铁棒费了九牛二虎之力还是无法将它撬开。钥匙来了，它瘦小的身子锁孔，只轻轻一转，大锁就“啪”的一声打开了，铁棒奇怪地问：“为什么我费了那么大力气也打不开，而你却轻而易举地就把它打开了呢？”钥匙说：“因为我对它的心。”

思考题

1. 这个故事对你有什么启发？

2. 秘书在公关活动中应注意哪些方面礼仪？

提示：不管是处理与谁的人际关系，都是恰到好处为妙，过犹不及。参考第一节的公关对象的人际关系的处理。

案例二：

某分公司要举办一次重要会议，请来了总公司总经理和董事会的部分董事，并邀请当地政府要员和同行业重要人士出席。由于出席的重要人物多，领导决定用U字形的桌子来布置会议桌。分公司领导坐在位于长U字横头处的下首。其他参加会议者坐在U的两侧。在会议的当天开会时，贵宾们进入了会场，按安排好的座签找到了自己的座位就座，当会议正式开始时，坐在横头桌子上的分公司领导宣布会议开始，这时发现会议气氛有些不对劲，有些贵宾相互低语后借口有事站起来要走，分公司领导人不知道发生什么事或出了什么差错，非常尴尬。

思考题

1. 为什么有贵宾相互低语后借口有事站起来要走？

2. 从秘书的角度看，分公司的领导人为什么非常尴尬？失礼在何处？

（提示：就是座次的安排上没有注意到作为尊卑的次序问题。应该是以前为上，后为下。在会议的安排上，对于上级单位或同级单位的来宾，其实际职务略低于主人一方领导的，可安排在单位的领导中间就座，这样既是对客人的尊重，又可以融洽主客之间的关系，而不至于像上面那样把客人给冷落了。）

【实务操作】

1. 你是某公司的一名秘书，你的上司已经约好了在今天的9：30约会客户甲、10：30约会客户乙（是带订单来的）。但是因为客户甲的问题比较的棘手，在约定的时间内没有及时结束，而这个时候客户乙已经按时赴约，你应该怎么来安排客户乙？

（提示：在安排客户乙，首先要及时接待，并安排暂时的休息场所，并代表上司表示欢迎；其次就是要说明原因，这就是一个言谈的问题。不能直接表示上司正在接见一个重要的客户，而应该说明自己的上司有点事情，稍微耽误一点时间。）

2. 秘书组织公司公关会议的模拟现场

公司名称：×××科技企业集团

会议性质：召开新产品的发布会

作为秘书人员应该怎么来安排这次会议的次序、主席台的座次以及联欢活动？怎样才能充分安排好本单位领导的活动？

第七章　现代秘书的“礼仪”

学习要点

- 通过本章的学习，明确秘书礼仪的含义，掌握秘书在仪表和仪式礼仪方面的具体要求，提高自身的礼仪修养，不仅是内在，外在的仪表上也要注意自己的形象的体现；在仪式礼仪上，掌握参加仪式时所应该注意的基本礼仪问题和具体的礼仪形式，以提升自己的专业要求。

礼仪是社会文化的一种表现，是沟通人与人之间关系的重要手段之一。那么现代秘书的礼仪工作，与社会一般礼仪活动、礼仪要求有什么区别？它在秘书工作诸多事务中地位如何？它与秘书工作的其他内容有什么关系？本章将讨论的就是现代秘书在礼仪方面的要求。

第一节　秘书礼仪的含义

一、秘书礼仪的含义

所谓礼仪，是指在社会交往中形成的、以建立和协调人际关系为目的、为人们所认同和遵守的行为规范或准则。简而言之，礼仪就是调整人与人之间关系的一门科学。在社会的人际交往中礼仪发挥着重要的调节作用，而且作用是我们所不能忽视的。

同样，秘书礼仪则是秘书人员在履行公务，进行社会交往的过程中应该遵守的礼仪规范或准则，它是秘书修养的一项重要内容，也是秘书应具备的基本素质。总起来说，礼仪工作是沟通交流的重要手段之一，但秘书人员的岗位特殊，工作性质特殊，所以区别于一般的礼仪工作。秘书工作的礼仪内容有其独有的特点。

> 秘书礼仪则是秘书人员在履行公务，进行社会交往的过程中应该遵守的礼仪规范或准则，它是秘书修养的一项重要内容，也是秘书应具备的基本素质。

二、秘书礼仪的特点

（一）日常礼仪与专项礼仪的统一

当今社会，在许多地方都需要专职的礼仪人员，如社会重大文化活动、节庆仪式、公关场合、单位内部活动、宾馆饭店入门处等。在这些活动中，礼仪人员有些是临时的，如某企业要举行“比赛”活动，从单位内部各部门抽调几位同志，在活动期间负责礼宾工作或某活动进行最后的评选颁奖，由几位年轻女性充任领导、嘉宾颁奖时的奖品递交者和场地引导者。而有些是专职的，如宾馆门口的导入者、饭店门口的迎送者。这些临时或专职的礼仪人员，其共同特点是单纯性。临时礼仪人员只需在具体活动中担当一些礼宾工作或具体事务，该项活动结束的时候，其礼仪工作也随之结束。工作人员回到各自原先的工作岗位。至于那些专门引导、迎送或站立于大门旁的礼仪人员，虽是长期性的专项礼仪工作，但其工作内容十分单一，几乎是机械性的操作行为。

与他们相比，秘书人员的礼仪工作就大不一样了。秘书人员既要在各种专项活动中表现礼仪行为，又要在日常工作中从事礼仪活动，相对于其他人员礼仪工作的单一性而言，秘书人员的礼仪工作就是日常与专项的统一。

秘书礼仪的日常性与专项性。

秘书礼仪的日常性是与工作内容紧密相关的。办文、办会、办事是秘书人员的常务工作，无论“文”、“会”、“事”，都必然与礼仪相涉。在办文时，形式、内容、语言都要讲究合乎规范要求，情感把握准确；在办会时，会场的布置、会议的接待、会务的安排，这些礼仪内容又是会议组成的重要元素；至于办事，则更多体现礼仪在日常工作中的重要性。秘书部是处理各种关系，与各种“人”打交道的。从它的直接服务对象——领导，到各种事务牵连到的有关人员、外面的来访者、单位内部的员工、对外业务往来、外事交际活动，无不是“人际关系”。因此，也就必然有“礼仪”的存在。妥善处理各种关系，明确把握各种不同场合的礼仪尺度，是秘书人员的日常工作内容，也是秘书人员工作能力的体现。

秘书礼仪的专项性，是指除日常工作所涉有关礼仪外，秘书人员还要经常直接参加或操办各种礼仪性的活动，成为这个礼仪行为的策划者或行为人。在陪同领导参加重大活动时，秘书人员虽可直接接触实质性问题，但并无权拍板。当领导需要秘书人员代自己拜访、探望、结交某些对象时，这种专项的礼仪形式需通过秘书人员的恰当行为来传达领导的意图和情感。组织在会议、重大活动的筹备中，秘书人员除作好全部统筹外，对礼仪的细节更应事事过问，处处把关，具体到有几项礼仪安排、前后顺序、礼品规格、致词撰稿、环境布置等一整套礼仪内容，以保证会议或活动的正常进行，并通过良好的礼仪使本单位的公关形象在社会上、行业内占据一定的分量。此外，能否在一般会议或活动中设计一两项礼仪性的助兴节目，以增强气氛，融洽感情，也是秘书人员的分内之事。综上所述，秘书人员的礼仪工作，既体现在日常事务中，又有专门的工作内容，是日常礼仪和专项礼仪的统一。

社会的窗口行业，单位的窗口岗位，统一着装，规定用语，制订行为规范，是一种公务礼仪的表现。这些工作人员下班后，就不必以工作时的装束和语言动作来待人了。秘书人员则不然，他在上班时未必统一着装，工作中也没有什么操作规定动作的要求，但是却须将公务礼仪与私人礼仪结合起来，在具体场景中有机地使用礼仪规范。

秘书的工作场所是多样的：办公室、会议室、洽谈室；活动现场、操作现场、事故现场；宴会、游乐、出行以及诸如此类一系列的场合，都可以成为秘书人员的工作场所，都要求秘书适时地开展礼仪工作或作出礼仪举动。另一方面，秘书人员的角色也较独特。在辅助领导的前提下，他实际的角色是随工作内容而转换的。有时他是单位的全权代表；有时他是管理层的辅助人员；有时他是公勤服务人员；有时他是通信联络文书；还有时他是以私人身份却出现在某单位的公务场合。由于工作场景的多样性，秘书的角色也是多样性的，角色转换了，所适用的礼仪必须随之转换。因此，刻板地以公务活动或私人活动来选择礼仪场合是不妥的。

（二）外在能力与内在修养的统一

秘书的外在能力与内在修养。

秘书人员学习礼仪，运用礼仪，是秘书工作内容及岗位特性所决定的。礼仪包含技能成分，与行为者的礼仪知识、外在形象、工作能力紧密相关。礼仪是文化表现，礼仪的支撑物是知识和道德。形式外的礼仪活动能力只有与行为者的内心修养结合一致，才是真实的，也才是美好的，有意义的。“礼仪知识是正派举止的核心，就像衣着是正派明朗的核心一样。穿着正派的人并不会有意去注意自己是不是穿了鞋，也许还得戴上手套。同样，知书达理的人也不会有意地遵守什么礼仪之规。因为礼仪的概念已经在他们脑子里深深扎根，成为一种天性，则不用刻意去遵守。”美国著名礼仪学家波斯特的这段话证明了上述道理，只有知书达礼，有高尚的道德修养，礼仪才能“发于内”，成为一种素质，而不是仅仅作为富于表现力的技能。秘书工作是综合性的，它对秘书人员礼仪质量的要求远高于其他窗口行业或岗位，甚至可以说，与其重礼仪外在表现，毋宁说更强调内在修养。

首先，要求秘书人员努力提高自身的文化素养，不具备相当的文化知识就不可能根据来自不同文化背景的工作对象来调整自身的礼仪行为。礼仪在现代社会，随经济发展和技术进步而不断变化，也因此要求秘书人员要掌握这些全新的知识，了解全国各地各民族的不同传统和各自的变化历史，并熟悉现代科学技术知识。文化素养高了，反映在礼仪表现上必然也就文明、规范，富有时代气息。

其次，要求秘书人员思想情操高尚，行为与思想深度密切关系。没有思想，礼仪行为就不是情操的反映，而只是机械的操作。一时一事也许尚可应付，长此以往必流于庸俗虚伪。诚然，通过礼仪实践本身也可逐步陶冶行为者的思想情操，但那不是一蹴而就的，而是一个长期渐进的过程，不能指望在实践中立刻就能将礼仪行为外化为高尚情操品质。秘书人员因角色特殊，工作内容工作对象广泛，切忌虚假，要求知识文化和思想情操综合素质上一个台阶。

秘书人员心理素质。

第三，还必须注意秘书人员心理素质的提高。诚恳谦逊、从善如流、豁达大度、不计恩怨的心理性格和坚强勇毅，追求真理的精神气质是秘书人员努力的方向，也是礼仪实践中必备的心理特征。在礼仪表现上，大国沙文主义或崇洋媚外心理；名大自居或刻意巴结的心理；骄横狂妄或自抑卑下的心理都与现代礼仪格格不人。此外，秘书人员自身的心理学知识也应提高，了解掌握礼仪场合一般心理表现和心理特征，会给自己的工作带来裨益。如了解了“第一印象”的心理效应，既可注意自己给人的第一印象，又可在别人给自己留下的第一印象中剔除虚假成分。

礼仪场合的种种规矩，种种行为规范，确实需要专门学习掌握，我们强调“发于内”，并不否定“形于外”的重要性，不能想象每一个有高尚修养和良好心理气质的人就会具备各种礼仪要求和具体做法，他一定也需要礼仪实践的学习。只有把握了礼仪技能之后，才能发挥礼仪的最大功能，将礼仪体现在公务活动中，促使公务活动顺利健康地进行，也为社会的文明建设作出贡献。

总之，秘书人员的礼仪工作既有一般礼仪工作的常规特点，又有因秘书工作本身的特殊性而带来的特殊性，充分认识秘书礼仪的特殊性，把握好秘书礼仪工作的规矩分寸，才能在工作中进退自如，既不对人失礼，又不降抑自身，促进工作的顺利展开。

三、秘书礼仪工作的意义

（一）礼仪工作是秘书工作与生俱来的职能之一

从秘书工作产生那天起，“礼仪”便是秘书工作的重要职能，随着社会历史的发展，礼仪的内容和方式有了巨大的变化，秘书人员礼仪素质和操办礼仪活动的能力要求也有了相应变化，但无论这种变化多么广泛，多么深刻，礼仪工作从来不会离秘书工作而去。

（二）礼仪工作是秘书公关的辅助手段

利用宣传和传播的手段促进一个社会组织和它的公众相互了解和适应，这便是公共关系的任务。一个组织要想取得并增进自己内部和外部社会公众的信任、支持，为发展自己的事业而创造最佳社会关系环境，就必须采取一系列行动，树立自身组织良好的形象。秘书工作起着信息的汇总和传播的作用，建立良好的相互了解和信任的关系，树立组织及秘书本人在各界公众中的良好形象和信誉，是秘书公关的主要内容，而礼仪则是秘书公关的辅助手段。

（三）礼仪工作是现代社会文明发展的要求

礼仪起源于古老的社会状态，代表的是当时的文明发展。在人类进入 21 世纪的今天，人们在寻求一种和睦亲切的人文环境，礼仪工作的目的，也就是创造一种更宽松、更自如、人与人之间关系更和谐的文明社会。

礼仪作为一种规范、程序，一方面对秘书人际关系模式起着规范、约束和及时调整的作用，另一方面往往又可通过某些礼仪形式、礼仪活动完成化解矛盾，建立新关系模式的任务。第三，促进工作绩效。秘书人员一个动人的微笑，一句暖心的话语，都有可能对对方产生重要的心理影响，有利于建立良好的人际关系，促进相互间的交流与合作，从而提高秘书工作绩效。

思考题

1. 为什么说秘书礼仪是日常礼仪与专项礼仪的统一？
2. 秘书礼仪工作有何意义？

第二节 秘书的仪表礼仪

“仪表堂堂，风度翩翩”总是被人们所羡慕、所称道的。仪表既有天生的、不可选择、不可改变的一面；也有后天的、可以选择、可以补充完善的一面。学习秘书的仪表礼仪，就是让我们了解，应当怎样正确地认识仪表，正确地修饰、完善自己的仪表，并让它在人际交往中发挥出形象魅力，帮助自己取得主动权和有利地位。作为一名出色的秘书，要从形象设计、服装规范、举止规范等三个方面来提升自己的仪表。

秘书的仪表体现。

秘书的仪表是一种无声的语言，它反映了秘书人员的修养、性格等内在特征，会在交往初始阶段给人以美好的印象。比如秘书的服饰，其基本要求是整洁大方、整体和谐、展示个性。秘书的仪表主要体现在以下几个方面：

一、仪容的基本要求

（一）健康自然

健康自然的精神面貌是最好的仪容状态。

对于仪容的理解不仅仅是穿什么合适，应首先认识到一种健康自然的精神面貌是最好的仪容状态。我们不能设想一个人毫无生气却在浓施粉黛后变得可亲可爱，倒是可以认为一个活泼健康的人，素面朝天仍不失魅力。外国记者描绘20世纪40年代的延安时说，延安人生活十分艰苦，打扮上不分男女，却歌声不断，朝气蓬勃，使人坚信中国的未来希望在延安。所以，仪容的修饰只是治表，而反映本质的是精神，一定要使自己有健康的心态和良好的生活习惯、作息规律，仪表才会美好。

长相是天生的，后天着力去改变长相，如垫高鼻梁、割双眼皮、染金头发等，虽也有一定的补救缺陷和提升美感的作用，但终究不是自然浑成的东西。所以，仪表美指的是仪表的和谐自然。追求仪表美是在对自然的补充上使之更和谐。所以，不能人云亦云跟风走，别人染黄发，我也染黄发，别人修细眉，我也修细眉，这种抹杀个性、违背自然的做法，正说明这个人修养的缺乏。

整洁卫生是指个人仪容修饰要讲究整洁干净。

（二）整洁卫生

整洁卫生是指个人仪容修饰要讲究整洁干净。秘书人员决不能给人邋遢的感觉，蓬头垢面、萎靡不振、浓妆过度都不会给人留下美好的印象，而头发胡须修剪光净，眼睛鼻子之间无污垢、不留长指甲。一方面会给人愉悦的好感，让人们觉得你干干净净，是个认真负责的人；另一方面，仪表修饰要日常化，这既指必须天天注意、时时注意，也指仪表不能过分包装而应该以日常状态为主，太光亮的头发、太鲜艳的口红、太刺鼻的香水、太夸张的眼圈，都失去了它们作为日常修饰的意义，应该做的是勤洗勤修，不浓艳过度。

1. 发型

发型是人的仪表的关键，发型适当了，人的精神面貌也会随之一振，并给人耳目一新的感觉。不论男女，不论发质优劣，头发都应该是清洁、蓬松、无头屑，稍有淡淡的香味。

发型是人的仪表的关键。

青年男性秘书应梳理短发，一般多以二七片的分头为主，不留鬓角，也不要擦油太多显得太亮太滑。年纪稍大的男性秘书或文职人员可留背头，但也应勤剪勤洗，保持整洁。此外，各人身材气质不一样，发型也不一样，身高脸长者，不宜把头发做得又高又窄，而矮胖者又不该做蓬大的发型。因此，长脸形的发式宜大，两侧蓬松，顶部要高；短脸形的发式宜窄，上额角和顶部应隆起，千万不能做成圆形；方脸形的发式要用弧形轮廓；菱形脸两侧要厚，隆起呈椭圆形。

平时要注意保养头发，洗发用品要适合自己的发式皮肤，并坚持按摩头皮发根，梳发时要顺着发根到发丝的流向顺流而梳。此外，饮食营养的合理和生活习惯也对发质产生很大影响，要注意养成健康的生活规律和卫生习惯。

胡须是男性必须修剪的，一般每天早晨洗漱时就该清理一下，不能带着胡楂子出现在工作场合和社交活动中，如有必要的话，晚上的活动前应再刮一下脸。男人的鼻毛也应每天注意，及时修短，切不可露出鼻孔外。

女子的发型同样要注意与脸型身材相配，并根据自身发质肤质条件选好对应的洗发护肤用品，保证头发干净、黑亮。头发不宜多烫多吹风，这会损坏发质，也要注意定期修剪，即使留长发，发梢也要常修剪，以便既保持整齐又有利于头发健康生长。

对女子来说，除了要根据不同体型身材选择发型外，不同场合也应注意调整改换发型，这样既适应环境气氛，又给人新鲜靓丽的感觉。一般说来秘书日常工作时伏案较多，又常与人交际，披肩长发虽美，但在工作时，最好扎一下或编起来，显得精神、干练，不影响工作；参加交谊会或出席宴会，则可精心盘成发髻显示高贵雅致；短发者可在不同场合做成不同式样，或者简单地将原来偏向这一侧的改为偏向另一侧，也可一起向前或向后梳理，这也会给人以新鲜感。但秘书发型不宜太披散，头发上饰物不宜多，一件（套）足够了。额发不能遮到眼睛，那会给人留下幼稚、散漫的感觉。

2. 面容

面容是仪表的根本。

面容是仪表的根本，美容就是通过对面部的改善美化达到美的目的。要对面部进行美容，首先要依据本人的脸相特点来确定怎样美容才能突出优点，掩盖缺点，另外还要考虑的是在什么场合，干什么事情，使面容与环境吻合。

美容与美发一样，首先是清洁，一个人要给人清爽干净的感觉。眼角不能有眼屎，鼻腔要干净，耳朵的凹槽里没有积垢，牙齿应该洁白光亮，不能有口臭，工作时不该吃葱蒜等辛腥食品，指甲不宜留长，甲缝不能有积垢。干净才能给人容光焕发的感觉。

根据不同的场合，可适当化妆修饰面容，各种化妆品的使用一定要适合自己的肤质、肤色、气质和工作环境。

(1) 男士化妆步骤

男士化妆。

刮脸：先用热毛巾敷一下，涂上刮须膏，用剃须刷蘸温水在胡须处来回稍润几下使之产生泡沫，然后用剃须刀刮除胡须。刮完后，用温水热毛巾把泡沫擦净。如不再化妆，涂护肤霜润面即可洁面。以清洁霜均匀涂于面部并按摩，再取药棉或软巾纸轻轻向两边擦去。

收敛：用爽肤水或滋养蜜涂于药棉或手掌中，轻轻拍打于面部。

打底：取棕色基调粉底霜涂于面部以调整肤色，注意必须薄而匀与颈部不可敷之过度，以免造成“假面”状。

双颊：以棕红色胭脂增加血色，但必须淡，气色良好者可不用。

眉：男性眉毛宜粗浓些，以体现阳刚之气。一般以整理为主，按原形稍加修饰，起调整作用。

唇：一般只用润唇膏，唇色苍白者或嘴形太小则以唇妆弥补，可用棕色或肤色唇膏。

耳：以粉底或略深于粉底的粉稍搽。

胡楂：胡楂浓者，可用淡黄色轻敷，以中和深色胡楂；若不能掩盖，也可索性用眉笔将胡楂勾出，再用手将胡须抹匀，显示出小胡子，但形状色调一定要自然。

（2）女士化妆步骤：

女士化妆。

洗手：彻底清洗手部，然后搓手。

修眉；眉毛杂乱无形，依脸型修拔。

固发：将头发和刘海儿用发夹夹上去，再用头巾固定之。

洁面：用适合自己皮肤的冷霜或洗面奶彻底清除脸部污物、油垢。

收敛：将爽肤水或化妆水轻轻拍于面部，给皮肤补充水分，软化角质，使细小皱纹收敛，并防止化妆脱落。

润肤：按不同皮肤选用霜、乳、水滋润皮肤，防止皮肤化妆后干燥，但用量宜少，让皮肤透气。

打底：挑少许粉底霜点在额、鼻、双颊、下巴处，再均匀涂抹，鼻翼两侧和下眼睑睫毛处、发际处、嘴角处、颈际处要抹匀晕染，调整肤色。

定妆；轻扑香粉于脸上，但一定要薄，似有似无。

眼影：在上下睫毛底部用眼线笔凸出细长线，上眼部尽量贴近睫毛部，从眼角至眼尾处引勾，下眼线贴近睫毛部，从眼尾至眼角内侧先点上三点，然后用指尖把点延抹相连成美丽眼线。

眉：面孔向下而眼睛朝上看时，额和眼睛中间处挤入部分称“表情线”，是为眉造型最传神部分。由鼻翼的最下端分别向上作一垂线，并对准眼角作一直线，向上延长，将眉毛原形延长线交于此点，此点即为眉毛所应取的终止点。眉在延长时应与眉形融合，确保自然。眉的化妆应与眼睛、前额相吻合。不可粗浓而失温柔，不可细疏而不入时，大眼睛不可将眉修得过细，小眼睛则要将眉毛画得略粗浓些。

唇：先画唇线外轮廓，再用选定的颜色向内涂匀，唇线笔与口红的颜色以相差一号为佳。

颊：用小毛刷蘸胭脂少许，由颊部向内向下晕染，要均匀自然，边界要汇成一体。

睫毛：上睫毛要眼睛朝下涂睫毛膏，先将睫毛往下拉，再托起眼皮朝上拉，睫毛不能被粘住，下睫毛应从睫毛根部开始涂睫毛膏，轻轻向外至尽头。

指甲：摇匀指甲油，先涂一些在指甲前端，接着向四边抹匀，最后竖着填补中央部分。

定妆：发际、衣领反面及耳背洒几滴香水。

服饰包括服装、饰品、领带、围巾、帽子、手表、包袋、眼镜等，它们构成了外部的全部装饰。

服饰的基本要求。

二、服饰的基本要求

（一）呈现个性

照顾自己的特点。

人要衣装佛要金装，衣饰是人的第二皮肤，不可忽视，但如果不顾个人的特点和自我的条件，是穿不出好气质好样子的，甚至会贻笑大方。《安娜·卡列尼娜》中别人建议安娜穿紫色裙子出席社交活动，安娜却穿了一袭黑色的裙子，让渥伦斯基再次为安娜的气质所撼动，这就是服饰展现了自己的个性而取得的良好效果。所以服装不能不顾自己的年龄身份而一味以时尚为趋。当然，服装应该入时，求新，但这个“新”、“时”必须为展现个人的风采服务，而不是倒过来，由人去迎合时尚新潮，流行的不一定是适合你的。“城中好细腰，宫中多饿死”是本末倒置的教训，应该记取。人的个体特征也从服饰的选配上体现出来，依据自己的性格爱好选配服饰来适应时尚。而不以时尚来左右自己，是审美修养的表现。

（二）扬长避短

展现自己的优点。

秘书选配服饰在结合个性风采的同时，一定要扬长避短，展现自己的优点，掩饰自己的缺陷。如胖人就不宜穿横条衫，肤色黄的人不宜穿绿衣服，都是依据扬长避短的原则得出的结论。秘书人员应仔细设计自己的形象，分析一下自己身材、肤色的优缺点，确定自己的服饰风格，力求避免可能破坏自己形象的颜色和样式，使自己总是自然得体地出现在各种场合。有些服装专业的教师说：“我不是穿什么都好看，而是什么适合我，我才穿。这样的服饰选配标准当然是什么都好看了”。这句话应值得秘书人员回味，一味地模仿别人的穿着，往往弄巧成拙。

（三）民族特色

表现民族特色。

作为一个秘书人员，可能经常接触外宾，在有些涉外交往中，与其穿西式服装，不如穿本国民族特色的服装更有意义，也使你更有风采。如改连衣裙为旗袍，可能效果会大不一样；将披肩长发盘成髻，再插一花夹，也别有情致。每年举行的亚太经合组织非正式会议，都要让与会各国首脑穿一件会议举办地的民族服装，这也说明民族特点是受人欢迎和尊重的。有些人爱染淡色头发，戴外国图腾的饰品，结果并没有取得意想的效果，就是因为民族风格不对，显得不伦不类，既学不像别人、又丢失了自己。所以越是民族的，才越是世界的。只要体现自己民族的文化特色，表现自己民族的特有审美情趣，才能被人所敬重。

（四）简洁为美

衣服饰品要追求简洁，越简洁越流畅，美学效果越好。一件衣服上的装饰满是花样，缝纫师原故意展示手艺似的在衣服上又是裁又是剪，做出来的未必就是美款；首饰又粗又大还缀满了零碎，就不适宜再戴在身上，那会使人觉得太重；一身衣服由几种颜色汇成，好像打翻了漆罐子，就没法穿它；个人的手上又是手镯又是手表，再戴几个戒指，还有什么“美”可言呢？所以，服饰力求简洁，点到为止。给人留下充分完美的想象的空间，这样效果会更好。另外，秘书人员的工作比较繁重，衣饰太繁琐了，拖拖拉拉，钉钉挂挂的，非但不利工作的有效进行，还易招来他人的闲话。作为一个单位的对外窗口，应本着以工作为重的精神努力工作，服装颜色的选择必须与自己的肤色和服装面料质地相配，与季节相谐。

注意国际交往中的喜爱和禁忌。

同时，秘书人员往往有涉外活动，所以要了解各国的颜色讲究，以免出错，令外宾不愉快。一般说来，日本人不喜欢绿色，他们以白色为哀伤，而黄色、红色意味好运幸福。巴西人不将绿色、黄色配在一起，因这是巴西国旗的颜色，日常不随便用。棕色被巴西人喜欢。美国人认为红色、黄色是雅致的颜色。埃塞俄比亚人认为黄色表哀悼，只有哀悼活动时的人才穿黄衣。拉美人以紫色为死亡之色，特别忌讳紫色。乌拉圭人忌讳青色，认为青色是黑暗的代表。比利时人只在不吉利场合才穿蓝色衣服。欧美人以白色为素，婚礼用白色；而以黑色为重，悼念或庄重肃穆场合才用黑色来渲染，着黑服系黑领带是参加葬礼的打扮。西班牙人穿黑西服、黑皮鞋，系着灰领带，他们以黑为最美颜色。由于犹大穿着黄色的衣服出卖了耶稣，全世界基督徒都不喜欢黄色。

（五）穿衣要求

1. 男装

男士衣装要求。

正式场合，服装为深色西服，白衬衣，黑领结，黑皮鞋。全身上下服装的颜色不宜超过两种。衬衣的领子袖口要干净，衬衫袖较西装袖稍长1～2cm。衬衣下摆塞在裤内。单排扣西服可不扣，也可扣上边一个或中间一个，坐下时则应解开扣子。站立时，双排扣西服应扣好。倘穿西装套服，要穿好背心，扣好背心纽扣，注意不能让领带下摆从背心纽扣下伸出来。西服内不宜穿其他衣服。

夏季穿长袖衬衫系领带，衬衫下摆应塞入裤腰内。衬衫不可卷起袖子，必须扣好。穿短袖衬衫则不应将衬衫下摆塞入裤内。

男士的皮鞋必须与服装协调，黑衣黑鞋，棕衣棕鞋。以黑为最正式颜色。西服袋内不可放大件东西，仅限一方手帕而已。

我国男士着装除正式场合外，一般无多大讲究，但总的要求是合身，平挺，不妨碍行动。如有些人穿夹克衫、休闲衫上班，只要无重大活动，也无可非议。夏天穿T恤上班，在我国也司空见惯，但一定要干净，无皱褶，裤子要有裤缝。夏天可穿凉鞋，其他季节也可穿胶底鞋，鞋要时刻注意刷干净，不能穿鞋跟磨损过度的鞋。

2. 女装

女士衣装要求。

正式场合，女士也应着套装，一般是长过膝盖的裙子，裤装不能作为秘书人员正式的服装。平时，秘书人员可穿职业套装，显得聪明、干练。一般场合中，女性着装的自由度比男子相对要大，夹克、牛仔服、毛衣、短装都可以，总的要求也是全身干净、不妨碍行动。如不妨碍下蹲、快走、上下楼梯、取东西等。我国女子骑自行车人数众多，裙服不一定适宜，所以裙裤在我国也很有市场。这些都说明，服装的讲究中不可忽视国情民情。

女装配鞋各有区别。礼服长裙或长旗袍，应配高跟皮鞋，既衬托体态风仪，又合乎国际惯例；穿中式套服时可穿软底鞋、布鞋，既花样百出，又有民族特色。只要不是特殊场合，可不强求。

仅公务场合不要穿色彩花式。单穿衬衫时，仍可系领带。穿夹克等翻领服时，只要将衬衫的领子袖口系好，都可系领带。因天热解开衬衫领扣，挽起衬衫袖子时，不该再系领带。无论是领带还是领结，都要挺括、周正，不可皱巴巴的。系领带还可配以领带夹，这是一个小巧的领带专用饰品，应选用细长，造型精致，线条流畅的领带夹。领带夹的质地一定要好，否则可能会弄坏领带。

3．帽子

帽子在西方被认为是权力和地位的象征。从前在英国，男子出门前都戴一种叫做“波乐”的礼帽，在街上遇到熟人，抬一下帽子示意。把帽子摘下握手并站立，是英国白金汉宫每年游园会对男子的礼仪要求。女子则早在男士流行帽子前就已经将帽子视为流行服饰不可或缺的内容。我国传统服饰中，主要以男人戴各种不同时期流行的礼帽，而女子则不戴帽。无论男女，若戴帽，则帽子的式样、风格、质地，必须与所穿服装相吻合，也要与场合气氛相一致，不可以在一个庄重严肃的场合歪戴着一顶俏皮的小帽。凡致礼时，男子一律须除帽；进入室内，也应将帽子与风衣、大衣留在衣帽寄存处，而女子的帽子倘作为衣服整体的一部分，则不必脱帽，秘书在办公室工作时，则应除去帽子，因为在自己的办公室内戴着帽子有些不伦不类。

帽子的式样、风格、质地，必须与所穿服装相吻合，也要与场合气氛相一致。

4．围巾手套

围巾手套除了用作御寒外，它的装饰性胜于它的保暖性。男性宜选用质地优良的围巾，进入室内必须除去。女性则可选用五花八门的围巾来装饰自己，除厚大的冬季御寒围巾外，丝、纱质的小围巾在室内无须除去。作为装饰，手套必须质地柔软，款式入时。手套也应与衣袖口相重合，在手套与衣袖口间不要露出手腕，应将手套口塞入衣袖口内，而不是用手套口盖住衣袖口。男性入室应除去手套，与人握手不能戴手套，若女性的薄纱手套与服装是同一系列的，无论在室内或与人握手，都不必摘掉。

5．袜子

袜子以轻、薄为好，穿厚尼龙袜出现在正式场合有土气之嫌。袜子要与服装相谐，总的要求是素雅为宜，花样或颜色太跳，给人感觉不成熟。不能穿着抽丝破洞的袜子出现在公共场合，所以，尤其女秘书人员包里或办公室抽屉里应准备好备用袜子以防难堪。

袜子的袜口不宜外露，男子坐下时，裤脚下露出袜口甚至一截腿，那是非常不雅观的。冬季将袜口包住毛裤的边口，再暴露在外裤脚处是很难看的。女子亦然，尤其着裙服、旗袍时，不能露出袜口，更不能在袜口和裙子的下摆间露出一截腿。穿袜子应与身材腿型相配，粗矮之人袜色宜深，修长之人袜色宜浅。旧袜子松拧后，不应穿着上班活动。女士也要注意袜子与鞋的相宜，袜子在鞋里总往下滑，那就坚决不将二者一起穿着。

三、秘书的佩戴饰物

秘书佩戴饰物注意事项。

饰物，一般指人们佩戴在身，起装饰、点缀作用的小物品。如男子的领带、领结、胸章、戒指；女子的发饰、胸花、首饰等。秘书依据其工作性质和环境，对饰物的佩戴要讲究几个协调：与本人所着服装相协调；与包括年龄、体态、性格在内的个性相协调。具体要注意的主要有以下几项：

1. 领带

对于男性秘书工作者来说，领带是西装的重要衬物与饰物。领带要选真丝和人造丝质地的，来配庄重的西装。领带可以有多条与同一套西服相配，颜色或与西服一致，只在深浅上有别；或与西服成对比色。但要注意这只能是全身唯一的一个颜色反差。领带切忌随便地“挂”在脖子上或随时摘下来拎在手里。领结在很正式的场合下才使用。

2. 眼镜

眼镜可以弥补脸部的缺陷，也可作为人的气质的补充；墨镜可以使人避免因阳光太强而不由自主地皱眉。眼镜的选配首先要与脸型相符，身高体大的人不宜选小眼镜，而纤细瘦小的人不要戴厚重的大边框眼镜。眼镜一定要调整好松紧，以免由于戴着不适而不住地伸手去扶眼镜，摆弄眼镜。在室内，应摘去有色太阳镜，倘眼疾患者不宜摘镜，应向别人说明并表示歉意。在室外照相，尤其是与多人合影时，不仅不宜戴太阳镜，也不宜戴变色镜，因为室外光线下，变色镜总是深色的，相片上的你不仅貌似盲人，而且也破坏了整张相片的和谐。

3. 提包

公务活动中，秘书人员总要携带各种档材料或有关物品，因此，公务用包不宜太小，颜色以深色为佳。交际场合，提包或服装饰品，则应多姿多彩，质地要优，做工要精良，并且服装要协调，尤其与鞋子要一致，忌讳提白色包穿一双黑色的鞋。包袋应保持干净鲜亮，皱褶缝里不能嵌满灰尘，金属环扣应亮闪闪。包袋的边、底角有磨损时，不应再在交际场合使用。

4. 首饰

首饰可衬托一个人的气度，也可以破坏一个人的品位。油头粉面再珠光宝气，决无美可言，因为首饰的作用是点缀而不是显示。男性秘书人员工作时不宜佩戴首饰，一块手表是可映衬你的风度了。有些青年男子以红线佩着一块玉在公众场合活动，显得孩子气，往往不伦不类。一般穿着礼服或工作服时，不该佩玉，至少不该将之暴露在人们可以发现的地方。在正式的隆重严肃场合，已婚者戴一枚戒指足矣，未婚者不戴任何首饰。对女秘书而言，首饰也以简为佳，以雅为品。工作时不要戴太多首饰，也不要佩悬挂式耳环，手上有了手表，就不要再加上手镯或手链，项链不宜太粗。有人在戒指或项链的环扣处缀以红线防滑脱，用心良苦，却破坏了审美效果，不能将此法用于正式场合。一般说来，首饰的数量不要超过三件，太多就给人一种纷繁复杂的感觉，活像一棵圣诞树。

四、秘书的谈吐

秘书谈吐的礼仪规范。

谈吐是人们在一定的语境中运用口头语言的交际活动，它应符合语言交际的礼仪规范，给人以美的感受。秘书的谈吐就是秘书通过尊重、友善、得体的信息传递，使交往双方取得理解、协调和适应，以有效实现秘书活动的目标。秘书的谈吐应遵循的基本原则是：晓之以理，动之以情，适合语境，运用得体，机动灵活，注重实效。

秘书的谈吐要求具体体现在两方面：一方面，秘书的礼貌用语。根据表达的语意不同，秘书人员要用好各种问候语、称谓语、请托语、致谢语、祝贺语和告别语等。另一方面，秘书的交谈语。交谈语是秘书社交中的主要言语形式，是传递信息、沟通情感、取得良好交际效果的关键环节。秘书与人交谈时应做到：注意倾听、亲切自然、语调平和、互相交流、谈话禁忌。

五、秘书的体态

体态是在人际交往中各种身体姿势的总称。秘书的体态是秘书在交往活动中的一种非语言形式，具有表露、替代和辅佐功能。

秘书体态要求。

秘书的体态要求主要体现在以下几个方面：第一，站姿。其基本要求是挺直、均衡、灵活。秘书人员在正式场合一定要避免不良的站姿，具备挺直如松的气度。第二，坐姿。基本要求是上身挺直，胸前挺，肩平正放松，达到“坐如钟”的要求。第三，走姿。正确的走姿是：轻而稳，胸要挺，头抬起，两眼平视，步度和步位合乎标准。第四，手势。手势是一种动态的无声体态语言，能够传达丰富的感情，如招手致意、挥手告别、握手问好、摆手拒绝、拍手称赞、拱手答谢等。第五，目光。秘书与人交往要目光平和亲切，目光虚化，在交往中要注意凝视、斜视、瞟视、瞥视等不同方式的运用；在交往中要注意目光注视的时间与部位。第六，避免不雅的仪态。秘书在公共场合，不要当众搔痒；要防止发自体内的各种声响；交谈中应避免不雅动作。

思考题

1. 仪表礼仪专指穿衣打扮吗？为什么？

2. 结合第二章第二节现代秘书必备言语能力，谈谈秘书谈吐有哪些礼仪要求？

第三节　仪式礼仪

所谓的仪式礼仪就是指秘书组织、参加各种仪式时所要遵从的礼仪惯例。

一、仪式礼仪的基本要求

1. 周全考虑

不仅指对仪式的各项议程的考虑，还包括对一切可能影响仪式顺利举行的因素作充分的考虑。如天气状况，就是一个重要因素。天气的阴晴，气温的高低，对在室外举行的仪式的影响十分重大。雨水可能将事先准备的会标、鲜花、旗帜冲坏；与会者也会因天气缘由而产生人数、纪律等方面的混乱；有些节目表演难以进行，扩音设备易出故障。或者气温骤升，群众抵挡招架不及，仪式礼仪注意的几个方面。

会有人中暑昏倒，会场秩序发生骚动混乱。即使是在室内举行的仪式，天气也是影响其正常进行的因素，太冷、太热、太闷都不利仪式顺利召开。此外，天气因素影响交通顺畅，与会者可能没法准时到会。所以，根据天气情况，充分考虑仪式期间可能发生的天气变化，是仪式礼仪的一个重要方面。把各种可能发生的情况充分考虑到了，才能对仪式期间的复杂忙乱状况应付自如。会议的场所定在哪里，也是周全考虑的一个方面。要适宜于开会，不受干扰，便于集中，但却忘了交通的便利，虽然目的地选得不错，一路却饱受颠簸之苦，这也是考虑不周的表现。外地参加仪式者鞍马劳顿，费时费力又费钱，所以，仪式地点的选择是否恰当，远离交通线，或正在翻修、扩建的路况。秘书都应了然于心，以随时调整，方便与会者。

一个仪式总有许多后勤方面的工作要做，这些是周全考虑的内容，但在仪式出席者的安排上，更要周全。有些会议仪式往往是一种政治待遇的体现，随意确定与会者不利会议仪式的开展的效果。周恩来总理每年对出席国庆招待会的人员名单仔细斟酌，就是为了通过名单的公布，传达“文革”中人们极其期盼的安定团结的信息，这种邀请的意义远远超出了形式礼仪本身，负载着特殊的政治含义。有些会议仪式，倘考虑不全，邀请这一方面的人员，忘了另一方面的人员，或许只是偶然的疏忽，却会引起另一方面的不满和猜疑。

2. 周密安排

在周全考虑的前提下，作出周密安排，是秘书组织仪式的宗旨。周密安排首先体现在仪式时机的安排上。既要张弛结合，又要紧凑高效。仪式参加者总是放下手头的日常工作而来的，如果不考虑参加者的情况，只顾在仪式过程中过分穿插文艺活动、宴请活动，这种安排是不科学、不合理的。但报告连报告，讨论连讨论，又会使参加者疲劳，从而不易产生良好的仪式效果。会期太长，参加者疲劳退场；会期太短，来不及反映有关情况，信息得不到充分的交流与回馈。所有这些，都说明只有周密安排仪式，才能保证仪式的目的实现，起到仪式的真正作用。

周密安排还体现在准备工作是否充分上。与会者来了，秘书处却发现没有准备足够的文件袋，会议临开场了，发现代表证未配好别针，没法佩戴；表决投票之后，计票结果迟迟未能公布，场内与会者闲坐空等，走也不是，留也不是；会议开始了，才发现档案袋内少了一份昨晚刚赶出来的材料，与会者只好闹哄哄地等着。一切安排的不周，都会影响仪式的气氛和与会者的情绪。

仪式参加者的入场和退场，怎样接送参加者，邀请来的嘉宾、领导怎么入座、怎么休息，也是仪式礼仪的重要方面，一些庄重的仪式性会议，其仪式所需要的各种用品、设备，事先都应作充分检点，以防万一的疏漏。录音、录像等设备都应在正式使用之前先试放一下。面对重大活动，则应在事先作一下排演。

会议仪式的安排要周密，能使会议自始至终保持着一股精神，使会议真正起到团结凝聚的作用或澄清思想、明确方向的作用。有些会议场面不大却内容严肃，关系到对一些人士的罢免和批评，如果事先安排不保密，会使其严肃性大打折扣，某些参加人员在会议前后的身份大不一样，如果事先没有周密安排，会出现场面的尴尬。而仪式性的会议更讲究在周密安排下的一气呵成，倘中间发生些许细小的枝节闪失，都会造成整个仪式的失败或不完满。

3. 周到服务

礼仪工作与服务有着密切的关系，仪式礼仪的一个重要内涵就是仪式的服务工作。保证圆满完成各项程序，保证每个参加者精神振奋，并保证参加者的安全，是仪式礼仪服务工作的出发点和最终目的。

秘书参加仪式的礼仪要求。

二、仪式礼仪的具体要求

秘书人员不仅组织仪式，也经常出席各种仪式，往往代表着领导，代表着单位，因此，必须注重仪式礼仪。

1. 得体大方、合乎身份

秘书人员参加仪式有时以贵宾身份，有时以一般代表身份。秘书人员以贵宾身份参加会议仪式，可能被邀至主席台就座，此时，不要过分谦让，倒是大大方方地根据主人安排落座更合礼仪。在主席台上，精神要饱满，倘被要求发言时，则应紧扣主题，简明热情地发表自己的看法，倘代表领导出席会议，则只表示对会议主席的感谢，或说几句客气话，也可事先向主办方说明替代领导前来参加会议仪式，不作发言。在主席台一旦就座，不到散会就不能退席，并且必须始终聚精会神。以一般代表身份与会，要按引导员引领的座位就座、不要尽量往后靠，造成前排座位空虚，对东道主显得不礼貌。以列席代表的身份与会，可以在讨论时发言，但没有表决权，不要贸然表决，给计票造成麻烦。但是，也不能因为自己是列席者，人到心不到。一副局外人模样。

2. 专心开会、不做私事

秘书参加会议仪式，就要把会议的精神带回去，利用开会之机，只顾走亲访友，游山玩水，不是出席会议仪式应有的礼仪。开会时聊天、侃大山、看书报，做自己的私事，都是对会议主办方的不尊重，也有损自己的礼仪形象和社会影响。作为仪式的参加者要尊重主办方的安排，在会议仪式进行中，要积极地配合会议仪式安排的各种活动，而不是存在私心，仅仅为了私事，勉强应付、敷衍了事。这样就容易让对方对自己所代表的组织留下不好的印象，会以后活动和交流的开展造成不必要的麻烦。

在仪式开始的时候，要积极主动地参与，并多加了解和支持仪式的进行。在仪式的进行中要时刻严格要求自己，按照会议仪式的安排进行交流，积极参加仪式所安排的各种活动。在仪式结束后，要准时参加结束仪式，画上一个圆满的句号。

3. 听从安排、随遇而安

外出参加仪式，要随遇而安，不应过分挑剔，要体谅主办方的不易。开会时要遵守会议纪律，按时到会，按时作息，有事要请假。倘主办方邀请参观旅游，更要遵守时间，不要让别人等你。照相留影要照顾别人，不该自己一人抢尽风头。

对于仪式的安排，可以根据主办方发给的项目安排表来把握。不要脱离仪式的安排，独自行动。因为秘书人员是一个组织或一个单位的代表者，其言谈举止和行动代表着组织的形象，而不单纯是个人的代表，所以作为仪式的参加者应该听从安排。

三、具体的仪式礼仪

（一）开业礼仪

开业仪式是指在单位创建、开业，项目完工、落成，某一建筑物正式启用，或是某项工程正式开始之际，为了表示庆贺或纪念，而按照一定的程序所隆重举行的专门的仪式。有时，开业仪式也称为开业典礼。

开业礼仪的运作。

开业礼仪，一般指在开业仪式筹备与举行的具体过程中所应当遵从的礼仪惯例。开业礼仪是一个统称，在不同的设用场合，往往会采用其他一些名称。如开幕仪式、开工仪式、奠基仪式、破土仪式、竣工仪式、下水仪式、通车仪式、通航仪式等。它们的共性都是热烈而隆重的仪式，为本组织的发展创造一个良好的开端。在仪式的具体运作上则须有所区别。

1. 开幕仪式

其主要程序有六项：

（1）宣布仪式开始，介绍来宾。

（2）揭幕或剪彩，全场目视彩幕，鼓掌并奏乐。

（3）主人引导与会者进入幕门。

（4）主人致答谢词。

（5）来宾代表发言祝贺。

（6）主人陪同来宾进行参观。对外营业或对外展览宣告开始。

2. 开工仪式

其常规仪式有四项：

（1）宣布仪式开始，介绍来宾，奏乐。

（2）司仪引导本单位主要负责人陪同来宾至开工现场。

（3）领导致词，正式开工，全体人员鼓掌致贺，并奏乐。

（4）职工就位，上岗操作。

3. 奠基仪式

其常规仪式有六项：

（1）仪式开始，介绍来宾，全体起立。

（2）奏国歌。

（3）主人介绍建筑物的功能及规划设计。

（4）来宾致词道喜。

（5）正式进行奠基。鸣锣击鼓，演奏喜庆乐曲。

（6）奠基人双手握系红绸的新锹为奠基石培土，随后，其他嘉宾依次培土，直至将奠基石淹没。

4. 破土仪式

其常规仪式有五项：

（1）仪式开始，介绍来宾，全体起立。

（2）奏国歌。

（3）主人致词。

（4）来宾致词祝贺。

（5）正式破土动工。破土者手持系有红绸的新锹垦土三次，全场鼓掌，并奏乐或燃放鞭炮。

5. 竣工仪式

其常规仪式有七项：

（1）仪式开始，介绍来宾，全体起立。

（2）奏国歌。

（3）主人致词。

（4）揭幕或剪彩。

（5）全体人员向竣工建筑物恭行注目礼。

（6）来宾致词。

（7）进行参观。

6. 通车仪式

其常规仪式有六项：

（1）仪式开始，介绍来宾，全体起立。

（2）奏国歌。

（3）主人致词。

（4）来宾致词祝贺。

（5）正式剪彩。

（6）首次正式通行车辆。

（二）签字礼仪

商务活动中，人们在签署合同前，通常会做好准备工作。

签字礼仪的准备事项。

1. 布置好签字厅

按照国内的习惯，在签字厅内设置一张长方桌，作为签字桌，桌面上覆盖深绿色的台绒，签字桌横放于室内。签署双边合同时，桌后放两把椅子，根据客右主左的规则，分别供客方、主方签字人员就座。签署多边合同时，可以仅放一张桌椅，供各方签字人轮流就座。签字人就座时，应当面对正门。座前桌上放好各方保存的文本，上端放好签字用的文具。签署涉外合同时，还需在桌上插放双方的袖珍国旗。

2. 安排好签字时的座位

签字时各方代表的座次，由主办方预先排好。签署双边性合同时，客方签字人在签字桌右侧就座，主方签字人在签字桌左侧就座，双方助签人分别站立于签字人外侧，其他随员按照一定的顺序在己方签字人的正对面就座，也可以依次站立于己方签字人的身后。签署多边合同时，一般仅设一个签字椅，各方签字人依照事先同意的顺序依次上前，助签人依“右高左低”的规矩，站立于签字人的左侧。

3. 预备好待签的合同文本

待签的合同文本，以精美的白纸制成，按八开的规格装订成册，并以真皮、金属、软木等作封面。

4. 规范签字人的服饰

出席签字仪式时，应当穿着具有礼服性质的深色西服、中山装或套裙，配以白色衬衫与深色皮鞋，男士须系上单色领带。

签字仪式开始，由双方签字，互换文本，相互握手，并送上香槟酒，共同举杯庆贺，最后全体人员合影留念。

剪彩仪式的准备工作。

（三）剪彩礼仪

在各式各样的开业仪式上，剪彩往往是附属于开业仪式的。目前通行的剪彩礼仪包括剪彩的准备、剪彩的人员、剪彩的程序、剪彩的做法等四个方面。

1. 剪彩的准备

剪彩准备具体包括场地的布置、环境的卫生、灯光与音响、媒体的邀请、人员的培训等。

2. 剪彩的人员

剪彩人员由剪彩者与助剪者组成。剪彩者是仪式上持剪刀剪彩之人，可以是一个人，也可以是几个人，至多不超过五人。多由上级领导、合作伙伴、社会名流、员工代表或客户代表担任。助剪者是从旁为剪彩者提供服务的人员，一般由主办方的女职员担任，即礼仪小姐，她们可以分为迎宾者、引导者、服务者、拉彩者、捧花者、托盘者。

3. 剪彩的程序

通常包括六项程序：

（1）请来宾就位。

（2）宣布仪式正式开始。

（3）奏国歌。

（4）主、宾发言。

（5）进行剪彩。

（6）进行参观。

4. 剪彩的做法

礼仪小姐率先登场，排成一行，拉彩者处于两端拉直红色缎带，捧花者各捧一朵花团，托盘者站立在拉彩者与捧花者身后1米左右。然后剪彩者登场，右手持剪刀，表情庄重地将缎带一刀剪断向全体到场者致意，退场。

（四）交接礼仪

指在举行交接仪式时所需遵守的有关规范。包括交接仪式的准备、交接仪式的程序、交接仪式的参加。

交接仪式中的礼仪规范。

1. 交接仪式的准备

交接仪式的准备包括来宾的邀请、现场的布置、物品的预备等。

2. 交接仪式的程序

交接仪式的程序大体有五项：

（1）主持人宣布仪式开始。

（2）奏国歌。

（3）正式交接有关项目或设备。

（4）各方代表发言。

（5）宣告仪式结束。

3. 交接仪式的参加

对主办方而言，要注意仪表整洁，保持风度，友好待人。对来宾而言，要致以祝贺，略备贺礼，预备贺词，并准点到场。

思考题

除了本节所涉仪式礼仪，秘书工作中还有哪些环节有专项礼仪？试举例分析。

【案例分析】

某公司的经理一清早就大发雷霆地命令秘书小姐立刻向协作单位发出绝交信，以此作为对对方破坏协作行为的惩罚。秘书小姐不动声色地写好，却没有遵从上司的意思立刻发出。下班时，秘书小姐拿着那封写好的信问经理：“您还签发吗？”经理上午的火已经被一整天的工作冲淡了，考虑到发出绝交信的后果，面对写好而未发出的信，经理庆幸秘书幸亏没发。

思考题

1. 秘书小姐写好信而不发，是否违反工作纪律？
2. 秘书小姐是如何挽回工作中可能出现的僵局的？试详细分析。

提示：

秘书礼仪是完全应该灵活运用的。遵从领导指令，做好领导交办的事，是公务纪律，也是公务礼仪，因而秘书小姐必须立刻写好信，而不可不写，更不能在领导大发雷霆的时候批评领导做法有误。而这个秘书小姐却巧妙地运用了私人礼仪，从私人感情的友谊出发，心平气和，缓冲了紧张气氛，挽回了可能出现的僵局。倘若这位秘书单纯地以公事公办的“原则”去做，就可能让领导品尝感情用事的苦涩之果了。同样，秘书人员协调关系时，也不一定能单纯地“公事公办”。这就需要秘书人员必须做到公务礼仪和私人礼仪的统一。但不应将公务和私事混淆，更不能以私人关系代替公务原则，或将公务关系化作私人交易。如果这样的话，反倒有悖于礼仪原则了。此外，从礼仪的原理来分析，只是运用场合的求同和礼仪原则的不同，公务礼仪与私人礼仪并没有本质的区别，并没有因不同的对方而不可通融，它只不过是通过个人的礼仪行为来达到组织的目的。以公关学理论来看，每个组织都有它特定的复杂的公众对象。公众在层次上具有组织、群体和个人三种形式。因而适应不同公众对象，适应公众对象的不同特点是施行礼仪行为的基础。秘书礼仪虽然以私人礼仪形式出现，它的实质还是组织行为的一部分，其行为的目的还是为公务。因此，秘书礼仪是公务礼仪与私人礼仪的统一。

第八章　现代秘书的信息工作

学习要点

- 通过学习有关信息的涵义、特点，了解秘书工作中信息的类型，工作程序，认识秘书信息工作的意义与基本工作要求，以利于秘书人员建立自己的信息观，有效做好信息工作，充分发挥助手作用。

第一节　秘书信息工作的特点与意义

信息化是当今社会一大特点，各行各业的正常运转都离不开信息工作的支持。政府机关、企事业单位和民间团体要实现科学决策和有效管理，都必须依赖卓有成效的信息工作，有一句话已深入人心，即“知讯者生存”，这里的“讯”就是信息。

一、信息的涵义

日常生活中，人们把消息、新闻、指令、情报、数据等都称为信息，《韦氏字典》里解释为：在观察或研究过程中获得的数据、新闻和知识。一些秘书学科书籍中，称信息是动态、情况和问题；《牛津字典》里这样来解释信息：信息就是谈论的事情、新闻和知识。日语《广辞苑》里做了这样的表述：信息是所观察事物的知识。

信息可以是事物运动状态及事物运动状态的陈述。

根据现今社会约定俗成的理解，信息既包括大自然中自发产生的自然信息，如风起云涌、四季轮换，也包括人类社会有意发送的社会信息，如政治、经济、文化科技等信息。归纳而言，我们认为，信息可以是事物运动状态及事物运动状态的陈述。这个定义概括了消息、情报、数据、数据等所有含义。

二、信息的特点

身处信息社会，要能及时掌握各方信息并为己所用，就必须了解信息，把握其特点，只有这样秘书人员才能有效地开发和利用信息，做好工作。

信息具有六个特点：

信息的六个特点。

1. 可加工性

既有事物的运动状态及对人们对它的陈述，往往基于陈述者的视域对信息做了加工。人们可以运用扩充、压缩、组合等方式加工信息。因此，秘书人员传输信息时必须遵循客观原则，要重视喜忧双方面信息的含量，特别是不能压缩“忧”的信息，避免社会上报喜不报忧的官场行为。

2. 可转换性

信息的载体可以从一种形态转换成另一种形态。自然信息可以转换为语言、文字、图像或其他符号。因此，秘书人员在传递信息的过程中，要注重客观、准确地转换，以最贴切的语言或文字传递信息的真实样貌，提供领导者做正确决策的依据。

3. 可传递性

信息可打破时空界限快速传递，从时间的角度看，信息可以通过文字书写、录音记录、录像留形、照片留影等方式固定下来，从而让有价值的信息跨越时间阻隔，代代相传，这就是我们今天可以看到古人的书、画等经典的原因。从空间的角度看，信息可以借助通信设备，如电话、电视、网络、邮递等形式传递，使相互阻隔的地区的信息得以交换，这就是我们把地球叫做“村”的原因。

4. 可利用性

信息对全社会一视同仁，谁掌握了信息，谁就可以利用信息。一本书传载的知识可以为阅读者享用，一条新闻传递的信息可以为获知者使用。人们传递信息的目的就在于通过传递而利用，在利用的基础上进行再创造。秘书人员要善于利用获取的信息调整工作。

5. 有时效性

对于信息可利用价值大小的判断，最简便的方法是根据信息形成的时间长短来判断。越是刚形成的信息，时效性越强，信息可利用的价值就越大。一般来说，过时的信息可利用价值相对要小，一旦超过“生命周期”，信息的价值也即消失。

现代社会竞争激烈，谁能最先获取新信息，谁就可能成为竞争中的强手。秘书人员做信息工作，要注重时效性，抓最新信息，以最快速度传输给领导。

> 秘书人员做信息工作，要注重时效性，抓最新信息，以最快速度传输给领导。

6. 可开发性

信息是一种资源，是人们加工后以物质形式提供出来的精神智慧，它能传递新知识，激发新创造，引导新思维。因此，信息资源必能产生巨大的动力，推动事物发展并转化为生产力。

三、秘书信息工作的意义

信息是无形的财富，它可以转化为有形的财富。人们常说，“信息是资源”，“信息是资本”，“信息是生命”，“信息是发明”，“信息是效率”。秘书工作实际上是接收、加工、传输信息的过程，

秘书工作实际上是接收、加工、传输信息的过程，其核心是辅助领导出谋划策。

其核心是辅助领导出谋划策。可以说，领导工作的成败，取决于秘书信息工作的质量。正如王兆国同志在全国秘书长、办公厅主任座谈会上所说："信息是决策的基础，领导决策的前、中、后过程都需要信息，全面、准确、及时的信息是作出切合实际、正确无误的决策的依据。"[1]

1. 秘书信息工作是辅助领导决策的依据

决策是领导者最重要的职责，决策的过程大致可区分为三个阶段，而秘书的辅助决策贯穿于决策的全过程。

（1）准备阶段

秘书通过搜集信息，发现问题，经加工转换，提供给领导，辅助领导认识、判断和验证问题。

（2）形成阶段

秘书对信息进行分析研究，确定目标或设计方案，为领导提供决策的意见和建议。

（3）落实和检验阶段

秘书通过评估选优、试点回馈、追踪等方式搜集决策实施过程的回馈信息，以帮助领导了解决策的施行情况。

每个阶段都必须以准确、全面、及时的信息为基础，离开了信息，决策毫无科学可言，领导者必然要犯主观主义错误。

2. 秘书信息工作是做好自身其他工作的重要条件

从秘书工作的内容来看，除了辅助领导决策必须依靠信息外，秘书完成其他工作也必须依靠信息。

（1）处理综合事务

要了解客观情况和办事原则，才能选择合适的工作方法处理综合性的事务，因此，掌握必要的信息是秘书人员处理事务的前提。比如，调研、办会、信访、协调等，秘书人员不仅要准确领会领导意图，还要借鉴各种信息发挥个人才能，信息越多，耳目愈灵，越能办事。

（2）办理文书

文书是实际工作的客观反映。办理文书必须以客观事实为依据，反映客观情况，解决现实问题，因此，要对现实情况有充分的

[1]《秘书工作》1997年第二期，第19页。

了解，要充分地收集和掌握相关信息，才能在文中言之有物，言之有方。

思考题

1. 信息与信息工作是不是一个概念？

2. 给信息工作下一定义。

第二节　秘书信息工作的类型与基本要求

一、信息的类型

从不同的角度划分，信息分为不同的类型。

信息类型的划分。

(1) 按信息源性质划分，可分为自然信息和社会信息。前者是自然界自发产生的，如刮风下雨等；后者是人类有意发送的，如新闻传播等。

(2) 按信息的表现形式划分，可分为语言信息和非语言符号信息。前者是借助语言为媒介传递的信息，可以是口语、书面语；后者是借助非语言符号为媒介传递的信息，可以是体语（包括动作、面部表情、外表等）、类语言（利用语音特点来表达语意）、近体（信息传授者之间的空间距离）、无关人体的非语言符号（包括视觉性、听觉性、嗅觉性非语言符号）。

(3) 按信息在秘书工作中的作用划分，可分为预测信息、动态信息和回馈信息。

预测信息是实际工作发生前的信息。

动态信息是事务发生中形成的信息。

回馈信息是事务结束后产生的结果性信息。

(4) 按信息源的方向划分，可分为上级信息、内部信息、下级信息。

二、信息工作的特点及基本要求

秘书工作不同于技术改造，它是直接为领导服务的综合工作，其信息工作有自己的特点。

秘书从事信息工作的特点。

1. 针对性

秘书从事的信息工作，其主要目的是为领导决策服务的，这就决定了秘书人员必须根据领导的需要去收集、加工、传递信息，为完成工作目的而做，特别要注重方向性、政策性以及投向上的针对性。

2. 全面性

秘书工作紧紧围绕领导工作展开，工作内容涉及社会政治、经济、文化、科技各方面，几乎涵盖社会生活所有领域，因此，秘书信息要覆盖面广，内容要广泛，同时还要对同一领域的信息进行跟踪了解，把握事物发展走向，尽可能全面采集符合各方需求的信息，并保持重点需求信息的连续性和完整性，做到全面系统。

3. 及时性

信息工作讲究时效，秘书不能坐等信息上门，需主动抵达信息的前沿阵地，及时将突发性、倾向性、苗头性的信息提供给领导，这样才能把握解决问题的最好时机，把握工作主动权。

4. 适用性

信息浩如烟海，秘书人员的信息工作一定要和工作实际紧密结合，讲求适用对路，注重实用性。不要漫无边际地包罗万象，要围绕领导工作中心收集信息，抓重点、抓关键、抓特色，为解决实际问题而进行信息加工处理，以提供有较高参考价值的高质量的信息。

5. 保密性

信息有利用价值，可作为资源开发共享，因此，秘书的信息工作与新闻信息工作不一样，要认真做好保密工作，既要有保密意识，又要有防备意识，自己不泄密的同时还要防止信息被窃泄露。

思考题

1. 信息有何特点？秘书的信息工作有何特点？
2. 信息工作的基本要求是什么？

第三节 秘书信息工作的程序

一、信息的收集

这是信息工作的起点。信息收集是指信息收集者为实际利用的需要，通过不同渠道和方式获取信息的过程。

信息收集是指信息收集者为实际利用的需要，通过不同渠道和方式获取信息的过程。

1. 信息收集的内容

（1）内部信息。指单位所管辖和隶属机构内的信息。包括上级、本级机构的决策、贯彻情况；日常工作安排和部署；工作进程情况；突发事件或倾向性问题；重大事故或不可抗力灾害等。

（2）上级信息。指上级机关下达的信息。包括国家大政方针；上级下达的指令性、法规性文件及简报等。

（3）平级信息。指不相隶属机关单位的相关信息。包括单位之间信函、抄送文件、互换数据、经验交流或建议、要求等。

（4）社会信息。指社会空间内普遍共享的信息。包括社会各界呼声；热点、焦点话题；思想反映或社会动态。

（5）历史信息。指与本单位工作和主管业务有关的一切历史资料，包括各种档案。

（6）国际信息。指来自国际社会的信息。包括政治、经济、文化、科技、军事等各方面的情况。

2. 信息收集的途径

信息收集的途径较多，大体有五种。

信息收获的五种途径。

（1）网络收集。包括以秘书部门为中心的信息网络和计算机信息网络。前者有上下级之间的纵向网络和平级部门之间的横向网络，可以提供机构内部实时发生的动态信息。后者借助互联网，可以收集各类广泛的信息。

（2）会议收集。从各类相关会议和会议材料中获取信息。

（3）调研收集。通过有目的、有组织、有计划的调研活动，搜集各专题信息。

（4）购买信息。向相关机构有偿购买所需信息。

（5）传媒信息。通过报纸、广播、电话、书籍等媒介传播的信息，收集社会动态等大量信息。

二、信息的整理

这是信息工作的核心。信息整理是对原始信息进行浓缩、提高，以便传递和利用的过程。主要包括筛选、加工和制作三个环节。

1. 信息的筛选

信息的筛选、加工和制作。

信息的筛选是对信息的再选择。指对收集来的大量原始信息进行甄别、选择，剔除无用、失真、失效的信息，提取有价值的信息。筛选对提高信息层次、质量、效益等起关键作用。筛选中，对原始信息的选留一般有两种：

（1）实用选留。有针对性地根据当前需要选留信息。

（2）入藏选留。有长期利用价值的信息选留。

2. 信息的加工

信息的加工是对筛选出来的信息再提炼。具体分三个步骤。

（1）充实内容。对零碎、杂乱的初步信息进行充实、丰富，使之成为完整、深刻和系统的高层次的信息。

（2）综合分析。对选留的信息进行系统的归纳、分类，作出定量、定性分析，找出本质、内在的联系，以发现带有规律性的变化和倾向性的问题，为领导掌握全局、指导工作、预测未来提出有价值的参考信息。

（3）提出意见。在综合分析的基础上，提出相应的处理意见。

3. 信息的制作

将信息结论落实到一定的载体上，以便传递。制作方法有三种。

（1）摘记剪贴。将书刊上有价值的信息记录下来，可以摘记要点，可以剪贴在信息簿上。

（2）录音录像。指有价值的信息分门别类，制作成不同的音像光盘，标示相应的题目留存。

（3）整理成册。秘书人员将有价值的信息书写成材料。

三、信息的传递

信息传递的三种方式。

信息传递是对有价值信息应用的开始，是秘书人员将信息传递给领导者的过程。传递的方式主要有三种：

（1）口头传递。以当面交谈的形式传递信息。

（2）书面传递。以整理成册的文书传递信息。

（3）电信传递。以电话、电传、E-mail、手机短信等形式传递信息。

信息传递要准确、迅速、保密，还要适度分流。信息流向也有三种：

（1）单向传递。由发出者向需要者传递，满足接受者利用信息的需要。

（2）相向传递。双方互相传递信息，起沟通交流作用。

（3）回馈传递。信息使用者向发送者传递信息使用情况。没有传递，就不能发挥信息的作用，将不同信息发送给不同的方向，有利于有关信息的利用。

四、信息的存储

秘书对信息的存储往往采用两种方式：

信息存储的两种方式。

（1）案卷存储。建立信息档案，将各类信息分类、编排、制卡，便于检索查找。

（2）计算机存储。将数据输入计算机存储起来，随时调阅。

信息的存储可以建立"信息库"，形成信息的存储系统。

五、信息的利用

信息利用是信息工作的最终目的。通过对信息的利用来解决问题、制定政策、优化管理、促进发展。秘书应把信息工作的重点放在信息利用上，收集信息、启动信息、利用信息，为领导决策提供适用的信息。

思考题

1. 信息整理包括哪几个环节？

2. 信息工作的最终目的是什么？

【案例分析】

案例一：

金秋十月，A大学B学院迎来了国家教育部教学质量评估检查组，外文系教学秘书小王接到通知，参加座谈会。会上，检查组要小王介绍本系师资情况，小王只能数人头，报出教师姓名，具体情况说不清。情急之下，小王赶回系办公室，抱了一大堆资料送到检查组，检查组一看，全是教师个人资料，有文凭、证书、论文等各种复印件。原来小王担任系秘书三年，把所有文件、资料一份不漏地收在那儿，却从来没有整理归类，拿不出分门别类的案卷，当然也没有一份教师情况一览表，更无从做师资情况统计和分析。有的教师早已离开，个人资料还在，而新进人员的资料却没来得及收取。如此混乱的管理，使该学院评估结果中多了个"D"。

思考题

1. 小王错在哪里？

2. 如果你是小王，你应该怎样处理系里的文件资料？

提示：

信息工作最终的目的在于利用。正常的收集、整理和制作可以方便利用。信息筛选也讲时效性。

案例二：

一篇让我终身难忘的信息作品

参加工作15年来，我一直在市镇党委办公室工作，与信息和信息工作结下了不解之缘。多年来我撰写的信息有一万多条几百万字，好多信息已经随着时间的推移渐渐淡忘了，然而，有一篇信息我至今难以忘怀，回想起来仍振奋不已。

这篇信息的题目是"基层建议省将农村河道整治清理工作列为2005年为民办实事项目"，具体内容如下：2004年，我省将农村公路建设列为"为民办5件实事项目"之一，取得了良好的效果，受到广大农民的热烈欢迎。然而，与农村道路建设一样，农村河道建设也面临着全面整治的问题。目前农村河道的现状令人担忧，河道不仅基本丧失了航运和灌溉的功能，而且成为农村藏污纳垢的地方。基层群众对整治清理农村河道的呼声很大。他们反映，每年水稻栽插季节，有90%的民间纠纷是由于河道供水不畅引发的；部分人畜饮用水仍取之于河水，给人民群众的身体健康留下了隐患。为此，建议各级政府高度重视农村河道整治清理工作，将农村河道整治工作列为2005年各级政府为民办实事项目之一。

这篇全文不足300字的信息，之所以令我终身难忘，主要是基于以下三点理由：

第一，这是一篇很受农村干部欢迎的信息。每年的夏种和秋收时节是农村的大忙季节，也是农村干部最需要强化服务的季节。然而，由于河道供水不畅，每年的水稻栽插季节农民们因为水的问题夜不安枕，吵嘴、打架的事情不断发生。农村干部虽像救火队员一样四处奔波却救不了火，群众对干部不满意，干部也无法让群众满意。这篇信息道出了农村干部的心声，帮助政府找准了为农民服务的切入点，在一定程度上减轻了干部的工作压力，受到了广大农村干部的好评。

第二，这是一篇成功介入领导决策的信息。这篇信息形成后，通过互联网报送给了省委办公厅信息处，省委书记李源潮十分关注并作了批示。在李书记指示精神指引下，全省在2004年底组织开展了一场以清洁河道为主要内容的清洁家园活动，农村基层组织积极响应，广大农民主动参与，使农村面貌焕然一新。同时，这篇信息还通过自办刊物《信息与督办》报送给了市委主要领导。市委高纪明书记明确要求分管副市长和水利部门，结合一年一度的冬春水利建设，结合省委、省政府清洁家园的总体部署，组织开展一场以清理水花生为主要任务的清洁河道攻坚战。通过这场战役，全市大大小小近1 000条河道，在近两个月的时间内变得秀丽而迷人，儿时记忆中的“小桥流水”又回到了我们身边。这两个月，是全市上下最为忙碌的两个月，也是赢得老百姓赞扬声最多的两个月。作为一名信息人员，我第一次真正领略了“小信息、大作用”这句话的含义，我的心情无比激动。

第三，这是一篇让我找准工作方向、坚定工作信心的信息。信息是党委、政府的耳目和喉舌，是一根既生快意又知痛感的神经；信息工作是党委、政府联系上下、密切左右的一项相当重要的工作。参加工作15年来，有12年我兼职从事信息工作，有3年专职从事信息工作，我的成长离不开信息工作，我从内心深处热爱这项工作。但是，信息工作有“天天短平快，长期马拉松”的特点，信息工作间接为领导服务的职能定位，从事信息工作的高度责任感和潜在风险，使我产生了疲倦感和畏惧感。尤其是在2004年6月份，我在参加中办秘书局举办的“纪念信息工作20周年”培训活动期间，发现从事信息工作的同行中不乏和我有类似想法者，我的这种感觉愈加强烈。我甚至想，如果中办再不出台《信息工作条例》，大张旗鼓地鼓励和支持基层信息员开展工作，我就要请求组织调动工作。正是这篇信息使我进一步悟出了“有为才有位”的道理，进一步坚定了从事信息工作的信心。2004年年底，我因为从事信息工作成绩突出，被组织上提拔为市委研究室副主任，我向组织提出的请求是继续分管信息工作。即使有一天因为组织安排和工作需要我不再分管信息工作了，我也一定会在新的工作岗位上更加重视信息工作，更加注重发挥信息的作用。

(选自钱俊的《一篇让我终身难忘的信息作品》《秘书之友》2006.5)

思考题

1. 文中这篇动态信息较好地体现了秘书信息工作的特点，试作详细分析。

2. 文中信息对作者有什么意义？结合案例谈谈你对秘书信息工作的认识。

提示：

从秘书信息工作的意义及工作特点上进行分析，谈谈信息工作如何抓热门中的冷点。

【实务操作】

1. 通过多种信息收集途径，查找以下信息：

(1) 国际秘书节是哪一天？

(2) 报考秘书职业资格的程序。

(3) 公务员考试方法。

(4) 较重大的国际秘书组织有哪些？

(5) 普通话等级测试相关要求。

2. 通过调研搜集当前大学生就业的种种观点，并综合分析，写成文字材料，送交院就业指导中心。

第九章　现代秘书的调查研究

学习要点

- 了解调查研究在秘书各项工作中的作用，明确调查研究的内容和范围，掌握各种类型的调查研究方法和程序，以便提高秘书实务操作的能力，更好地辅助领导工作。

第一节　调查研究的涵义和作用

一、调查研究的涵义

调查研究是人们在实践中，对客观情况进行调查了解和分析研究的活动或过程。

调查研究是人们在实践中，对客观情况进行调查了解和分析研究的活动或过程。调查和研究是两个相互渗透的活动。调查是运用各种方法、手段收集信息的行为过程；研究是在已收集信息的基础上分析信息，深入认识，以提出解决问题的方法和措施。在实际工作中，调查之中有研究，研究之中有调查，两者密不可分，是有机统一体。

秘书人员的调查研究是为满足辅助领导决策和管理的需要，有组织、有目的地获取信息，并通过分析信息获取理性认识的活动或过程。随着秘书人员在单位内部行政管理职能的日益加强，秘书人员的调查研究工作势必会不断深入。

二、调查研究的作用

秘书人员在调查研究活动中具有三个方面的作用。

调查研究是一项社会活动，它可以使人们“知己知彼”。在现代秘书行政工作中，调查研究是一个重要工作环节，也是秘书人员必备的能力之一。秘书人员在调查研究活动中具有三个方面的作用。

1. 收集原始信息，是做好秘书工作的基础

调查研究首先是领导者的工作，但由于领导者精力、时间等方面的限制，他们不可能事必亲躬，过多地承担调查研究工作，特别是具体而琐碎的信息收集工作，因而，他们必须依靠秘书人员。秘书工作的繁杂性大到研究政策、辅助决策，小到起草文稿、办理事务，都离不开调查研究。比如，办文时，只有对相关政策法规调查研究得一清二楚，才能符合大政方针并保持政策的连续性；接待来访时，只有对上访者反映的情况切实地调查研究，才能弄清真相，妥善处理。秘书人员参与的各项工作，都只有通过调查研究才能了解事件、发现问题、采集经验、促动工作。因此，调查研究工作贯穿于秘书工作的各个环节，它不只是一项经常性的工作，而且是一切工作的基础。

2. 获取回馈信息，是辅助领导决策的关键

领导决策是否正确，需要在执行过程中依靠调查研究来检验

基层执行的正确程度和执行效果。而调查是了解和掌握实际情况最可靠的途径，研究是分析判断决策成败的过程。秘书人员在深入实际过程中，了解有关信息并及时向领导回馈，有利于领导及时修订决策或重新决策。

（1）领导决策之前，需要了解实际情况。秘书人员则要做好调查研究，迅速向领导提供情况，提供信息，提供预案。

（2）领导决策之后，秘书人员仍然要进一步调查研究。因为任何一项决策都不可能完美无缺，在执行过程中可能会出现不利于推动工作向前发展的情况，秘书人员要及时把新信息回馈给领导，作为领导修订、完善决策的依据。

（3）领导者的决策不只是要了解立足现实，还要放眼未来，这就要求秘书人员担负起预测未来趋势的责任，而具有前瞻性、科学性、可行性的预测是建立在调查研究基础上的。

如此看来，领导决策离不开秘书人员的调查研究，调查研究是辅助领导决策，当好参谋的关键环节。

3. 解决常规问题，是提高秘书人员办事能力的重要途径

秘书人员各项能力的获得，除了学习相应的基础与专业知识外，重要的一个途径是多在实践中历练提高。调查研究活动能提高秘书人员各方面的能力素养，比如，可以加深对党和国家大政方针的理解，提高发现问题、分析问题、解决问题的能力，增强与人沟通交流的公关能力，提高观察现实、捕捉重要信息的能力，提升准确表达调研意向和调研结果的能力等。总之，秘书人员在处理日常工作时，通过调查研究，可以提高自身的各种能力。

思考题

1. 调查研究工作是否具有常规性？为什么？
2. 在处理突发性事件的过程中，调查研究能发挥什么作用？

第二节 调查研究的内容和原则

一、调查研究的内容

调查研究的范围十分广泛。由于秘书人员工作的综合性特点，调查研究的工作内容更加丰富广泛，归纳起来，大体有五个方面。

秘书工作调查研究工作的五方面内容。

（一）基本情况日常性调研

基本情况日常性调研是秘书人员为开展工作、熟悉情况进行的调研。秘书人员根据领导工作需要，经常对所在机构或组织的基本情况进行系统的调查研究以及时把握情况变化，以备日常管理之需或领导咨询之用，这种日常性调研可视为信息积累。一个单位秘书必须对内部的行政机构、党团工妇组织、干部配备、岗位设置、人员情况、规章制度、劳动情况等了如指掌，才能在工作中掌握主动权。

（二）中心工作指导性调研

领导在不同时期的中心工作不一样，这就要求秘书人员的调查研究的方向、内容、层次等也不一样。秘书人员要以领导的需求为中心开展调研，保证调研工作与领导需求的一致性。为保证工作重点和主要问题得以落实解决，秘书人员需协助领导对下级的贯彻执行情况予以正确指导，点面结合，推动中心工作全面展开。

（三）重大决策执行性调研

重大决策执行性调研是检验领导决策正确与否的调研。政策和决定制定出来，最终要通过实践的检验才能了解其正确度，合理度。秘书人员对重大决策问题的调研，应力求全面、周密，确保情况确凿，依据可靠，将真实的结果回馈给领导，以便领导有效地控制和调整决策。所以，秘书要做好包括督促检查执行情况、执行机构是否全面执行、纠正不合理做法以及迅速回馈等工作。

（四）突发事件临时性调研

秘书人员经常要处理一些突发性事件，如劳动纠纷、工作事故、空难、沉船、意外爆炸、自然灾害等，这些事件的发生具有临时、迅速、无法预期的特点，而处理解决往往有独特性，要求快速、周全、不留后遗症。这时秘书人员只有通过调查，对事件的全貌做完整的把握，查清突发事件真相和原因，然后以良好的临场应变能力研究出合理的解决方法，提供给领导处理。对于重大政治事件和生产事故，秘书人员要能配合公安、保卫部门共同调查研究。

（五）临界边缘遗漏性调研

对于机构内处于几个部门临界点的问题，或几个部门都管但只管理其中一部分的边缘性问题，管理上容易形成死角，这类问题往往成为被遗漏的问题。秘书人员对这些处于“不管”或“半管”状态的问题，要通过认真的排查，做好调研工作，掌握情况，汇报领导提请解决。

二、调查研究的原则

秘书人员调研工作应遵循的五个原则。

调查研究的原则是指人们对调查研究活动的规律性主观认识。秘书人员开展调研工作，总体上要以唯物史观指导行动，具体要遵循以下原则。

1. 要联系地、全面地看问题，防止孤立地、片面地下结论

秘书人员在调研过程中，既要看到现状，也要看到过去和未来；既要看到局部，也要看到全体；既要看到内部特质，也要看到外部联系；既要看到正面影响，也要看到负面影响。不要管中窥豹，以偏概全。

2. 坚持实事求是的态度，防止以主观意愿剪裁事实

秘书人员在调研中要深入实际，走出办公室，深入基层，深入事件发生的前沿阵地，亲眼看，亲耳听，亲口交谈得出结论，切忌光听汇报，光看记录，光打电话，偏听偏信，也忌迎合领导者的主观意愿，带着条条框框去调查。要努力排除各方面干扰，保持客观眼光，提高判断是非的能力，尊重事实，作出客观结论和有价值的思考。

3. 坚持没有调查就没有发言权的原则

秘书人员对某件事或某个问题开展专门的调查研究，其目的性很强。但是调查目的不等于调查结论。一切调查结论应在调查研究之后产生。

4. 坚持艰苦深入的态度，防止浅尝辄止

调查研究工作既艰苦又细致，搞好调查，绝非易事，它需要花费很多的时间和精力，有时要克服很多困难和阻碍，浅尝辄止

或走马观花是得不到真实信息的，面对调查来的材料，只做简单的分析是得不出深刻的结论的。

5. 坚持热切关注、坚持不懈的原则

调查研究是件苦差使，既麻烦又琐碎，工作量大，秘书人员没有满腔热情，就唤不起工作兴趣，也就不能深入细致地搞好调查研究，因此，热切关注是搞好调查研究的内动力。

调查研究是件烦人的事，需要被调查者的合作和支持。实际工作中，并不是所有相关人员都自觉自愿予以配合的。秘书人员要以顽强毅力克服种种阻碍，设计种种有效方法，调查出情况真相。因此，坚持不懈是取得良好调查结果的保证。

思考题

1. 秘书人员在什么范围内开展调查研究工作?
2. 调查研究活动中应采取怎样的工作态度，避免哪些错误态度?

第三节　调查研究的类型和方法

秘书人员的调研类型和方法，可分为调查类型及方法和研究的方法两类。

一、调查类型及方法

调查研究的五种类型。

根据调研的内容、性质、目的和要求的不同，调查大体可分为五种类型。

1. 普遍调查，简称普查

普遍调查是指对总体对象中的每个对象逐一进行调查。它适用于重要的、大范围的基本情况的调查。如全国人口普查、国土资源调查等。

2. 典型调查

典型调查是指从总体对象中选择具有代表性的对象进行调查。它适用于典型突出、范围相对较小的情况调查。其目的是通过选取样本的调查研究，找出规律性的东西，以指导和推动全面工作。如实践中常用的机关干部下乡“挂职”、“蹲点”等。

3. 专家调查

专家调查是指对某一行业或系统内具有专门研究或有权威影响的对象进行的行业调查。它适用于人们普遍了解甚少而利益关系甚大的专业情况调查。通过专家调查，可以展现令人信服的情况，达到认识上的一致性。如房地产行业、金融保险行业、汽车工业等方面的听证会等。

4. 个案调查

个案调查是指对个别对象进行调查。它适用于对社会中的独特个体或全新事物的调查。通过个案调查，可以了解其产生的社会背景和存在的状况。如民工中各具特色的生存状况个案调查、贪官自毁个案调查等。

5. 抽样调查

抽样调查是指从总体对象中随机抽取部分对象作为样本进行调查。它适用于范围大、表现多样又情况复杂的事件调查。通过抽样调查，可以用结果推断总体。如从花名册中随机取号确定对象的调查等。

具体的调查方法很多，总体上可分为两大类。

1. 直接调查法

调查研究两大类方法。

直接调查法是指调查者深入实地亲身搜索第一手资料的调查方法。具体可采用如下方法。

(1) 观察法。调查者通过直接观察进行的调查。此方法侧重于调查对象的外观、形态或变化特征及过程。

(2) 开会法。调查者通过召集座谈会或主题会议进行的调查。这种方法是最常用的调查方法之一，它能让与会者相互启发和相互监督发言中提供信息的真实性，获取信息的可靠性更强。

直接调查法的采用。

(3) 访问法。调查者通过与调查对象面对面地交流讨论，获取较深层次信息的方法。它要求调查者具有全面而娴熟的调查技能。访问时往往要考虑诸多因素，如赢得对方信任、发问技巧、关注采访对象心理、恰当记录、调动被访者情绪等。

(4) 问卷法。调查者将需要了解的问题设计成书面问卷形式，由被调查者书面作答。它是进行广泛调查的好形式。这种形式具有面广、省时、方便等优点，是目前被普遍采用的调查方法之一。

问卷调查方法要注意：

①科学地设计问卷，将确需了解的问题分门别类、全面周到地罗列出来。

②周到地组织好问卷的回收工作。

③认真地做好统计。

2. 间接调查法

间接调查法是指调查者带着某种目的通过查阅被调查对象的有关文字、音像图片等方式进行的调查。

间接调查法的采用。

实际调查中，间接调查和直接调查总是结合着使用。一般的，在直接调查之前，先作间接调查，以便充分利用现成材料，对调查对象有一个整体或初步的了解，然后开展直接调查。具体调查的步骤大致为：

① 确定调查目的。

② 广泛收集调查对象的相关信息。

③ 拟制调查提纲。

④ 确定调查的具体对象。

⑤ 选定调查的方式。

⑥ 实施调查。

⑦ 整理调查材料。

⑧ 补充调查。

调查是一项实践性很强的综合技能，调查的本领需要在实践中慢慢锻炼。秘书人员以系统的、科学的调查理论指导调查实践，将会较快地提高调查技巧。

二、研究的方法

对调查材料进行研究的七种方法。

对调查材料进行研究所采用的方法相当广泛，大体有：

(1) 哲学的辩证分析。以联系、发展、一分为二的观点研究材料。

(2) 逻辑的演绎推理。从一般理论或普遍法则出发，推导出一些具体的结论，再将它们应用于具体的现象和事物的研究方法。最常用的是演绎三段论，即由大前提、小前提推出结论。其形式是：

所有 M 都是 P；所有 S 都是 M；因此，所有 S 都是 P。

(3) 历史的前后对比法。把两个以上事物放在一起比较，或把一个事件前后两种状况放在一起比较，从而更深刻地认识各自或各个阶段的特征的研究方法。它可以区分不同事物，找出异同。

(4) 数学的统计方法。运用统计资料来描绘事物的状况和变化，以得到规律性认识的研究方法。这是一种定量分析的方法，通过定量分析可以使信息的陈述变得清晰、简洁，使研究结论准确、深刻。

(5) 系统的归纳法。按照系统论的原则研究获得的调查材料，以便从材料的整体及相互关系中，把握事物的规律性。即把调查材料当作反映客观情况的集合体来研究，分析其合理性，使其充实、全面。

(6) 度量研究方法。这是定量研究与定性研究的综合。分析调查材料在反映调查对象的肯定方面与否定方面的占有程度，得出公正的结论。

(7) 概率研究方法。运用概率统计方法进行研究，以揭示调查对象变化的统计规律性。即通过比较调查对象的肯定概率与否定概率的大小，作出较为精确的评价，可以避免以出现较小概率的可能否定全盘的错误。

研究的过程，主要包括四个方面的工作：

研究过程的四个方面。

第一，思考材料。对调查材料进行认真的审查、核实，去粗存精。然后，将材料分类，再进行联系性思考，或归纳、比较，以形成初步看法。

第二，概括结论。对材料分析综合，通过理性思维概括理性认识，目的是为解决问题。

第三，提炼观点句。凭借秘书人员的理论修养，对材料理性思考后，形成调查结论。这个结论用观点句的形式表达出来。一般用判断句式简短明确地表达出来，要求认真推敲和提炼，追求用词准确、句式简洁工整、明白晓畅。

第四，取舍汇报。对获取的调研结论，以书面汇报的形式提交领导，即写成调查报告或情况报告，这个报告不是调查过程的流水账，也不是调查材料的原始报告。它是结论统帅下的报告。调查材料不一定全部写入报告，可根据结论的需要精选典型资料和事实材料，求真务实地汇报给领导。

研究和调查是密不可分的，是同步进行的。开始阶段可能多侧重于调查，最后阶段可能多侧重于研究，整个活动的成果应该是撰写的调研报告。秘书人员的调查研究不仅要出成果，而且要善于利用成果，善于事后总结，把辅助领导的工作与自身人才资源开发结合起来。

思考题

1. 秘书调研工作总体程序是怎样的？

2. 综合研究是一种艰苦的思想劳动，它具体包括哪些工作？

【案例分析】

全国学生联合会、新生代市场监测机构和中国青年校园先锋文化有限公司联合公布了《2004中国大学生消费与生活形态研究报告》。诺基亚、联想、索尼、TOM、汇源、阿迪达斯等成为中国大学生心目中的首批先锋品牌。该报告是国内首个瞄准大学生群体消费的报告。

虽然除了家庭供给外，多数大学生都没有直接的收入来源，但新生代市场监测机构副总经理马旗戟说，不同于一般公众的认知，当代大学生具有较强的消费能力。他们每学期的平均收入为4919元，支出为4819元，而经常性负债消费的大学生比例超过10%。同时，国家统计局公布的数据显示，中国平均每人的年度可支配收入在8000元至9000元之间。而将大学生在两个假期的支出计算在内，我国大学生每年的平均消费支出已经在10000元以上。

为此，不少高端消费品进入了大学生的消费图谱。其中，60%的人拥有手机；27%的人拥有计算机；20%的人拥有PDA；12%的人拥有MP3。

大学生已经具有明显的品牌偏好。调查显示，首位是“喜欢购买具有独特风格的产品（57.7%）”，其次是“单纯追求流行、时髦与新奇的东西（30.4%）”。此次调查也清晰地反映出，在23类先锋品牌中，非内地品牌占了近一半。在计算机、手机、数码相机等消费上，基本都是外国品牌的天下。在休闲运动消费方面，阿迪达斯与耐克的魅力不减，而李宁与安踏也在大学生中赢得了一席之地。

本次调查覆盖中国34个重点城市，126所高校，近10000名大学生参加，研究结论可推及34个城市的约1000万大学生。

思考题

1. 此案例的调研内容是什么？

2. 调查问题是怎样设置的？

3. 调查采用了什么方法？

提示：本章所涉调研的五个范围可以相互交叉。

【实务操作】

1. 结合上面案例分析，设计一种可行的调查方案。

2. 阅读下列调研报告，分析它的结构、素材筛选以及内容整理等特点，并据此整理一篇摘要，说明摘编过程中应遵循的原则。

热水器行业广告投放情况调查

据北京中企市场研究中心广告监测系统提供的统计数据显示，在刚刚过去的2001年中，全行业共有255个品牌在全国279种报纸、杂志媒体上发布了热水器广告10524次，投放广告费用总计6372.88万元，较2000年减少了0.01%，基本上打了个平手。

品牌数量之多无可比拟

在当前我国家电市场中，热水器行业的品牌数量之多是任何其他家电品类无法比拟的。统计数据表明，2000年度参与平面广告投放的热水器品牌共有177家，这在整个家电行业中已经是首屈一指了。然而，到了2001年度又有78个新品牌竞相杀进。其中既有美的、长虹、康佳之类的国内家电大品牌和众多区域性小品牌，也不乏新进入我国热水器市场的国外知名品牌，使得原本品牌集中度就很低的热水器市场更加芜杂，正是这些大量涌入的热水器新品牌掩饰了老品牌广告投放的下降颓势。其实，在2001年度有不少已具有相当规模的热水器生产企业的平面广告投放费用比2000年有较大幅度的下降：曾位居2000年热水器行业平面广告投放费用排行榜第一名的樱花2001年下降了67.02%，小鸭下降了44.29%，博世下降了52.48%，澳柯玛下降了33.25%，华帝下降了43.76%，科龙下降了54.08%……而与此恰成鲜明对照的诸如皇明、辉煌、恒热、清华阳光、上海能率、创尔特等品牌则今年度大幅度提高了广告投放力度，其中创尔特2000年的平面广告投放费用仅为6.95万元，而到2001年则骤升到96.48万元，升幅高达1288.2%，其变化之剧烈，反映出企业极欲在热水器市场作大、作强的意图。统计数据显示出广告投放费用呈下降趋势的品牌多是以生产燃气热水器为主的企业，呈上升趋势的多是以生产太阳能热水器为主的企业。

2001年度热水器行业平面广告投放费用前10名品牌中，只有阿里斯顿、恒热、博世三家是国外品牌，这与手机、彩电等行业平面广告投放以国外品牌为主的阵容大相径庭。统计数字显示，这10家热水器品牌2001年平面广告投放费用总计3172.37万元，约占全行业平面广告投放总费用的49.78%，其中皇明一家的平面广告投放费用就约占行业总费用的15.73%，领先优势明显。此外，1996年登陆中国热水器市场的澳大利亚品牌恒热是新近入围前10名排行榜的热水器生产企业，2000年的平面广告投放费用是58.5万元，2001年升至245.22万元，增幅达319.18%，广告投放费用与阿里斯顿并驾齐驱了。

在2001年度热水器行业平面广告投放中，电热水器品牌共95个，燃气热水器品牌共44个，而太阳能热水器品牌则有124个，无论是品牌数量还是广告投放费用，太阳能热水器都占有绝对优势。单从广告投放量上看，电热水器呈稳定增长态势，而燃气热水器已显出颓势。

热水器打广告重点在北方

广告投放策略因各品牌爱好不同而大相径庭。在2001年度热水器行业中，虽然资金实力雄厚的品牌广告投放力度相对要大，但是也可以看出一些国外著名品牌在热水器广告投放上仍保持着一定的低调，譬如AO史密斯、松下等，尽管它们表示决心要在中国热水器市场成为领军者，并不断对在中国的生产线增资，但从近年的广告投放上看，一直很有节制，不温不火，始终居于第二集团中。

在2001年度热水器行业平面广告投放中，德国品牌博世的广告含金量即广告投放费用与投放次数的平均值最高，其投放费用115.51万元，发布广告57次，平均含金量为2.03万元/次。国内热水器品牌创尔特2001年的平面广告投放费用为96.48万元，共发布广告1769次，是全行业平面广告发布量最多的品牌，但是广告含金量又是最低的，仅为0.05万元/次，远远低于全行业平面广告投放费用的平均值，而且所发布的广告形式单一，均为栏花。创尔特以密集的小型广告进行产品营销，明显有别于其他品牌的广告投放策略，形成了自已的广告特色，这在整个家电行业的平面广告中是绝无仅有的，其市场效果还有待进一步验证。

从热水器行业在各行政区的广告投放上看，华东、华北、华中三个地区的投放力度最大，投放费用之和占行业平面广告投放费用的63.43%。从平面广告投放的省份上看，2001年热水器行业平面广告的重点投放地域是山东、北京、湖北、辽宁、广东，其中山东最多，总费用高达614.41万元。主要投放品牌是皇明、海尔、澳柯玛、小鸭四个品牌，投放费用均在50万元以上。而且这四大品牌又均是山东省本土品牌，其竞争之激烈，自在情理之中。

2001年热水器平面广告投放量最少的省份是西藏，全年的平面广告投放费用仅为0.74万元。而令人欣喜的是2001年热水器行业在我国西北地区的平面广告投放量由2000年的216.01万元提高到2001年的391.41万元，增长了81.2%，增幅之大令人刮目。北京中企市场研究中心的专家认为，这巨大的增幅从一个侧面反映出伴随着我国西部大开发步伐的加快，有效地推动了西部地区市场需求稳步增长，而且这种消费需求的增长，绝不仅仅局限在热水器市场，而是对整个家电产品全方位的需求，是一个充满广阔发展前景的市场。

第十章　现代秘书的协调工作

学习要点

- 明确“沟通与协调”在现代秘书中的重要性，了解“沟通与协调”的基本知识及在职业秘书中的关键性作用。学会与掌握沟通和协调的实际运用能力，提高现代秘书的管理水平和操作能力。

秘书作为领导的左膀右臂，其工作决不因与上司接触而凌驾于下属成员之上。一个好的秘书要辅助上级领导工作，出色地完成部门系统内上司和下属成员之间、组织系统之间、本系统与外系统之间的沟通与协调工作。协调，是管理的一大职能，是实现组织目标的重要方法，而沟通，则是协调的前提和手段。本章主要讲述秘书协调工作的概念与要素、协调的范围与内容、协调的原则和方法以及程序等内容。

第一节　协调的概念与要素

秘书工作是一项围绕领导活动的需求和目标而开展的辅助性工作。

协调关系是秘书的重要职能之一。特别在当前新的历史时期，随着社会主义市场经济的迅猛发展，秘书工作的内涵和外延必将不断得到加深和拓宽，并直接影响机关工作的质量和效率。秘书协调职能的强化，在当前已成为秘书工作的一项重要任务。

秘书协调职能的强化，在当前已成为秘书工作的一项重要任务。

一、协调的含义

协调，“协”是指协商、协同、协力、协作；“调”则指调节、调和、调停、调解等。协调，就是通过协商、沟通、调和、调解、调节，使产生隔阂、失调、差异及至矛盾的各方消除隔阂、彼此理解、互谅互让、求同存异，使矛盾得到解决，达到政令统一、目标一致、步调一致、团结一致，从而产生改造社会、创造精神文明和物质财富的巨大力量。秘书人员通过协调，使一个组织内的成员具有较强的凝聚力，以不凡的形象出现在广大公众面前。

任何管理工作，特别是现代管理工作，都需要有效的协调。协调，可以是矛盾双方或多方各自作出努力的协调，也可以是第三方或中间者介入的协调。这里讲的主要是秘书协助领导、上司对各项工作和人际关系的协调，属于后者。这种协调以秘书在双方或多方之间沟通、疏导、说服、磋商为主要方法。

秘书协调是指在其职责范围内，或在领导的授权下，调整和改善组织之间、工作之间、人际关系之间的关系，促使各项活动趋向同步化与和谐化，以实现共同目标的过程。

从协调的概念来看，协调工作应包含以下三层意思：

协调工作的三个内涵。

第一，协调必须是双方或多方的，一方无所谓协调。如一个人对某项活动作为事前事后产生不同的或者是相反的看法，这只是人的头脑思维过程，是人脑的自我调节。

第二，协调必须通过主客体之间的内力作用，必须是双方或多方发生关联。

第三，协调的目的是使双方或多方意见尽量达成统一。

由于秘书协调的政务事务工作又属于领导管理科学的范畴，因此，它又包含有管理科学的方法和艺术。可以说协调是公共关系和领导艺术相结合的具有独立特点的综合职能。

二、协调的基本要素

协调活动是一种复杂的管理过程，它由诸多相互联系，相互作用的要素构成，包括协调者、协调对象、协调意图、协调目标和协调环境。

(1) 协调者。协调者是协调的主体。这里指秘书部门或秘书人员，是协调是否有效及效果如何的关键因素，协调者的智力、能力、资力、经验都直接关系着协调的成功与否。

(2) 协调对象。协调对象是协调的客体。它不仅影响着协调的难度，而且规定着协调的办法。协调对象都在两个以上。一般说来，组织的层次越高，协调的范围越广，协调的对象越多。协调对象可以是某些单位、个人，也可以是某些工作、活动。

(3) 协调意图。协调意图是领导者对协调活动的指示、意见、要求、思路等，这是协调的依据。秘书人员的协调，就是要认真领会协调意图，并创造性地加以执行实施。

(4) 协调目标。协调目标是协调活动所要达到的目的与结果。协调作为一种有目的、有秩序的管理运动，必须要有明确、具体而又切实可行的目标。只有如此，协调活动才能获得导向与动力，促进协调的有效进行。

(5) 协调环境。协调环境是制约协调活动的各种内外部条件和背景。它既包括协调对象的组织气候等小环境，也包括协调赖以展开的社会、时代等大环境。协调务必要注意环境的变化，否则就会脱离实际，偏离方向，导致协调的失败。

三、影响协调工作的要素

影响协调工作的因素。

协调工作在现代社会中是普遍存在的。不论行政机关还是企事业单位，不论系统之间还是系统内部各组织部门、组织成员之间的关系都需要协调工作来维系。而协调工作作为秘书工作的重要手段之一，更是贯穿于秘书处理日常事务、办理文书、联络各方，以确保各项工作正常运行的各个环节之中。由此可见，协调工作作为系统组织内影响工作效率的基本手段受多方面要素影响。

（1）协调工作的实现取决于信息的沟通程度。协调工作就是运用各种协商、调节手段整合组织内部各要素，统一认识、解决矛盾，最终提高效率的必要工作手段。由于每一个组织系统都处于一定的外部环境之中，为了实现沟通与交流，它需要营造一个有利于自己生存、发展的最佳环境。这就必须主动处理好与各类组织系统、成员之间的关系，以求得系统内的整合。由此，信息的沟通程度就成为各组织系统内成员间互相沟通、协调的决定性因素。促使所有与自己有联系的社会组织系统、组织成员作为一个完整、和谐的网络来进行组织管理，以便确保系统中协调工作的顺利进行。

（2）协调人员的挑选工作是实现工作协调的关键因素。任何一个工作系统内部尽管分成若干组织部门，可是组织系统内部信息之间可谓你中有我，我中有你，相互之间有着不可分割的联系。秘书工作正处于这一系统的中枢位置。从各职能部门的横向关系看，秘书处于各组织部门中的中介位置；从系统内纵向组织关系看，秘书又是处于上级领导决策层与下级决策执行层的中介位置。因此，秘书在组织系统中的这种独特中枢位置，决定秘书工作的重要职能之一就是运用协调手段，理顺各种关系：其一，是协调上级组织，全面客观地处理问题。协调工作本是上级组织领导的重要职责，但是在具体操作层面上，上级组织领导又总是通过直接为其服务的秘书来平衡各组织、各成员之间或纵向或横向的利益关系。其二，是平衡下级各组织系统。督促组织系统内部顾全大局，相互间互惠互利，促使系统整体与部分、部分与部分、整体与环境、部分与要素之间上下左右和谐一致，促使整个组织系统正常运转，提高工作率，充分发挥整体的最大功效。

（3）协调工作方式、方法的选择是影响协调成败的重要因素。

在具体工作实践中，实现各种关系群体间利益矛盾的统一是协调工作的根本要求。由于各利益群体具体情况不同，对自身利益的理解和关注存在差异，往往呈现的矛盾和分歧的性质、焦点、程度也不尽一致。所以，秘书人员在进入协调各关系矛盾的工作程序中时，应遵循事态发展的客观规律。注意把调查和研究联系起来，结合具体问题对比各种协调手段的优劣，有针对性地选择协调方式、方法。

当然，若协调的方式、方法不恰当，秘书人员花费更多的时间和精力都解决不了实际问题，甚至还会产生极为错误的结果。适当的方式、方法达到最佳的预期协调效果。具体分为：个别协调、集体协调；私下协调、面对面协调、电话协调等。各方分歧较大，对立情绪严重，一般选择个别协调、私下协调方式；各方矛盾较小，态度明确，一般选择集体协调、面对面协调方式；协调者与被协调者距离较远，可选择电话协调方式。不论选择何种协调方式，都以是否促进协调的成功为衡量标准。而且，很多协调手段都是多种方式交替使用或结合运用的，这样才容易收到最佳效果。

此外，影响协调工作顺利展开的因素还包括：协调工作的目的和要求、对象和范围、时间和地点、步骤和进程、组织分工和注意事项及协调工作的手段和经费等。

四、协调的基本特征

秘书协调工作的基本特征。

秘书活动中的协调，不同于领导协调和职能部门的协调，具有以下几个基本特征：

(1) 从属性。从本质上说，协调应是领导者的职责范围，只是在领导的授权或授意之下，才由秘书人员依据领导意图展开辅助性的协调活动，而不可自行其是、甚至另搞一套。

秘书没有法定的人、财、物方面的职能管理权，不能以领导者的身份命令有关方面采取协调行动。在进行具有非权力支配性的协调工作时，要合理运用领导机关的权力惯性，准确传达领导意图。不要超越领导授权范围。

(2) 广泛性。从哲学角度讲，矛盾是普遍存在的，用以缓和或解决矛盾的协调也是普遍的。可以说，凡是有矛盾的地方就有协调。从现实来看，各级各类组织都有自己特定的目标、机构、人员、利益，乃至工作方法、工作习惯。而这些组织由于生存和发展的需要，又必须和其他组织交往、合作，或是交涉、竞争，其中重要的手段之一就是协调。组织内部之间为达到相互配合、保持平衡、统一行动，也离不开协调。因此，协调作为一种工作方法，作为一种管理职能，明显地具有广泛性。

(3) 目的性。协调既是一种手段，也是一种目的。这有两层含义：第一层意思是协调作为一种手段、一种方法、一种行为过程，必须有目的地进行。也就是说，在工作、社交和生活等活动中发生了问题、困难、障碍，需用协调去解决、去克服，而不是盲目地去协调，为协调而协调。盲目地、无谓地协调不但劳而无功，甚至可能弄巧成拙，节外生枝，制造、增加矛盾。第二层意思是协调本身就包含着目的性，是指达到一种和谐、统一的状态。

(4) 灵活性。秘书协调，既要以方向、政策为指导，不能违反国家的法律法规，但也不是死抠条文、一成不变。一成不变的原则和规定往往使协调不可能产生积极的结果，甚至越搞越僵。前文说过，大多数的协调是以一方让步或双方让步，即妥协为结果，这就要求协调者——秘书能灵活地掌握原则。以灵活的方式、灵活的态度、灵活的语言打动或说服对方，甚而包括自己的领导也能理解和接受自己的意见或方案。当然，这种打动或说服往往不是一两次就能轻易奏效的，需要秘书的智慧、机灵、韧性和耐心。

(5) 相对性。协调的相对性也有两层意思：第一层意思是就联系的广泛性而言，无论什么隔阂、矛盾、争执，都可以协调，但并非什么事都能依靠协调来解决。协调以外，还存在着行政手段、组织手段、经济手段，乃至法律手段。但是，协调常常是其他手段的前奏，通过协调至少可以摸清对象的状况、对象之间的矛盾焦点所在、对象的要求、对象所提的条件等，从而为用其他手段解决矛盾做好准备。所以说，协调即使不成功也并非没有意义、没有作用。第二层意思是：协调即使成功了，也可能只是局部的、暂时的。从理论上讲，矛盾的对立是绝对的，矛盾的统一是相对的。事实也往往如此，原有的矛盾解决了，又出现新矛盾；大矛盾解决了，还存在小矛盾，此起彼伏，永无休止。总而言之，秘书做协调工作，思想上要有多次协调、反复协调的准备，要有协调失败再用其他方法解决问题的准备。

五、协调的作用

秘书部门是为各级领导机关服务的，协调是领导活动的重要方面，因此，协调是领导工作的延伸，是秘书部门重要的职责，也是秘书人员的基本功。

协调是领导工作的延伸。

（1）协调是领导工作的延伸。协调的目的就是要使系统内的各部分有机结合在一起协同行动以达到整体的功效，这是系统论对“整体性”、“综合性”的要求，即实现整体大于部分之和的目的。作为领导机关，分工细、层次多、部门林立、工序复杂。在这种情况下，要使各个部门、各个环节、各个层次的工作很好地衔接、运转起来，真正收到“整体大于部分之和”的效果，加强协调与合作就显得特别重要。有些重点工作、难办的事情，只有领导亲自出面协调，才能得到及时、妥善的处理。但在日常工作中，领导不可能对每件事、每个环节都亲自处理，大量的协调工作要靠机关，特别是有些经常性协调工作的担子就压到秘书部门身上。越是高层机关，秘书部门的协调任务越重。秘书人员只有自觉站到协调的位置上，才能为领导分忧，为领导工作分流。

协调是秘书部门的重要职责。

（2）协调是秘书部门的重要职责。秘书部门的职责很多，既要当参谋、搞协调，又要搞文字、做好服务工作。但相比之下，协调的职能更重要、更基础一些。因为秘书部门是综合性办事机构，是机关观察领导的“窗口”，是领导机关的交汇点，也是贯通上下、联络左右的纽带。

从一定意义上讲，秘书部门就是协调部门。协调工作是否有序直接关系到领导工作的成效，关系到整个机关这部庞大机器的高效运转。如果说机关的有些文字材料可以更好地发挥业务部门作用，有些具体事务也可以委托别人去做的话，唯有日常性的协调工作任务任何人都代替不了。协调不及时不行，不到位不行，不周全也不行，稍有差错就可能给领导工作带来被动，有时甚至影响领导之间、领导与机关之间的默契，而且一旦出了问题，再努力也很难弥补，很难挽回。因此，秘书部门安排工作一定要把协调工作放在第一位，秘书人员时时事事首先要想到协调，各项工作都要围绕协调来展开。

（3）协调是秘书人员的基本素质和能力。综合部门最需要的是综合素质和综合协调能力。秘书部门的工作往往是承办会务、上传下达、收收发发、跑跑颠颠、不显山露水极其琐碎。琐碎的事务要搞好不容易。写作材料、抓好业务是一种能力，搞好协调、办好事务、做好实际工作同样是一种能力。要使一份重要的档或电报及时传达，要理顺上上下下的各种关系，要承办好具体活动等，这些工作都需要有宏观把握的能力，有同各种人打交道的能力，有展开实际工作的能力。这些素质能力，在有些业务部门是学不到的，同时又是领导和机关工作所不可缺少的。许多干得好的秘书被选拔到领导岗位，原因是多方面的，但一条重要的因素就是秘书职业特别是协调工作的实践，造就他们的综合能力素质，使他成长的路上多了一份实力。

协调是秘书人员的基本素质和能力。

(4) 协调工作是秘书工作的基本职能。在秘书工作中，计划、组织、指挥、协调以及控制，构成整个秘书工作系统的全部内容，其中协调工作又贯穿于整个计划、组织、指挥、控制工作的全过程，引导和制约着工作系统的整体，构成秘书工作的基础。

协调工作是秘书工作的基本职能。

首先，客观事务是不断发展变化的。秘书工作受各种因素的影响，也是不断发展变化的。为适应这种变化，各职能组织的工作计划也需要及时加以修改、调整，以便更好地指导工作实践。需要注意的是，由于工作计划的任何微小改动，都会对相关部分甚至全局工作产生影响，所以协调工作就尤为重要。

其次，秘书的日常工作内容涉及面广。它包括从接待、信访、办文、办会，到安排领导活动、后勤管理和生活服务等方面。有的涉及全局大事，有的是日常琐碎小事。很多事务工作涉及时间、地点、人事、活动、财经、食宿、车辆、报道、外事等方面的具体组织工作，所以，组织工作也是矛盾发生高频化的工作。可见，有章可循、有的放矢的协调工作正是各项事务有效整合的重要保证。

第三，秘书与所属上级领导都处于一定的社会位置之中，有一定的行为标准。作为上级，依据法律规章赋予的特定职责和权限进行工作；作为秘书，则以所属上级组织领导为中心，围绕上级领导实现工作目标。在这一系统内部，二者需各司其职，各守本分。但在具体的决策、表态中，秘书常有越位擅权之嫌。

为此，这就需要协调具体的工作内容，一般性问题在组织系统内部协调即可，比较重大且涉及面广的问题，需要系统内各组织、各成员间共同协商解决，突发性却又无章可循的重大问题，要请示解决，这样，就可以确保问题在较低层面上得到解决。

最后，协调工作实际上就是理顺人与人之间在工作中形成的种种关系。从这个意义上讲，工作系统内部需要协调的事情错综复杂，涉及面广。协调工作正是需要定期进行分析研究、有评估、做预案，并对各种关系的性质、特点、利益、交往频率、矛盾焦点等易出现的问题进行有效控制。保持系统内各司其职、拾遗补缺，又协同工作的工作环境。

协调工作是推动秘书工作向深度和广度发展的重要保障。

（5）协调工作是推动秘书工作向深度和广度发展的重要保障。现代秘书工作的重要任务是：辅助决策、督促查办、调查研究、提供信息、协调关系、处理文书、撰制公文、承办会务、接待来访、管理印章、安排日程、办理事务等工作。这些工作既有政务性的，又有事务性的。政务工作主要指向上级领导，服务于上级领导。事务工作是寓于政务之中的事务工作，所以辅助政务、管理事务是秘书工作的全部内容。但是事实上，相对于所属上级领导的决策和宏观管理工作而言，秘书的政务、事务工作都是辅助性的，即为领导办文、办事、办会。作为上级领导层与下级执行层的中介，起着上传下达、沟通左右、联系内外的中枢纽带的作用。正是这一特殊的位置使它既属于领导中枢，参与一些重大决策活动，同时它在这一工作系统中，又不居主导地位，只是担负辅助、助手的责任。因此，传统视野中将秘书工作简单化为“中转”、“收发”等单纯服务性工作的做法容易造成协调工作在秘书工作中的价值、作用和重要性被大大忽略和弱化。近年来，随着我国经济体制改革的不断深化，政务工作制度化、程序化，决策工作科学化、民主化的进程迅猛冲击着秘书工作的诸多闭塞的思维方式和工作方式，在辅助决策、管理工作中大量的协调工作摆在秘书人员面前。这种情况下，一方面，从中央到地方普遍重视秘书人才的高层次、高水平、专业性、科学性、系统性的培养。另一方面，协调工作又进一步促使秘书从业人员处理不断涌现的新问题、新情况，从而拓宽了视野，增加了阅历，推动秘书工作的纵深发展。

思考题

1. 什么是协调？

2. 谈谈你对秘书协调工作所包含的诸要素在现代秘书工作中的作用、价值的认识。

第二节　协调的范围与内容

在具体的工作实践中，现代秘书所涉及的各级各类协调工作范围广泛。根据协调对象的层次和内容划分，可将协调分为两大类：第一类是关系协调，第二类是工作协调。

一、关系协调

关系协调是指在处理人与人、人与系统组织、组织与组织的各种矛盾关系中所进行的协调。这类协调以人为对象，但落脚点却是工作。即通过建立良性的人际关系网络，争取相关人员对自己的工作支持、帮助。这里，秘书的协调工作在具体操作过程中都是与实际生活中的个人打交道，做关于人的工作。由此，秘书与周围人群关系的好坏，将直接影响秘书工作的效率。所以，在进行关系协调中，依据对象不同又可将关系协调划分为横向关系协调和纵向关系协调两类。

关系协调是指在处理人与人、人与系统组织、组织与组织的各种矛盾关系中所进行的协调。

（一）横向关系协调

横向关系协调是指秘书人员与本系统内各组织部门人员之间，秘书与上级组织领导之间及其与外系统人员之间的协调关系。其特点有直接性、频繁性、平等性等。横向关系协调能促进建立良好的工作关系；树立浓厚的协作精神；激发成员的工作热情；提高工作效率进而造就良性的工作环境。横向关系协调是复杂的、多层次的。在这一协调关系中，作为对象的每个个体的性格、思维方式、价值观念、成长经历、兴趣爱好、社会关系和利益关系都不一样，但是他们的人格是平等的。据此论，秘书人员在处理这类关系时重要的是要做到：平等待人，尊重对方即可。就横向关系协调所涉关系而论，主要包括：

1. 本系统与外系统之间关系的协调

横向关系协调的三种情况。

社会是相互依存、相互制约发展而来的。按照系统论观点，一个系统总应当存系于一个更大的系统之中。在这当中，它和其他系统之间发生各种相互间的密切联系。绝对封闭的系统是不存在的，尤其在经济、政治体制改革不断深化的当今社会，这种横向协调就更加重要。基于此，本系统与友邻的外系统的协调主要运用公共关系原理，其关系宗旨是："内求团结，外求发展"。其原则是平等互利，取长补短，共同发展。

2. 系统内部关系的协调

系统内部关系的协调包含着两个涵义：一是指本部门组织本身的工作关系协调。二是系统内部各组织部门之间的各种关系的协调。在本部门组织内部若能做到明确分工，相互配合，就可充分调动每个组织成员的积极性，维持组织系统的高效力运转。同样，一个大系统内，只有各个部门组织之间关系协调，相互之间工作关系、工作程序和谐、完善，并能够紧紧围绕本系统的中心任务和总体目标努力，才能获得高工作效率和最佳的社会效益。据此，系统内部关系的协调是横向关系协调工作的重点。正因为这样，一项工作的完成，不是一个部门独自承担，而是多个部门组织之间分工协作共同完成的结果。这里，作为秘书，应当以全局整体利益为前提，分析问题，协调矛盾，努力促使各矛盾方达成谅解，维系整个系统良性运转。

3. 领导关系之间的协调

秘书既要服务于领导人，又要服务于整个领导系统。作为上级领导的直接工作辅助人员，秘书必须把维护上级领导层的和谐工作关系作为自己思想行动的前提条件。

然而，工作系统内部各领导成员之间由于自身认识的差异以及所涉工作领域的局限，导致领导系统中间经常面对同一问题得出不同甚至完全相反的意见和看法。这时，秘书人员要在自己的职权范围内主动向上级领导组织客观、全面、系统地反映情况、沟通意见。在协调关系矛盾中，面对不同的意见、看法，要努力做到求同存异，缩小差异，促使问题的解决和各项工作的顺利展开。这里，协调工作可以分为以下几个方面：①在上级领导层决策和实施决策过程中进行协调。②政策制定和所遇具体执行情况之间关系的协调。③各种经济利益群体关系的协调。④社会矛盾和社会问题的协调。⑤日常工作事务的协调等。同时，在具体协调工作的实际操作中，还应注意协调方式的差异性，要因势利导、见机行事。针对上级领导层中隐性的分歧、矛盾，协调工作要含蓄隐性。而且协调工作要善于将问题、矛盾化解在萌芽之前。

（二）纵向关系的协调

纵向关系的协调是指在系统内部妥善协调处理上下级之间的关系；自身与上级领导之间的关系；自身与下级所属成员之间的关系。它主要分为三个层次：

纵向关系协调的三种情况。

1. 上下关系的协调

上下关系就是系统内的纵向关系。即系统内的上级领导管理层与下级所属业务层之间的关系。上下关系的协调就是实现管理层与所属业务层之间信息的双向传递和沟通，达到上下协调一致。就方式而言，一方面，上对下的关系协调主要是上级对下级通过开会，发放档等形式，整合下级所属成员的思想、行动，实现系统内部协调一致，完成共同的目标和任务。另一方面，下对上的关系协调则主要是通过下级成员以请求、汇报等形式，把系统内的工作现状、出现的问题、发展趋势、尚需解决的问题等向上级组织领导反映。但是，在具体操作实践中，受环境、人员、物资以及其他因素的影响，如果双方之间存在意见分歧，务必需要畅通下级业务层能够对上级组织领导层澄清自己的意见、想法的道路。然而，这一工作过程须在系统内所属组织部门的权限范围和工作程序之下进行。一般是先向直接上级，再向更高一级上级领导逐级请示、汇报。如果仍不能协调分歧，则要做到下级服从上级，实现系统内的有效统一，提高团队工作效率。

2. 协调与上级领导的关系

秘书与其上级领导的关系，是一种分工不同的服从与被服从的关系。作为为上级领导层服务，辅助上级领导完成工作任务的秘书人员不仅成天处理文书、撰制文稿、管理会务、调查研究、收集信息、督促检查、负责接待，更在上级领导决策前、决策中和决策后提供多方面的服务。甚至受上级领导委派代其参加会议，传达指令、协调关系、办理事务。但是，就权力归属、工作任务、工作位置而言，领导是整个组织系统内实施管理决策行为的主体，是首长，是上级，是权力的执行者。秘书则是服务于领导的参谋、助手、下级，是具体工作的承担者。因此，这种关系呈现的是主辅关系，是服务对象与服务者的关系。作为上级领导者，他的职责主要是统揽全局，抓战略性、全局性的重大问题。在面对具体工作实践，大量繁杂琐碎的事务性工作时，他需要能够为其办文、办事、办会、办信的参谋、助手、秘书为其服务。这样，两者之间又呈现出一种互补性的关系。把握分寸，处理好“决策者”与“辅助决策者”的这一层关系是秘书处理问题的关键。具体表现为：在组织关系上坚决执行领导指示，服从领导指挥；在具体事务上实行信息、智力、事务辅助服务。

3. 协调与下级组织成员的关系

协调系统内与下级组织成员的关系，目的是增强下属成员的向心力、凝聚力和归属感，有助于提高整个系统的整体工作效率。

秘书人员在协调与所属下级组织成员的关系中，应当梳理清楚：从秘书所处的特殊位置看，二者是一种上下级关系；从职能上看，是服务者与服务对象的关系。所以服务基层，是秘书工作的另一项基本职能。分析原因，这是由于下级组织成员对上级组织领导的了解，大多是通过与该组织系统内部秘书人员的交流开始的。综上所述，秘书与下级所属成员良好的关系，有利于塑造上级组织领导层与整个组织系统的形象，从而推动全局工作的顺利展开。为此，要求秘书在处理这类关系时应当充分考虑：①调查研究，及时发现问题及时汇报，并尽快协调解决；②辅助草拟方案时要充分考虑，并努力避免因政策疏漏造成的矛盾纠纷；③新政策出台后，要加强宣传工作，统一系统内部下属成员的思想认识；④面对矛盾难以解决，应尽快请示领导，协助领导作好思想工作，让下级组织所属成员了解本系统内部全体成员根本利益的一致性，缓解矛盾，并采取适当、必要的措施，创造条件解决矛盾。

二、工作协调

工作协调，即以协调系统内部的业务工作活动为内容的协调。由于工作协调的内容不同，将其划分为四大不同内容层次。

> 政策、法规协调是指在制订和贯彻政策、法规过程中的协调工作。

（一）政策、法规协调

政策、法规协调是指在制订和贯彻政策、法规过程中的协调工作。可以说，政策、法规是指导工作实践，指挥组织系统内部所属成员统一思想、协调行动的准则。因此，对政策、法规制订和贯彻的过程实际上就是一个不断地通过协调统一认识、统一行动的过程。

在这一过程中，涉及：

(1) 具体政策、法规和基本政策、法规的关系协调；

(2) 现行政策、法规和原有政策、法规关系的协调；

(3) 现行政策、法规和现行法律关系的协调；

(4) 已颁布执行的政策、法规和具体工作实践情况以及人们的认识能力的关系协调；

(5) 政策、法规制定机构与政策、法规执行机构关系的协调等诸多关系矛盾。

如果考虑上述情况，在政策、法规制定过程中，就必须做到：

(1) 协助领导草拟审核档过程中,须就一些具体政策进行协调。

(2) 明确各相关部门组织之间的责、权、利关系，使各方意见协调一致。

(3) 促使政策、法规的实施具有可行性和普遍指导意义。从而促进政策、法规切实、有效的贯彻执行。

(二) 工作计划协调

工作计划协调作为一般性的协调工作，是指各个工作系统、组织部门根据本系统的总体工作目标、战略规划而制订的工作计划安排。

> 工作计划协调是一般性协调，应有六种因素考虑周到。

据此，在制订工作计划时，须考虑：

(1) 短期计划目标与本系统长远规划的一致性。

(2) 在国家方针许可范围内的工作计划。

(3) 工作计划制订、执行中所遇到的外部环境，现实条件影响等。但是，在具体操作层面上，每一个工作计划的制订往往是从自身的利益角度出发，对自身的生产、流通、分配、消费当中所涉及的财政、金融、税收、物价、产权、责权等方面提出过高要求，进而产生各种矛盾、冲突。

进行此类协调时，要注意：

(1) 协调总体工作计划与部门组织工作计划的关系。

(2) 计划送审前，征求各相关部门组织的意见并进行必要协调，确保各项计划的具体执行者之间工作能够相互衔接，步调一致。

（3）工作计划实施过程中如遇变故，先进行调查研究，再协调各方关系，以便寻求解决方法。

（三）会务工作协调

会务各项工作的协调。

许多重大活动，诸如新闻发布会、工作谈判、洽谈、节日庆典活动等，往往需要秘书居中协调，筹划安排，落实每一环节。为此，首先，协调会议时间、地点、出席人员、列席人员、食宿条件等工作事项。其次，协调会议的后勤保障工作。诸如工作人员安置、经费、住宿、用餐、用车、保健、保密、保卫等工作。第三，协调会议议题的确定、讨论、报告等工作事项。第四，协调会议纲要。最后，督促并协调会议决议诸事项的落实工作。

（四）关于日常事务协调工作

日常事务性工作协调。

各部门组织日常事务协调工作，涉及面广、发生频率高，有的是涉及全局的大事，有的则是日常琐碎小事。它包括从接待工作、信访工作、办文、办会工作到安排经理活动、后勤管理、生活服务等方方面面。其中，许多事务甚至需要具体到时间、地点、活动内容、参加人员、食宿、车辆、报道等各种复杂状况。另外，很多工作内容涉及组织、人事、财经、工资、外事等方面的具体政策，所以，须经秘书统一协调。

（五）公文协调工作

公文协调工作是秘书的一项日常性、基础性的重要工作。它是通过一系列相关处理程序完成的。

具体包括：

（1）协调由谁执笔起草公文。

（2）协调核稿过程中发稿人、发稿方式、规格、时限等工作。

（3）协调公文定稿后的印刷、派送等制发工作。

（4）协调公文的传达、阅览、清理、归档等管理工作。

思考题

1. 现代秘书应如何协调与上级组织领导的关系？

2. 秘书的协调在日常事务中牵涉到哪些具体工作？

第三节　协调的原则与方法

秘书在进行协调的时候，要适当地掌握协调的原则和方法。我们平时无论在学习还是生活中做事情如果想取得事半功倍的效果，就要掌握做事情的原则和方法。秘书人员必须对协调的各种方法学会灵活运用。

一、协调的基本原则

在协调工作中，需要把握协调的时机，这就需要秘书人员能敏锐地捕捉信息。要有观察问题、发现问题、善于发现偶然线索的能力。在实际工作中，由于各自所处的位置不同，看问题的角度也不一样，但是，秘书人员必须服从全局观念。秘书人员在协调中如果不讲大局，就失去了协调的依据和方向。在实际工作中，许多企、事业单位往往容易站在自身的立场上，维护本部门、本单位的利益。因此，秘书在代表领导做协调沟通的工作时，要积极引导各职能部门在工作目标、思想观念和实际步骤上达成共识，把本部门的利益、工作目标与全局的利益、目标结合起来，各部门之间相互协调和适应，不搞自我封闭，摒弃自私狭隘心理，为全局的工作通盘考虑。

把握协调的时机。

1. 从属原则

从属原则是指秘书工作部门在协调工作中始终要把自己的角色定位在从属位置上。秘书的职位与工作性质决定了你是专为上司当参谋，做服务的，因此，协调工作主要是秘书协助上司做好协调工作。这个角色就是从属角色，既要主动，又不越权；既要负责，又不专权。所谓主动，即充分发挥主观能动性，在领导确定协调事项后，不等不靠，在职权范围内积极主动地做好工作；协调后主动搞好督促检查，及时向领导回馈落实情况。所谓不越权，就是要严格按照领导意图去办事，对于自己把握不准的问题要多汇报，多请示，务必事先争得领导同意，不要随便更改领导协调意见；不要对重大问题随意表态，贯彻落实中遇到新情况，不可自作主张、擅自决定。

秘书协调工作的从属原则。

2. 依法原则

依法原则是说协调过程中必须坚持原则，严格依照法律法规

秘书协调工作中的依法原则。

及政策规章处理问题。协调是一个消除分歧、化解矛盾、理顺关系、统一步调的过程，而不是无原则地搞调和。一切按规矩办事，而不是个人意志，这一点，秘书尤其要帮助上司认识并做到。因为只有上司认可，秘书的协调才有效。依法原则要求在进行协调时，要用合不合法、符合不符合政策来作为判断是非、处理问题的依据；要从全局着眼，从长远利益出发，正确处理好国家、集体、个人三者的关系；要以法律法规和政策为先导，把大家的意见统一到法令和政策上来，用政策法令去疏导、说明和教育当事者，避免个人意志代替法律政策。

秘书协调工作中的调查研究原则。

3. 调查研究原则

调查研究原则是协调的基础。任何问题的发生都应用实事求是的态度进行分析，然后提出协调意见，这样才有针对性和实效性及公正性。秘书工作部门在进行协调工作之前，必须认真调查研究，掌握情况，搞清矛盾的焦点及其来龙去脉，对各方面提出的意见、陈述的理由，都要本着实事求是的态度进行分析，然后才能提出协调意见，作出协调决定。

4. 平等协调的原则

秘书协调工作中的平等原则。

平等协调就是协商调解，是指秘书工作部门在协调中要平等待人，始终以平等协商的态度进行对话。沟通交流、耐心解释、平等协商、相互尊重。秘书工作部门作为综合部门介入协调工作，它与其他协调对象的关系并不是领导和被领导的关系，同时，还要树立“服务对象第一”意识，即使有意见分歧难以迅速求得一致，也应该耐心解释、缓和冲突，帮助做好思想工作，努力调动协调对象的积极性，形成自觉配合、相互尊重、平等协作的气氛。

5. 分级负责原则

秘书协调工作中的分级负责原则。

分级负责原则是指秘书在协调时，要注意分层次。应分清职责权限，依照职权范围，分级做好协调，尽量避免把矛盾上交到上司那儿去，尽量把各部门的矛盾在他们各自负责的范围内通过协调予以解决，而不是什么事都要向上司汇报。当然，对于确实重要的问题不能擅自做主，应该由上司出面解决的问题，秘书要及时地、实事求是地向上司汇报，提供有关材料，并提供一些参考意见。

二、协调的步骤

秘书的协调工作有两种情况，一种是“计划性协调”，就是由领导指派或授意的协调；另一种是由秘书自己决定应予协调的，即“随机性协调”，人际关系协调大多属于此类。人际关系协调只能由秘书凭经验和诚意进行，计划性协调则有一定的步骤。

秘书计划性协调的步骤。

（一）准备阶段

1. 受托

受托是指秘书按照上级领导的授意、授权或受有关部门组织的委托进行协调任务的准备工作。这里，受托是确定是否进行协调工作的开端和依据。受托成功必须具备五大条件。①上级领导明确授权；②是部门组织请示、要求的；③属于秘书工作职责权限范围之内的；④相关职能部门无力进行的协调；⑤突发事件的协调。

2. 审理核查

审理核查工作就是指对已决定受托的协调任务做深入细致的调查、核实、分析和研究工作。摸清弄准事情的来龙去脉以及对在各种情况下可能发生的所有问题进行评估、预测。这需要做到：

（1）收集相关信息。把与该目标矛盾相关联的有关历史、现实、背景、过程、症结、组织系统内上下左右的情况收集齐备。

（2）深入进行实地调查研究，这是日后协调工作的基础。

（3）对调查研究所获得的信息进行分析研究，寻找有效协调的突破口。

3. 拟订计划、确立方案

第三步是对情况进行分析，找出问题的关键在哪里，矛盾的焦点在哪里。也就是通常所说的，在众多矛盾中间必有一对是主要矛盾；在一对矛盾中间必有一个是矛盾的主要方面。

找出症结之后，秘书便应提出针对性的解决方案。解决矛盾无非是三种方法：第一是某一方让步，比如错误让步于正确，局部让步于全局，陈旧让步于新生事物等；第二是双方让步，达成妥协；第三是双方都得到满足，如把矛盾转移，或者双方都作努力并有突破，在新的基础上达到新的平衡、新的合作。秘书的方案可以不限定一个，尽量提出两三个，即所谓“上策、中策、下策”。方案应先报领导审议批准，然后再向协调对象摊开。

4. 确定参与人选

协调工作是围绕人与人的相互利益关系展开的。人的主观意见和想法在协调工作中居于决定性的中心地位。所以，根据协调任务的内容和协调对象的高低层次，选择协调人选将是直接影响协调工作成败的关键因素。

（二）展开阶段

这是协调工作的关键阶段。这一阶段中，秘书将拟订的协调方案、工作计划，尤其是将针对目标对象的拟办意见与各相关被协调的组织部门进行沟通、协商，取得各方能够一致接受的处理结果。

这一过程中，要注意以下几点：

（1）协调时机要适宜。在协调组织部门内各方矛盾的过程中，要善于发现偶然线索，及时抓住协调时机。并对各种有利信息做出反应，从而抓住战机，当机立断，以便收到好的战果。

（2）协调工作地点选择要适合。协调人员应当根据协调对象中不同的利益关系所关注的具体协商内容的差异情况，选择各方面都能够接受的地点作为协调工作的最佳外部环境。如果协调各方对地点的选择存在分歧，必然影响利益关系各方的进一步接触，甚至破坏协调工作的顺利展开。由此可见，审慎选择外部环境对协调工作是相当重要的。

（3）协调方式选择要适当。对协调方式的选择一般要考虑协调对象各方矛盾的尖锐程度；协调工作所涉内容的范围；协调人员同协调对象距离远近等因素。

（三）落实阶段

这一阶段的主要任务就是监督和检查协调对象的执行情况，督促协调结果的落实执行，并保证协调工作真实有效。这需要做到以下几点：

（1）秘书人员要明确这一阶段的权力和职责；充分了解协调工作中各利益方的协调目标、任务、要求、措施、时限的进展情况；掌握工作实施过程中的思想动态、认识程度、困惑、困难、成绩以及工作效果、最终落实情况；监督和催促协调对象按时按质展开和完成在协调统一认识和行动之后的目标任务工作。

（2）要经常督促查问协调工作的具体落实情况和问题的处理

进度、工作中所遇困难和问题等。协调人员要深入现场了解情况，督促各利益矛盾方定期以书面形式报告工作进展情况。催办协调结果，及时向上级领导汇报，并将上级领导的答复及时转发等工作。

(3) 要注意督促控制协调对象各方，发现问题及时汇报，并结合当时实际情况采取相应措施，以保证上级领导的协调决策意见的系统落实。最后对督促检查中发现的新矛盾、分歧和对立继续加以协调，直至上级领导协调决策和处理意见完全落实为止。

(四) 总结阶段

协调工作结束后，要对协调过程进行全面评价，总结经验教训，摸索协调工作的基本规律，以便协调工作逐步实现系统化、程序化、规范化和科学化。

(1) 建立绩效评估机制。协调工作落实之后，秘书人员要对此次协调作出实事求是的评估。评估的主要内容有协调的方法、协调的质量以及协调人员的工作状态。一方面，评价达到协调目标的方式、方法是否适当。恰当的协调方法能够促使协调工作事半功倍，效果显著。另一方面，评估中，衡量协调质量的标准和尺度，主要是在与预期工作目标的对比中得到的。如果协调质量达到或超过了协调工作的预期目标，则表明秘书的协调工作成绩突出。如果没有达到预期目标，则要寻找原因，总结教训。同时，估量协调的工作状态，主要是指衡量协调人员在协调工作中的表现以及对表现好和差的方面的原因进行分析总结。

(2) 建立完善信息回馈工作机制。回馈工作机制的建立能够帮助秘书对协调工作的最终执行情况得出客观与真实的评估与结论。从而帮助上级领导决策者掌握协调工作的第一手材料，实现系统内的有效管理和控制。就这一点而言，信息回馈工作对材料信息的要求程度极高。内容要求务必真实、客观、准确、及时。所以要严把信息关，在信息的收集、筛选、整理、利用过程中要做到认真阅读和审查，防止弄虚作假，保证工作质量。

(3) 完成立卷归档工作。秘书人员在协调工作结束后，按时间顺序将协调过程中形成的书面材料、报告立卷归档，妥善保管。这一过程中，凡对现实工作有普遍指导作用的，可以制发简报或形成专题加以宣传和推广。从而提高协调工作的综合能力和功效，促进秘书工作走向现代化的发展道路。

秘书协调工作中的基本技巧和一般技巧。

三、秘书协调的技巧

秘书协调的技巧包括基本技巧和一般技巧两种。

（一）基本技巧

鉴于协调工作的纷繁复杂性，协调工作的方法也是多种多样的。归纳而言，可分为以下几种：

1. 制度协调

系统内各组织部门内的利益矛盾、分歧的出现，从根本上可以说是由于本系统的法律法规、规章制度的不健全而导致各部门组织之间职责分工无法可依，各自为战、各守一方，造成系统内部的混乱。为从根本上解决矛盾，必须一切从实际出发，建立、健全合理、完善的规章制度。

（1）对不合时宜的规章制度，应根据已往发生变化的客观情况、实际状况进行调整、修正。

（2）面对工作中出现的新情况、新问题，要及时收集、整理相关信息，建立适合本系统组织工作特点的规章制度。

（3）针对系统内部突发性、偶然性事件，秘书人员应当协同各组织部门求同存异、共同协商，制定出一整套应付此类事务的行之有效的规章制度，以避免意外事件发生时，在明确责任归属问题上无章可循，推诿摩擦。

2. 信息协调

信息工作是系统内上级组织领导决策的基础和依据；是领导进行目标管理工作的前提条件；是帮助领导实现沟通各方面利益关系的纽带。许多矛盾的产生都是由于信息工作的不畅通所致。因此，信息协调工作要求秘书人员未雨绸缪，针对可能出现的任何情况，充分评估、准确预测，及时向上级领导提供信息服务，辅助上级领导层进行协调工作决策。其次，信息协调工作要求秘书及时把有关的政策法规、制度规章、工作目标、计划决定、领导意图等分别与各利益方通报、沟通，促使各利益方对本系统的目标、任务做到心中有数。当然，信息协调工作的价值实现依赖于利益群体各方主观上的相互理解、相互协调。只有这样，才能消除隔阂，实现组织系统内部良性合作。

3. 文件协调

文件协调就是以文字的形式明确各组织部门的职责、权力和义务；彼此在工作系统内部的地位、作用以及组织系统的总体目标、阶段、计划等。只有这样，才能实现规范利益各方的行为、监督利益各方照章办事，实现各组织部门统一认识，协调部门行动。

在档协调工作中，档拟定工作是根据国家的政策、法规、经济形势及结合本系统的具体情况等进行综合评估后的科学行为。它的内容涉及广泛，包括工作日志、工作概况、计划任务、目标规划到组织决议、纪律规章、职能权限等。

此外，需要明确的是档协调工作有时带有强制性、权威性的特点。而且工作所涉及的部门组织较多。如果不经过与相关组织部门沟通协商单独发文，容易引起部门不满，造成工作失误。因此要严把发文关，档发放工作要建立在部门组织间相互协商讨论、达成共识、共同拟订的基础上。

档协调工作有时带有强制性、权威性的特点。

4. 会议协调

会议协调工作的采用是在各种利益关系所展开的矛盾涉及面较广、情况复杂，同时各自坚持己见无法共容的情况下采用的方法。这种情况下，秘书往往协助上级领导就问题的焦点、分歧和矛盾召开专门性的会议，让利益各方集中时间就问题畅谈意见、交流看法。目的是消除较大分歧，求同存异、达成共识。会议协调工作的选用一般具有强约束性、矛盾公开性、意图明确性等特点。各利益群体必须在固定的时间、空间范围内就特定的问题、分歧展开话题，进行矛盾的协商解决。无论各利益方愿意与否，都必须开诚布公地就问题谈问题，目的是要消除彼此的隔阂，实现思想、行动上的协调一致。

5. 组织协调

组织协调一般针对工作中遇到的重大问题，尤其涉及各组织部门间的利益划分、职权规划等难度较大的问题时专门单独建立的沟通协调小组，借以实现工作协调任务。通常内容包括人事、财政、劳动、民政等方面的具体利益问题。这种专门性的协调组织不仅避免了部门组织间不必要的摩擦，而且具有主动性高、针对性强、效率性高的优点。

6. 个别协调

有些矛盾在涉及面小，矛盾不太复杂，协调对象比较单一，而且多属思想情绪问题的情况下，多采用这种直接面谈以疏导矛盾的方法。通过与协调对象私下谈心的方法更容易做到在对方陈述事情原委过程中表明己方基本立场、消除分歧、统一认识。较之以其他方法，个别协调方法更容易彼此沟通，达成一致，积极配合上级组织部门的行动。

此外，在具体问题发生、发展的过程中，由于矛盾、分歧本身不是固定不变的，具有很强的不确定性。因此，根据实际情况，相机行事，采用不同的方法灵活处理能考验秘书人员协调工作的能力。

根据实际情况，相机行事，采用不同的方法灵活处理能考验秘书人员协调工作的能力。

（二）一般技巧

1. 信息沟通法

秘书对协调对象应作尽可能多的全面了解，掌握充足的信息数据。当双方之间隔阂较深、不愿面对面接触时，秘书应充当中间人，分别向双方介绍对方的情况，努力促进双方之间的了解，消除隔阂、消除敌意，由了解、理解进而产生直接接触、交流、会谈的愿望。

2. 宣传教育法

秘书应掌握与协调对象、协调问题相关的政策、方针、法律、法规，以平等的态度、诚挚的语气、委婉、谦和的方式分别或同时间对协调对象作讲解、宣传，以提高双方的认识并改变态度，达到在大方向、大原则下的逐渐接近，能统一到大目标中来。

3. 中介法

如果对象双方矛盾较深，秘书对双方都不熟悉，对方又对秘书采取拒之门外或敷衍的态度，秘书应寻找与双方都能沟通的第三方的帮助，请第三方出面、介绍、引见、打开进一步协调的大门。

4. 求同存异法

秘书在听取、了解双方的意见、要求时，应尽可能发现或寻找双方的共同点或接近点，这一点常常是打开僵局的关键。有了共同点或接近点，就有了共同的语言，有了讨论的基础。秘书应引导、劝说双方重视并珍惜共同点将其作为突破口，争取可能达成的初步协议。其他不同意见可以各自保留，不必企求一下子都解决，留待以后时机、条件成熟时再进一步协商。

5. 冷处理法

当对象双方矛盾较深，当事人又感情用事、闹意气时，秘书不要急于求成，可让双方中止会谈，各自冷静下来进行反思，让时间去催化彼此的成熟。秘书则可从其他方面多做些积极、促进的工作，以求瓜熟蒂落，水到渠成。

心理学告诉我们，人的心理是感情和理智的综合，当人的情绪爆发时，往往会失去理智，出现心理失调。这时，秘书人员应沉着耐心冷静处理，待双方情绪稳定、恢复心理平衡后，再出面协调，晓以利害，创造种种条件与机会，最终达到协调之目的。

6. 避虚就实法

当双方为了一些名义、提法或礼节等并非实质性的问题而争执不下时，秘书应引导或劝说双方避虚就实、增强理性、注意务实，以彼此的实际利益、根本利益和长远利益为重，多讨论和解决实际问题。

7. 先易后难法

当对象之间矛盾多而复杂时，秘书不应企求马上解决或完全解决问题，而应分析矛盾的层次、轻重、缓急，分析各种有利及不利的条件，尽可能采取先易后难的解决办法。先解决一两个容易解决的问题，使双方心理上产生解决全部问题的信心。

8. 步步为营法

秘书协调、解决困难复杂的问题，应采取“稳扎稳打、步步为营”的策略，既不要企求全线出击、大获全胜，也不要幻想长驱直入、直捣黄龙。在先易后难的基础上，应步步为营，即解决一个问题，就落实一个，巩固一个。前一个巩固下来，再谋求解决下一个。这样耐心地、扎实地去一个一个解决，一步一步前进，直到最后的完全胜利。

9. 场景变换法

在组织对象各方接触、交谈、讨论、会商的过程中，秘书还应注意场景的变换。因为场景常常对人的心理、态度产生影响，比如会商，开始时可在秘书所在单位召开，以表示秘书的公正和中间人的立场。以后可轮流在双方单位召开，每一方做东道主时，自然会表现出待客的礼仪和尊重。讨论可以在会议室，显得正式、隆重，但也会令人感到拘束。如果换一个场景，在会客厅，在餐厅或文娱场所，就会有亲切、轻松之感。当然，场景的变换应与会谈的内容、气氛相适应。

10. 交谈法

在协调的开始、进行或完成的各阶段中，秘书还可提议或组织一些交谊活动，如到双方单位参观、聚餐、一起郊游、共同观看文艺演出、领导人之间家庭互访等。这些活动有利于彼此多接触，多了解，有利于促进友谊、培养感情、建立信任，最终达到化敌为友、冰释前嫌、团结一致、和谐合作的理想境界。

四、秘书协调工作艺术

作为领导机关，组织结构复杂，分工细密，各部门既相互联系，又相互独立，经常存在各种矛盾，需要秘书部门以有效的协调来维系领导机关的和谐和有效运转。

秘书部门的协调，主要是综合性的、日常性的协调，头绪多、协调量大、随机性强，既好做又难做。说“好做”，是因为只要熟悉情况，掌握了基本套路，加上诚心和用心，协调工作就好做；说“难做”，是因为协调工作涵盖面广，遇到的矛盾多，解决起来难度大，上下要求高。所以，协调工作之难，不是难在办不完的事，而是难在动不完的脑、扯不完的皮，难在如何领会领导的“模糊意图”。秘书要搞好协调，应着重掌握好协调艺术。

（一）把握全局的艺术

是否了解和把握全局，对能否搞好协调至关重要。

是否了解和把握全局，对能否搞好协调至关重要。把握了全局，才能掂量出每件事情的分量；想到了全局，才能与领导思考问题的方向保持一致；协调能力的提高，与大局观的确立是同步的。要做到胸有全局，就要善于捕捉关系全局的重要信息，像中央的重要决策、上级首长的重要指示、单位工作的重要情况、社会的重要动态等。对这些问题，都要用心了解掌握，做到心中有数，把自己协调的每件事情放到全局的高度去审视。这样，协调工作的立足点就高了，想问题也就会更深刻、更全面。

顾全大局最重要的就是要自觉维护大局、自觉服从大局、真正从大局出发，把增进领导之间的团结、领导与机关之间的团结、机关各部门之间的团结，作为协调的出发点和落脚点。

（二）维护团结的艺术

秘书除了把握好全局，还要把维护首长之间的团结、首长与机关之间的团结、机关各部门之间的团结，作为协调工作的出发点和落脚点。尤其是维护首长之间的团结更是重中之重。首长之间团结，更加有利于秘书人员的工作，因此，任何时候、任何情况下秘书都要把维护这种团结放到十分重要的位置。首长之间不可能在每件事上的意见都很一致，这是正常现象。秘书的职责是发现共同点、缩小分歧点，多做些穿针引线的工作，促成首长意见统一。特别在听到某些敏感问题的议论时，要学会管好嘴巴，不能来回传话。首长有不同的分工、不同的资历、不同的工作经历，但在秘书眼里，他们都是首长，都需要尊重，都要一视同仁，不能搞亲疏远近、厚此薄彼。首长们都有自己的性格，都有自己的喜怒哀乐，在首长身边工作，既要经得起表扬，也要经得起批评。要把批评当作信任、当作关心、当作动力。还要十分重视密切首长与机关的关系，经常为机关做一些“减压、加温、顺气”的工作，把机关的积极性保护好、发挥好。维护团结，很重要的是坚持办事为公，自觉做到“为公去协调、协调要为公”，不能存有私心，不能有所偏颇，不能单纯为本部门的利益去协调，更不能为个人得到点什么去协调。特别在反映情况时，要客观公正，不能带个人成见，不能掺杂个人的东西。真诚和公道正派，对秘书人员来说比什么都重要。

维护首长之间的团结、首长与机关之间的团结、机关各部门之间的团结，作为协调工作的出发点和落脚点。

（三）落实意图的艺术

秘书部门处于中心位置但不成其为中心，经常与权力打交道但没有权力，具有协调职责但没有发号施令之权。实质上，秘书部门的协调是一种非权力性的“软”协调，是一种说服式、商榷式的协调。这就要求秘书，在工作协调中要谦虚、摆正位置、掂身量言，不要动不动就搬出首长去压人。要学会商量、学会处事，慎用指令性语言，即使是传达上级指示，转达领导意见，也要注意态度，做充分的说明，更不能太硬。有些好办的事情要商量，可办可不办或需要变通的事情更要商量。比如，组织工作组下地方，各个部门的人手都比较紧张，抽调人员是很难的，协调时以硬碰硬不行，要讲明领导的意图，请有关部门尽量解决。再比如，当协调交办难度大的事情时，尽管领导有交代，也不能强压给机关，要同有关同志一起研究出变通的意见，尔后再向首长汇报。这样既可以维护首长的权威，又能把事情办好，收到领导满意、

秘书部门的协调是一种非权力性的“软”协调，是一种说服式、商榷式的协调。

机关满意的效果。

商量办事还要注意讲究协调的语言艺术。

商量办事还要注意讲究协调的语言艺术。“言不顺则事不成”，语言得体则会收到事半功倍的效果。协调中的语言总的要求是不能太急、太冲，口气不能太大、太硬。特别是同机关领导打交道，要言必称“请示”、“汇报”。

（四）主动配合的艺术

协调中的最佳结合，应该是负主要责任的同志“以我为主”，相关人员主动配合，两者的位置颠倒了不行，双方的积极性缺一方也不行，必须有两个积极性、两个主动性。

秘书要找准自己在工作协调中的具体位置。

要做到这一条，首要的是明确哪些事情应该以我为主，哪些事情应该主动配合。换句话说，就是要找准自己在工作协调中的具体位置。一般来说，这要根据领导的分工、秘书的职责和领导安排来确定。各项业务工作的协调，则按照谁分管谁负责的精神办理。作为秘书，要有一种主动精神，该站的位置站上去，该为主的时候要主动担当起来，该做的工作要做到位、做到底。有关同志也要有一种主动配合的精神，需要了解而又不够明确的事情要主动问一问，应该做的工作没有做到家时要主动补课。多用心、多动脑，对搞好协调来说是一条永远不会贬值的黄金准则。要用心想事、用心揽事、用心干事，有事想在前。陈云同志曾经讲过一句话，各级机关都要有几个善于“踱方步”的人。就是说，要站到一定的层次上更加全面、更加周密地思考问题。工作协调中“踱方步”的人多了，主动想问题的人多了，善于给别人提醒的人多了，就可以最大限度地减少协调的空白点，减少协调工作的失误。

（五）审时度势的艺术

当秘书要学的第一件事是培养时间观念，协调中的许多问题往往就出在“时间”两个字上。

一位董事长要求他的秘书某日某时之前交上一份市场分析报告，结果这位秘书晚交了10分钟，并借口说：“我的表走慢了。”董事长严肃地说：“要么你换一只表，要么我换一个秘书。”从此，时间观念在那位秘书的头脑里扎下了根。

实践证明，工作时间的协调，按部就班不行，满打满算不行，一定要适当提前。在工作协调中，还要经常向领导提出一些方案、意见和建议。能提出合适的意见不容易，能在合适的时机提出这些意见更不容易。这就要求我们善于捕捉时机，把握火候，在适当的时间做适当的事情。比如，当领导正在思考某项工作如何开展、某件事情如何办理时，谈谈我们的看法就容易被领导认可或接受；而在领导比较繁忙时，秘书就不要凑那个热闹；当遇到一时难以解决的矛盾和问题时，马上着手解决，效果往往不佳，而沉住气暂时"冷却"一下，待时机成熟后再因势利导，顺其自然地切入"正题"，效果就可能好一些。

秘书在协调中还要经常答复问题，没有意见不行，有意见不留余地也不行。像某个活动领导能不能参加、某件事情领导是否同意办、解决某些矛盾的方案能不能被采纳，都不是秘书能决定的，如果答复问题时讲满了，就容易给领导工作造成被动。如果说坚决果断、敢作敢为对领导来说是必须具备的素质，而审时度势、老成持重对秘书来说则是不可缺少的品格。

审时度势、老成持重对秘书来说则是不可缺少的品格。

（六）做好小事、严谨细致的协调艺术

美国前总统尼克松曾讲过："伟大是注意小节的积累。"这句话是他在回忆周恩来总理的感人事迹时讲的。他说，在我们到北京的第三天晚上，看体操和乒乓球表演。天已开始下起雪来，而按计划次日要去游览长城。周恩来离开了一会儿，我以为他去洗漱室了。随后才发现他是亲自去落实清扫去长城的道路的工作。第二天道路就干净如常了。对此尼克松评价说："周恩来具有一种既注意细节又不陷入繁琐的罕见才能。"从这个意义上讲，抓小事的效应决不是小事。

做协调工作能做到不误事、不漏事、不受批评就很不容易。"不误事"就是要反应快、行动快、雷厉风行、干净利落、事不过夜、案不积卷、当天的事当天办；"不漏事"，就是要讲究实效、讲究准确，该传达的要到位，该请示的不漏项，该督办的要落实。可以说严谨细致、讲究时效是协调工作的生命。

严谨细致、讲究时效是协调工作的生命。

第一，要抓大不忘小。抓大与抓小有时是很难统一的，但对秘书来说则必须统一起来。要想宏观，大事不能糊涂；又要抓具体，小事不能马虎。协调工作无小事，小事办好了是小事，小事办不好就是大事。任何时候都不能忽视小节，越是领导关注不到的部位，越要给予较多的关注，做好拾遗补缺的工作。特别对有些可能有影响全局的小环节、小细节、小事情、小部位，要格外重视，格外严谨、格外细致，该亲自看的要到现场，该直接传达本人的，不能通过“二传手”，一丝一毫都不能大意。

第二，要主动不盲动，协调工作在许多情况下都是被动的，要真正把被动变为主动，很重要的是注意把住“不盲动”这一关。有些工作稍慢一些不要紧，而如果因为盲动出了差错，回过头来再纠正，那才真是被动。工作再忙，事情再急，秘书人员都应有一个冷静头脑、沉着应对，防止忙中出错；办任何事情，都要首先把内容、时限、质量要求等这些基本要素弄清楚，然后再研究落实的办法；有些办法在研究中感到没有把握，就应再请示一下领导，提出的方案要反复同有关部门商量。只有这样，所提意见才能在领导那里站得住，避免了盲动，主动也就在其中了。

第三，到位不越位。工作不到位是失职，越位则是越轨。尽管协调工作的具体程序在很多情况下没有明确规定，是否越位的界限有时也不好把握，但无论如何，不能做超越职权范围的事，不能违背工作程序，不能多头请示报告工作。秘书部门协调工作的程序大致有三种情况：一种是需自下而上请示报告的；一种是可以直接向首长请示汇报的；另一种是特急特办的。遇到的事情比较急，不马上处理就会影响工作，而直接领导又不在位，确实找不到又等不得，这时可以简化程序，边办边报告，或办理后再向领导报告。这三种情况，前两种要走好、走活，后一种要慎用、少用。有时简化程序，看上去争取了一些时间，但实际效果不够理想。我们不要把按程序办事看做是“负担”，而要当作协调的一个必须阶段，是确保协调工作准确性的重要措施，自觉按程序搞好协调。

（七）自觉修身的艺术

做诗的功夫在诗外，协调的技巧也不完全在协调本身。作为秘书，最重要的要有良好的素质和修养。

1. 忠诚可靠

“忠诚可靠”，就要是以领导工作为轴心展开协调工作。偏离、游离这个轴心，协调工作就容易出偏差；“忠诚可靠”就是要真诚、正直、本分，对领导、对组织高度负责。领导经常讲“组织信任你们”，我们也经常讲“请领导放心”。其实，“信任”、“放心”这几个字的分量是很重的。信任是金，放心也是金。

2. 淡化名利

要清醒地看到，秘书的事业是一种没有鲜花和掌声的职业。只要想当秘书，就要准备当无名英雄，就得有默默无闻的准备。名利思想太重的人当不了秘书，也当不好秘书。一个好的秘书，重要的不是让人们记住秘书的名字、秘书的贡献，而是让人们记住他所服务的领导的政绩。

3. 善于共事

要特别重视秘书内部的“小协调”。人人都有长处，需要相互学习；人人都有短处，需要相互帮助；人人都有自己的作用，谁也离不开谁。“有事多商量，没事常来往”，平时要多通气、多自责，工作中相互配合、相互支持，真正使秘书部门这个小集体形成一盘棋，为推动领导、机关工作的协调运转作出贡献。

思考题

1. 现代秘书协调工作的方法、原则有哪些？
2. 谈谈现代秘书协调工作的步骤。
3. 秘书协调工作过程中应掌握哪些基本技巧和一般技巧？
4. 要顺利推进秘书协调工作，有哪些可供借鉴的工作艺术？

【案例分析】

案例一：

有两句俗话，一是“三个臭皮匠，赛过诸葛亮”；一是“一个和尚挑水喝，两个和尚抬水喝，三个和尚没水喝。”有一则寓言，说是一条梭鱼、一只天鹅、一只螃蟹同拉一辆车，它们一个前冲，一个上飞，一个横行，结果车子没拉动。

思考题

1. 案例中展示了什么矛盾？又寓含了何种协调？
2. 协调就是减少摩擦、增加效益，对不对？为什么？

提示：

1. 矛盾得到了协调与得不到协调，结果大相径庭。
2. 没有协调，就没有统一的行动和良好的秩序，社会生活将寸步难行。

案例二：

张弘范是元世祖忽必烈手下的一员大将。有一年，张弘范被调到大名驻守。这一年当地恰好发洪水，老百姓的房屋被淹，良田被毁，很多人背井离乡去要饭。张弘范同情老百姓的遭遇，未经奏请就免了租税。一些奸臣知道后趁机捏造张弘范的各种罪名上告皇上。忽必烈信以为真，就给他定了个独断专权的罪名。

张弘范知道后便火了。但他知道忽必烈的脾气，如果冒冒失失与其论理，惹他生气，那可不是闹着玩的。张弘范决计向皇上委婉申明道理。于是他对皇上说："臣擅作主张免除租税，理当受罚。但是微臣认为，朝廷在小仓储备，不如在大仓储备。"忽必烈一听，不知他说的是什么意思，便问："这是怎么说？"张弘范回答说："今年大名洪水泛滥，老百姓痛苦不堪，庄稼几乎颗粒无收，自己糊口还有难处，哪还有税粮上交？即使强行收到百姓的租税，国家仓库虽然充实了，可是百姓因此都饿死了，第二年的租税从哪里收取？圣上最体谅民情，所以，微臣今年暂缓收税，使百姓都能活下来，让他们不致流落他乡，那么年年都会有租税可收，这不是陛下的大仓吗？只是臣为皇上办事心切，没奏明皇上，深感罪大。恳请圣上处罪。"忽必烈听了，觉得张弘范言之有理，便微笑着对他说："你能体察朕意，懂得大体，朕就不再问你的罪了。"张弘范了解忽必烈吃软不吃硬的脾气，迎合其心理，非常得体地讲明了原因，不但没有受处罚，还得到了忽必烈的认可。

（选自任龙的《如何为能力强的领导服务》《秘书》2006.6）

思考题

1. 当秘书与领导发生误会时，面对领导的错误决定，秘书是服从，还是顶撞？

2. 张弘范向忽必烈委婉申明道理，由此而改变了皇上的决定，体现了怎样的协调艺术？

提示：

高智能的领导喜欢别人服从他，不容别人怀疑。因此，假如秘书将自己发现的问题和建议向他汇报，却遭到否认，秘书应首先采取服从的态度。这样可以避免关系恶化，对今后工作的开展也是十分有利的。

【实务操作】

在能力强的领导手下工作，可以学到的东西多，收获大，成长快。但这类领导往往爱用挑剔的眼光衡量秘书的工作，有时尽管秘书已竭尽全力还是难以令他满意。为此展开课堂讨论。

主题：在能力强的领导手下工作，要想得到器重，如何做？

方式：先分组，组内得出几方面意见，再推举小组代表在班级里交流。

时间：1. 小组讨论在课外进行。

2. 班级交流用一节课，彼此讨论用一节课。

3. 教师评点十分钟。

提示：探讨能力强的领导具有的优势和个性特点，采取适当方式协调好关系。

附录

附录A 公务员法

（2005年4月27日第十届全国人民代表大会常务委员会第十五次会议通过）

目 录

第一章 总 则

第二章 公务员的条件、义务与权利

第三章 职务与级别

第四章 录 用

第五章 考 核

第六章 职务任免

第七章 职务升降

第八章 奖 励

第九章 惩 戒

第十章 培 训

第十一章 交流与回避

第十二章 工资福利保险

第十三章 辞职辞退

第十四章 退 休

第十五章 申诉控告

第十六章 职位聘任

第十七章 法律责任

第十八章 附 则

第一章 总 则

第一条 为了规范公务员的管理，保障公务员的合法权益，加强对公务员的监督，建设高素质的公务员队伍，促进勤政廉政，提高工作效能，根据宪法，制定本法。

第二条 本法所称公务员，是指依法履行公职、纳入国家行政编制、由国家财政负担工资福利的工作人员。

第三条 公务员的义务、权利和管理，适用本法。

法律对公务员中的领导成员的产生、任免、监督以及法官、检察官等的义务、权利和管理另有规定的，从其规定。

第四条 公务员制度坚持以马克思列宁主义、毛泽东思想、邓小平理论和“三个代表”重要思想为指导，贯彻社会主义初级阶段的基本路线，贯彻中国共产党的干部路线和方针，坚持党管干部原则。

第五条 公务员的管理，坚持公开、平等、竞争、择优的原则，依照法定的权限、条件、标准和程序进行。

第六条 公务员的管理，坚持监督约束与激励保障并重的原则。

第七条 公务员的任用，坚持任人唯贤、德才兼备的原则，注重工作实绩。

第八条 国家对公务员实行分类管理，提高管理效能和科学化水平。

第九条 公务员依法履行职务的行为，受法律保护。

第十条 中央公务员主管部门负责全国公务员的综合管理工作。县级以上地方各级公务员主管部门负责本辖区内公务员的综合管理工作。上级公务员主管部门指导下级公务员主管部门的公务员管理工作。各级公务员主管部门指导同级各机关的公务员管理工作。

第二章 公务员的条件、义务与权利

第十一条 公务员应当具备下列条件：

（一）具有中华人民共和国国籍；

（二）年满十八周岁；

（三）拥护中华人民共和国宪法；

（四）具有良好的品行；

（五）具有正常履行职责的身体条件；

（六）具有符合职位要求的文化程度和工作能力；

（七）法律规定的其他条件。

第十二条 公务员应当履行下列义务：

（一）模范遵守宪法和法律；

（二）按照规定的权限和程序认真履行职责，努力提高工作效率；

（三）全心全意为人民服务，接受人民监督；

（四）维护国家的安全、荣誉和利益；

（五）忠于职守，勤勉尽责，服从和执行上级依法作出的决定和命令；

（六）保守国家秘密和工作秘密；

（七）遵守纪律，恪守职业道德，模范遵守社会公德；

（八）清正廉洁，公道正派；

（九）法律规定的其他义务。

第十三条　公务员享有下列权利：

（一）获得履行职责应当具有的工作条件；

（二）非因法定事由、非经法定程序，不被免职、降职、辞退或者处分；

（三）获得工资报酬，享受福利、保险待遇；

（四）参加培训；

（五）对机关工作和领导人员提出批评和建议；

（六）提出申诉和控告；

（七）申请辞职；

（八）法律规定的其他权利。

第三章　职务与级别

第十四条　国家实行公务员职位分类制度。

公务员职位类别按照公务员职位的性质、特点和管理需要，划分为综合管理类、专业技术类和行政执法类等类别。国务院根据本法，对于具有职位特殊性，需要单独管理的，可以增设其他职位类别。各职位类别的适用范围由国家另行规定。

第十五条　国家根据公务员职位类别设置公务员职务序列。

第十六条　公务员职务分为领导职务和非领导职务。

领导职务层次分为：国家级正职、国家级副职、省部级正职、省部级副职、厅局级正职、厅局级副职、县处级正职、县处级副职、乡科级正职、乡科级副职。

非领导职务层次在厅局级以下设置。

第十七条　综合管理类的领导职务根据宪法、有关法律、职务层次和机构规格设置确定。

综合管理类的非领导职务分为：巡视员、副巡视员、调研员、副调研员、主任科员、副主任科员、科员、办事员。

综合管理类以外其他职位类别公务员的职务序列，根据本法由国家另行规定。

第十八条　各机关依照确定的职能、规格、编制限额、职数以及结构比例，设置本机关公务员的具体职位，并确定各职位的工作职责和任职资格条件。

第十九条　公务员的职务应当对应相应的级别。公务员职务与级别的对应关系，由国务院规定。

公务员的职务与级别是确定公务员工资及其他待遇的依据。

公务员的级别根据所任职务及其德才表现、工作实绩和资历确定。公务员在同一职务上，可以按照国家规定晋升级别。

第二十条　国家根据人民警察以及海关、驻外外交机构公务员的工作特点，设置与其职务相对应的衔级。

第四章　录　用

第二十一条　录用担任主任科员以下及其他相当职务层次的非领导职务公务员，采取公开考试、严格考察、平等竞争、择优录取的办法。

民族自治地方依照前款规定录用公务员时，依照法律和有关规定对少数民族报考者予以适当照顾。

第二十二条　中央机关及其直属机构公务员的录用，由中央公务员主管部门负责组织。地方各级机关公务员的录用，由省级公务员主管部门负责组织，必要时省级公务员主管部门可以授权设区的市级公务员主管部门组织。

第二十三条　报考公务员，除应当具备本法第十一条规定的条件外，还应当具备省级以上公务员主管部门规定的拟任职位所要求的资格条件。

第二十四条　下列人员不得录用为公务员：

（一）曾因犯罪受过刑事处罚的；

（二）曾被开除公职的；

（三）有法律规定不得录用为公务员的其他情形的。

第二十五条　录用公务员，必须在规定的编制限额内，并有相应的职位空缺。

第二十六条　录用公务员，应当发布招考公告。招考公告应当载明招考的职位、名额、报考资格条件、报考需要提交的申请材料以及其他报考须知事项。

招录机关应当采取措施，便利公民报考。

第二十七条　招录机关根据报考资格条件对报考申请进行审查。报考者提交的申请材料应当真实、准确。

第二十八条　公务员录用考试采取笔试和面试的方式进行，考试内容根据公务员应当具备的基本能力和不同职位类别分别设置。

第二十九条　招录机关根据考试成绩确定考察人选，并对其进行报考资格复审、考察和体检。

体检的项目和标准根据职位要求确定。具体办法由中央公务员主管部门会同国务院卫生行政部门规定。

第三十条 招录机关根据考试成绩、考察情况和体检结果，提出拟录用人员名单，并予以公示。

公示期满，中央一级招录机关将拟录用人员名单报中央公务员主管部门备案；地方各级招录机关将拟录用人员名单报省级或者设区的市级公务员主管部门审批。

第三十一条 录用特殊职位的公务员，经省级以上公务员主管部门批准，可以简化程序或者采用其他测评办法。

第三十二条 新录用的公务员试用期为一年。试用期满合格的，予以任职；不合格的，取消录用。

第三十三条 对公务员的考核，按照管理权限，全面考核公务员的德、能、勤、绩、廉，重点考核工作实绩。

第五章 考 核

第三十四条 公务员的考核分为平时考核和定期考核。定期考核以平时考核为基础。

第三十五条 对非领导成员公务员的定期考核采取年度考核的方式，先由个人按照职位职责和有关要求进行总结，主管领导在听取群众意见后，提出考核等次建议，由本机关负责人或者授权的考核委员会确定考核等次。

对领导成员的定期考核，由主管机关按照有关规定办理。

第三十六条 定期考核的结果分为优秀、称职、基本称职和不称职四个等次。

定期考核的结果应当以书面形式通知公务员本人。

第三十七条 定期考核的结果作为调整公务员职务、级别、工资以及公务员奖励、培训、辞退的依据。

第六章 职务任免

第三十八条 公务员职务实行选任制和委任制。

领导成员职务按照国家规定实行任期制。

第三十九条 选任制公务员在选举结果生效时即任当选职务；任期届满不再连任，或者任期内辞职、被罢免、被撤职的，其所任职务即终止。

第四十条 委任制公务员遇有试用期满考核合格、职务发生变化、不再担任公务员职务以及其他情形需要任免职务的，应当按照管理权限和规定的程序任免其职务。

第四十一条 公务员任职必须在规定的编制限额和职数内进行，并有相应的职位空缺。

第四十二条 公务员因工作需要在机关外兼职，应当经有关机关批准，并不得领取兼职报酬。

第七章　职务升降

第四十三条　公务员晋升职务，应当具备拟任职务所要求的思想政治素质、工作能力、文化程度和任职经历等方面的条件和资格。

公务员晋升职务，应当逐级晋升。特别优秀的或者工作特殊需要的，可以按照规定破格或者越一级晋升职务。

第四十四条　公务员晋升领导职务，按照下列程序办理：

（一）民主推荐，确定考察对象；

（二）组织考察，研究提出任职建议方案，并根据需要在一定范围内进行酝酿；

（三）按照管理权限讨论决定；

（四）按照规定履行任职手续。

公务员晋升非领导职务，参照前款规定的程序办理。

第四十五条　机关内设机构厅局级正职以下领导职务出现空缺时，可以在本机关或者本系统内通过竞争上岗的方式，产生任职人选。

厅局级正职以下领导职务或者副调研员以上及其他相当职务层次的非领导职务出现空缺，可以面向社会公开选拔，产生任职人选。

确定初任法官、初任检察官的任职人选，可以面向社会，从通过国家统一司法考试取得资格的人员中公开选拔。

第四十六条　公务员晋升领导职务的，应当按照有关规定实行任职前公示制度和任职试用期制度。

第四十七条　公务员在定期考核中被确定为不称职的，按照规定程序降低一个职务层次任职。

第八章　奖　　励

第四十八条　对工作表现突出，有显著成绩和贡献，或者有其他突出事迹的公务员或者公务员集体，给予奖励。奖励坚持精神奖励与物质奖励相结合、以精神奖励为主的原则。

公务员集体的奖励适用于按照编制序列设置的机构或者为完成专项任务组成的工作集体。

第四十九条　公务员或者公务员集体有下列情形之一的，给予奖励：

（一）忠于职守，积极工作，成绩显著的；

（二）遵守纪律，廉洁奉公，作风正派，办事公道，模范作用突出的；

（三）在工作中有发明创造或者提出合理化建议，取得显著经济效益或者社会效益的；

（四）为增进民族团结、维护社会稳定作出突出贡献的；

（五）爱护公共财产，节约国家资财有突出成绩的；

（六）防止或者消除事故有功，使国家和人民群众利益免受或者减少损失的；

（七）在抢险、救灾等特定环境中奋不顾身，作出贡献的；

（八）同违法违纪行为作斗争有功绩的；

（九）在对外交往中为国家争得荣誉和利益的；

（十）有其他突出功绩的。

第五十条　奖励分为：嘉奖、记三等功、记二等功、记一等功、授予荣誉称号。

对受奖励的公务员或者公务员集体予以表彰，并给予一次性奖金或者其他待遇。

第五十一条　给予公务员或者公务员集体奖励，按照规定的权限和程序决定或者审批。

第五十二条　公务员或者公务员集体有下列情形之一的，撤销奖励：

（一）弄虚作假，骗取奖励的；

（二）申报奖励时隐瞒严重错误或者严重违反规定程序的；

（三）有法律、法规规定应当撤销奖励的其他情形的。

第九章　惩　　戒

第五十三条　公务员必须遵守纪律，不得有下列行为：

（一）散布有损国家声誉的言论，组织或者参加旨在反对国家的集会、游行、示威等活动；

（二）组织或者参加非法组织，组织或者参加罢工；

（三）玩忽职守，贻误工作；

（四）拒绝执行上级依法作出的决定和命令；

（五）压制批评，打击报复；

（六）弄虚作假，误导、欺骗领导和公众；

（七）贪污、行贿、受贿，利用职务之便为自己或者他人谋取私利；

（八）违反财经纪律，浪费国家资财；

（九）滥用职权，侵害公民、法人或者其他组织的合法权益；

（十）泄露国家秘密或者工作秘密；

（十一）在对外交往中损害国家荣誉和利益；

（十二）参与或者支持色情、吸毒、赌博、迷信等活动；

（十三）违反职业道德、社会公德；

（十四）从事或者参与营利性活动，在企业或者其他营利性组织中兼任职务；

（十五）旷工或者因公外出、请假期满无正当理由逾期不归；

（十六）违反纪律的其他行为。

第五十四条　公务员执行公务时，认为上级的决定或者命令有错误的，可以向上级提出改正或者撤销该决定或者命令的意见；上级不改变该决定或者命令，或者要求立即执行的，公务员应当执行该决定或者命令，执行的后果由上级负责，公务员不承担责任；但是，公务员执行明显违法的决定或者命令的，应当依法承担相应的责任。

第五十五条　公务员因违法违纪应当承担纪律责任的，依照本法给予处分；违纪行为情节轻微，经批评教育后改正的，可以免予处分。

第五十六条　处分分为：警告、记过、记大过、降级、撤职、开除。

第五十七条　对公务员的处分，应当事实清楚、证据确凿、定性准确、处理恰当、程序合法、手续完备。

公务员违纪的，应当由处分决定机关决定对公务员违纪的情况进行调查，并将调查认定的事实及拟给予处分的依据告知公务员本人。公务员有权进行陈述和申辩。

处分决定机关认为对公务员应当给予处分的，应当在规定的期限内，按照管理权限和规定的程序作出处分决定。处分决定应当以书面形式通知公务员本人。

第五十八条　公务员在受处分期间不得晋升职务和级别，其中受记过、记大过、降级、撤职处分的，不得晋升工资档次。

受处分的期间为：警告，六个月；记过，十二个月；记大过，十八个月；降级、撤职，二十四个月。

受撤职处分的，按照规定降低级别。

第五十九条　公务员受开除以外的处分，在受处分期间有悔改表现，并且没有再发生违纪行为的，处分期满后，由处分决定机关解除处分并以书面形式通知本人。

解除处分后，晋升工资档次、级别和职务不再受原处分的影响。但是，解除降级、撤职处分的，不视为恢复原级别、原职务。

第十章　培　训

第六十条　机关根据公务员工作职责的要求和提高公务员素质的需要，对公务员进行分级分类培训。

国家建立专门的公务员培训机构。机关根据需要也可以委托其他培训机构承担公务员培训任务。

第六十一条　机关对新录用人员应当在试用期内进行初任培训；对晋升领导职务的公务员应当在任职前或者任职后一年内进行任职培训；对从事专项工作的公务员应当进

行专门业务培训；对全体公务员应当进行更新知识、提高工作能力的在职培训，其中对担任专业技术职务的公务员，应当按照专业技术人员继续教育的要求，进行专业技术培训。

国家有计划地加强对后备领导人员的培训。

第六十二条　公务员的培训实行登记管理。

公务员参加培训的时间由公务员主管部门按照本法第六十一条规定的培训要求予以确定。

公务员培训情况、学习成绩作为公务员考核的内容和任职、晋升的依据之一。

第十一章　交流与回避

第六十三条　国家实行公务员交流制度。

公务员可以在公务员队伍内部交流，也可以与国有企业事业单位、人民团体和群众团体中从事公务的人员交流。

交流的方式包括调任、转任和挂职锻炼。

第六十四条　国有企业事业单位、人民团体和群众团体中从事公务的人员可以调入机关担任领导职务或者副调研员以上及其他相当职务层次的非领导职务。调任人选应当具备本法第十一条规定的条件和拟任职位所要求的资格条件，并不得有本法第二十四条规定的情形。调任机关应当根据上述规定，对调任人选进行严格考察，并按照管理权限审批，必要时可以对调任人选进行考试。

第六十五条　公务员在不同职位之间转任应当具备拟任职位所要求的资格条件，在规定的编制限额和职数内进行。

对省部级正职以下的领导成员应当有计划、有重点地实行跨地区、跨部门转任。

对担任机关内设机构领导职务和工作性质特殊的非领导职务的公务员，应当有计划地在本机关内转任。

第六十六条　根据培养锻炼公务员的需要，可以选派公务员到下级机关或者上级机关、其他地区机关以及国有企业事业单位挂职锻炼。

公务员在挂职锻炼期间，不改变与原机关的人事关系。

第六十七条　公务员应当服从机关的交流决定。

公务员本人申请交流的，按照管理权限审批。

第六十八条　公务员之间有夫妻关系、直系血亲关系、三代以内旁系血亲关系以及近姻亲关系的，不得在同一机关担任双方直接隶属于同一领导人员的职务或者有直接上下级领导关系的职务，也不得在其中一方担任领导职务的机关从事组织、人事、纪检、监察、审计和财务工作。

因地域或者工作性质特殊，需要变通执行任职回避的，由省级以上公务员主管部门规定。

第六十九条 公务员担任乡级机关、县级机关及其有关部门主要领导职务的，应当实行地域回避，法律另有规定的除外。

第七十条 公务员执行公务时，有下列情形之一的，应当回避：

（一）涉及本人利害关系的；

（二）涉及与本人有本法第六十八条第一款所列亲属关系人员的利害关系的；

（三）其他可能影响公正执行公务的。

第七十一条 公务员有应当回避情形的，本人应当申请回避；利害关系人有权申请公务员回避。其他人员可以向机关提供公务员需要回避的情况。

机关根据公务员本人或者利害关系人的申请，经审查后作出是否回避的决定，也可以不经申请直接作出回避决定。

第七十二条 法律对公务员回避另有规定的，从其规定。

第十二章 工资福利保险

第七十三条 公务员实行国家统一的职务与级别相结合的工资制度。

公务员工资制度贯彻按劳分配的原则，体现工作职责、工作能力、工作实绩、资历等因素，保持不同职务、级别之间的合理工资差距。

国家建立公务员工资的正常增长机制。

第七十四条 公务员工资包括基本工资、津贴、补贴和奖金。

公务员按照国家规定享受地区附加津贴、艰苦边远地区津贴、岗位津贴等津贴。

公务员按照国家规定享受住房、医疗等补贴、补助。

公务员在定期考核中被确定为优秀、称职的，按照国家规定享受年终奖金。

公务员工资应当按时足额发放。

第七十五条 公务员的工资水平应当与国民经济发展相协调、与社会进步相适应。

国家实行工资调查制度，定期进行公务员和企业相当人员工资水平的调查比较，并将工资调查比较结果作为调整公务员工资水平的依据。

第七十六条 公务员按照国家规定享受福利待遇。国家根据经济社会发展水平提高公务员的福利待遇。

公务员实行国家规定的工时制度，按照国家规定享受休假。公务员在法定工作日之外加班的，应当给予相应的补休。

第七十七条 国家建立公务员保险制度，保障公务员在退休、患病、工伤、生育、失业等情况下获得帮助和补偿。

公务员因公致残的，享受国家规定的伤残待遇。公务员因公牺牲、因公死亡或者病故的，其亲属享受国家规定的抚恤和优待。

第七十八条　任何机关不得违反国家规定自行更改公务员工资、福利、保险政策，擅自提高或者降低公务员的工资、福利、保险待遇。任何机关不得扣减或者拖欠公务员的工资。

第七十九条　公务员工资、福利、保险、退休金以及录用、培训、奖励、辞退等所需经费，应当列入财政预算，予以保障。

第十三章　辞职辞退

第八十条　公务员辞去公职，应当向任免机关提出书面申请。任免机关应当自接到申请之日起三十日内予以审批，其中对领导成员辞去公职的申请，应当自接到申请之日起九十日内予以审批。

第八十一条　公务员有下列情形之一的，不得辞去公职：

（一）未满国家规定的最低服务年限的；

（二）在涉及国家秘密等特殊职位任职或者离开上述职位不满国家规定的脱密期限的；

（三）重要公务尚未处理完毕，且须由本人继续处理的；

（四）正在接受审计、纪律审查，或者涉嫌犯罪，司法程序尚未终结的；

（五）法律、行政法规规定的其他不得辞去公职的情形。

第八十二条　担任领导职务的公务员，因工作变动依照法律规定需要辞去现任职务的，应当履行辞职手续。

担任领导职务的公务员，因个人或者其他原因，可以自愿提出辞去领导职务。

领导成员因工作严重失误、失职造成重大损失或者恶劣社会影响的，或者对重大事故负有领导责任的，应当引咎辞去领导职务。

领导成员应当引咎辞职或者因其他原因不再适合担任现任领导职务，本人不提出辞职的，应当责令其辞去领导职务。

第八十三条　公务员有下列情形之一的，予以辞退：

（一）在年度考核中，连续两年被确定为不称职的；

（二）不胜任现职工作，又不接受其他安排的；

（三）因所在机关调整、撤销、合并或者缩减编制员额需要调整工作，本人拒绝合理安排的；

（四）不履行公务员义务，不遵守公务员纪律，经教育仍无转变，不适合继续在机关工作，又不宜给予开除处分的；

（五）旷工或者因公外出、请假期满无正当理由逾期不归连续超过十五天，或者一年内累计超过三十天的。

第八十四条 对有下列情形之一的公务员，不得辞退：

（一）因公致残，被确认丧失或者部分丧失工作能力的；

（二）患病或者负伤，在规定的医疗期内的；

（三）女性公务员在孕期、产假、哺乳期内的；

（四）法律、行政法规规定的其他不得辞退的情形。

第八十五条 辞退公务员，按照管理权限决定。辞退决定应当以书面形式通知被辞退的公务员。

被辞退的公务员，可以领取辞退费或者根据国家有关规定享受失业保险。

第八十六条 公务员辞职或者被辞退，离职前应当办理公务交接手续，必要时按照规定接受审计。

第十四章 退 休

第八十七条 公务员达到国家规定的退休年龄或者完全丧失工作能力的，应当退休。

第八十八条 公务员符合下列条件之一的，本人自愿提出申请，经任免机关批准，可以提前退休：

（一）工作年限满三十年的；

（二）距国家规定的退休年龄不足五年，且工作年限满二十年的；

（三）符合国家规定的可以提前退休的其他情形的。

第八十九条 公务员退休后，享受国家规定的退休金和其他待遇，国家为其生活和健康提供必要的服务和帮助，鼓励发挥个人专长，参与社会发展。

第十五章 申诉控告

第九十条 公务员对涉及本人的下列人事处理不服的，可以自知道该人事处理之日起三十日内向原处理机关申请复核；对复核结果不服的，可以自接到复核决定之日起十五日内，按照规定向同级公务员主管部门或者作出该人事处理的机关的上一级机关提出申诉；也可以不经复核，自知道该人事处理之日起三十日内直接提出申诉：

（一）处分；

（二）辞退或者取消录用；

（三）降职；

（四）定期考核定为不称职；

（五）免职；

（六）申请辞职、提前退休未予批准；

（七）未按规定确定或者扣减工资、福利、保险待遇；

（八）法律、法规规定可以申诉的其他情形。

对省级以下机关作出的申诉处理决定不服的，可以向作出处理决定的上一级机关提出再申诉。

行政机关公务员对处分不服向行政监察机关申诉的，按照《中华人民共和国行政监察法》的规定办理。

第九十一条　原处理机关应当自接到复核申请书后的三十日内作出复核决定。受理公务员申诉的机关应当自受理之日起六十日内作出处理决定；案情复杂的，可以适当延长，但是延长时间不得超过三十日。

复核、申诉期间不停止人事处理的执行。

第九十二条　公务员申诉的受理机关审查认定人事处理有错误的，原处理机关应当及时予以纠正。

第九十三条　公务员认为机关及其领导人员侵犯其合法权益的，可以依法向上级机关或者有关的专门机关提出控告。受理控告的机关应当按照规定及时处理。

第九十四条　公务员提出申诉、控告，不得捏造事实，诬告、陷害他人。

第十六章　职位聘任

第九十五条　机关根据工作需要，经省级以上公务员主管部门批准，可以对专业性较强的职位和辅助性职位实行聘任制。

前款所列职位涉及国家秘密的，不实行聘任制。

第九十六条　机关聘任公务员可以参照公务员考试录用的程序进行公开招聘，也可以从符合条件的人员中直接选聘。

机关聘任公务员应当在规定的编制限额和工资经费限额内进行。

第九十七条　机关聘任公务员，应当按照平等自愿、协商一致的原则，签订书面的聘任合同，确定机关与所聘公务员双方的权利、义务。聘任合同经双方协商一致可以变更或者解除。

聘任合同的签订、变更或者解除，应当报同级公务员主管部门备案。

第九十八条　聘任合同应当具备合同期限，职位及其职责要求，工资、福利、保险待遇，违约责任等条款。

聘任合同期限为一年至五年。聘任合同可以约定试用期，试用期为一个月至六个月。

聘任制公务员按照国家规定实行协议工资制，具体办法由中央公务员主管部门规定。

第九十九条　机关依据本法和聘任合同对所聘公务员进行管理。

第一百条　国家建立人事争议仲裁制度。

人事争议仲裁应当根据合法、公正、及时处理的原则，依法维护争议双方的合法权益。

人事争议仲裁委员会根据需要设立。人事争议仲裁委员会由公务员主管部门的代表、聘用机关的代表、聘任制公务员的代表以及法律专家组成。

聘任制公务员与所在机关之间因履行聘任合同发生争议的，可以自争议发生之日起六十日内向人事争议仲裁委员会申请仲裁。当事人对仲裁裁决不服的，可以自接到仲裁裁决书之日起十五日内向人民法院提起诉讼。仲裁裁决生效后，一方当事人不履行的，另一方当事人可以申请人民法院执行。

第十七章　法律责任

第一百零一条　对有下列违反本法规定情形的，由县级以上领导机关或者公务员主管部门按照管理权限，区别不同情况，分别予以责令纠正或者宣布无效；对负有责任的领导人员和直接责任人员，根据情节轻重，给予批评教育或者处分；构成犯罪的，依法追究刑事责任：

（一）不按编制限额、职数或者任职资格条件进行公务员录用、调任、转任、聘任和晋升的；

（二）不按规定条件进行公务员奖惩、回避和办理退休的；

（三）不按规定程序进行公务员录用、调任、转任、聘任、晋升、竞争上岗、公开选拔以及考核、奖惩的；

（四）违反国家规定，更改公务员工资、福利、保险待遇标准的；

（五）在录用、竞争上岗、公开选拔中发生泄露试题、违反考场纪律以及其他严重影响公开、公正的；

（六）不按规定受理和处理公务员申诉、控告的；

（七）违反本法规定的其他情形的。

第一百零二条　公务员辞去公职或者退休的，原系领导成员的公务员在离职三年内，其他公务员在离职两年内，不得到与原工作业务直接相关的企业或者其他营利性组织任职，不得从事与原工作业务直接相关的营利性活动。

公务员辞去公职或者退休后有违反前款规定行为的，由其原所在机关的同级公务员主管部门责令限期改正；逾期不改正的，由县级以上工商行政管理部门没收该人员从业期间的违法所得，责令接收单位将该人员予以清退，并根据情节轻重，对接收单位处以被处罚人员违法所得一倍以上五倍以下的罚款。

第一百零三条 机关因错误的具体人事处理对公务员造成名誉损害的，应当赔礼道歉、恢复名誉、消除影响；造成经济损失的，应当依法给予赔偿。

第一百零四条 公务员主管部门的工作人员，违反本法规定，滥用职权、玩忽职守、徇私舞弊，构成犯罪的，依法追究刑事责任；尚不构成犯罪的，给予处分。

第十八章 附 则

第一百零五条 本法所称领导成员，是指机关的领导人员，不包括机关内设机构担任领导职务的人员。

第一百零六条 法律、法规授权的具有公共事务管理职能的事业单位中除工勤人员以外的工作人员，经批准参照本法进行管理。

第一百零七条 本法自 2006 年 1 月 1 日起施行。全国人民代表大会常务委员会 1957 年 10 月 23 日批准、国务院 1957 年 10 月 26 日公布的《国务院关于国家行政机关工作人员的奖惩暂行规定》、1993 年 8 月 14 日国务院公布的《国家公务员暂行条例》同时废止。

附录 B　国家行政机关公文处理办法

（2000 年 8 月 24 日国务院发布）

第一章　总　　则

第一条　为使国家行政机关（以下简称行政机关）的公文处理工作规范化、制度化、科学化，制定本办法。

第二条　行政机关的公文（包括电报，下同），是行政机关在行政管理过程中形成的具有法定效力和规范体式的文书，是依法行政和进行公务活动的重要工具。

第三条　公文处理指公文的办理、管理、整理（立卷）、归档等一系列相互关联、衔接有序的工作。

第四条　公文处理应当坚持实事求是、精简、高效的原则，做到及时、准确、安全。

第五条　公文处理必须严格执行国家保密法律、法规和其他有关规定，确保国家秘密的安全。

第六条　各级行政机关的负责人应当高度重视公文处理工作，模范遵守本办法并加强对本机关公文处理工作的领导和检查。

第七条　各级行政机关的办公厅（室）是公文处理的管理机构，主管本机关的公文处理工作并指导下级机关的公文处理工作。

第八条　各级行政机关的办公厅（室）应当设立文秘部门或者配备专职人员负责公文处理工作。

第二章　公文种类

第九条　行政机关的公文种类主要有：

（一）命令（令）

适用于依照有关法律公布行政法规和规章；宣布施行重大强制性行政措施；嘉奖有关单位及人员。

（二）决定

适用于对重要事项或者重大行动做出安排，奖惩有关单位及人员，变更或者撤销下级机关不适当的决定事项。

（三）公告

适用于向国内外宣布重要事项或者法定事项。

（四）通告

适用于公布社会各有关方面应当遵守或者周知的事项。

（五）通知

适用于批转下级机关的公文，转发上级机关和不相隶属机关的公文，传达要求下级机关办理和需要有关单位周知或者执行的事项，任免人员。

（六）通报

适用于表彰先进，批评错误，传达重要精神或者情况。

（七）议案

适用于各级人民政府按照法律程序向同级人民代表大会或人民代表大会常务委员会提请审议事项。

（八）报告

适用于向上级机关汇报工作，反映情况，答复上级机关的询问。

（九）请示

适用于向上级机关请求指示、批准。

（十）批复

适用于答复下级机关的请示事项。

（十一）意见

适用于对重要问题提出见解和处理办法。

（十二）函

适用于不相隶属机关之间商洽工作，询问和答复问题，请求批准和答复审批事项。

（十三）会议纪要

适用于记载、传达会议情况和议定事项。

第三章　公文格式

第十条　公文一般由秘密等级和保密期限、紧急程度、发文机关标识、发文字号、签发人、标题、主送机关、正文、附件说明、成文日期、印章、附注、附件、主题词、抄送机关、印发机关和印发日期等部分组成。

（一）涉及国家秘密的公文应当标明密级和保密期限，其中，“绝密”、“机密”级公文还应当标明份数序号。

（二）紧急公文应当根据紧急程序分别标明“特急”、“急件”。其中电报应当分别标明“特提”、“特急”、“加急”、“平急”。

（三）发文机关标识应当使用发文机关全称或者规范化简称；联合行文，主办机关排列在前。

（四）发文字号应当包括机关代字、年份、序号。联合行文，只标明主办机关发文字号。

（五）上行文应当注明签发人、会签人姓名。其中，“请示”应当在附注处注明联系人的姓名和电话。

（六）公文标题应当准确简要地概括公文的主要内容并标明公文种类，一般应当标明发文机关。公文标题中除法规、规章名称加书名号外，一般不用标点符号。

（七）主送机关指公文的主要受理机关，应当使用全称或者规范化简称、统称。

（八）公文如有附件，应当注明附件顺序和名称。

（九）公文除“会议纪要”和以电报形式发出的以外，应当加盖印章。联合上报的公文，由主办机关加盖印章；联合下发的公文，发文机关都应当加盖印章。

（十）成文日期以负责人签发的日期为准，联合行文以最后签发机关负责人的签发日期为准。电报以发出日期为准。

（十一）公文如有附注（需要说明的其他事项），应当加括号标注。

（十二）公文应当标注主题词。上行文按照上级机关的要求标注主题词。

（十三）抄送机关指除主送机关外需要执行或知晓公文的其他机关，应当使用全称或者规范化简称、统称。

（十四）文字从左至右横写、横排。在民族自治地方，可以并用汉字和通用的少数民族文字（按其习惯书写、排版）。

第十一条　公文中各组成部分的标识规则，参照《国家行政机关公文格式》国家标准执行。

第十二条　公文用纸一般采用国际标准A4型（210mm×297mm），左侧装订。张贴的公文用纸大小，根据实际需要确定。

第四章　行文规则

第十三条　行文应当确有必要，注重效用。

第十四条　行文关系根据隶属关系和职权范围确定，一般不得越级请示和报告。

第十五条　政府各部门依据部门职权可以相互行文和向下一级政府的相关业务部门行文；除以函的形式商洽工作、询问和答复问题、审批事项外，一般不得向下一级政府正式行文。

部门内设机构除办公厅（室）外不得对外正式行文。

第十六条 同级政府、同级政府各部门、上级政府部门与下一级政府可以联合行文；政府与同级党委和军队机关可以联合行文；政府部门与相应的党组织和军队机关可以联合行文；政府部门与同级人民团体和具有行政职能的事业单位也可以联合行文。

第十七条 属于部门职权范围内的事务，应当由部门自行行文或联合行文。联合行文应当明确主办部门。须经政府审批的事项，经政府同意也可以由部门行文，文中应当注明经政府同意。

第十八条 属于主管部门职务范围内的具体问题，应当直接报送主管部门处理。

第十九条 部门之间对有关问题未经协商一致，不得各自向下行文。如擅自行文，上级机关应当责令纠正或撤销。

第二十条 向下级机关或者本系统的重要行文，应当同时抄送直接上级机关。

第二十一条 “请示”应当一文一事；一般只写一个主送机关，需要同时送其他机关的，应当用抄送形式，但不得抄送其下级机关。

“报告”不得夹带请示事项。

第二十二条 除上级机关负责人直接交办的事项外，不得以机关名义向上级机关负责人报送“请示”、“意见”和“报告”。

第二十三条 受双重领导的机关向上级机关行文，应当写明主送机关和抄送机关。上级机关向受双重领导的下级机关行文，必要时应当抄送其另一上级机关。

第五章 发文办理

第二十四条 发文办理指以本机关名义制发公文的过程，包括草拟、审核、签发、复核、缮印、用印、登记、分发等程序。

第二十五条 草拟公文应当做到：

（一）符合国家的法律、法规及其他有关规定。如提出新的政策、规定等，要切实可行并加以说明。

（二）情况确实，观点明确，表述准确，结构严谨，条理清楚，直述不曲，字词规范，标点正确，篇幅力求简短。

（三）公文的文种应根据行文目的、发文机关的职权和与主送机关的行文关系确定。

（四）拟制紧急公文，应当体现紧急的原因，并根据实际需要确定紧急程度。

（五）人名、地名、数字、引文准确。引用公文应当先引标题，后引发文字号。引用外文应当注明中文含义。日期应当写明具体的年、月、日。

（六）结构层次序数，第一层为“一、”，第二层为“（一）”，第三层为“1.”，第四层为“(1)”。

（七）应当使用国家法定计量单位。

（八）文内使用非规范化简称，应当先用全称并注明简称。使用国际组织外文名称或其缩写形式，应当在第一次出现时注明准确的中文译名。

（九）公文中的数字，除成文日期、部分结构层次序数和在词、词组、惯用语、缩略语、具有修辞色彩语句中作为词素的数字必须使用汉字外，应当使用阿拉伯数字。

第二十六条 拟制公文，对涉及其他部门职权范围内的事项，主办部门应当主动与有关部门协商，取得一致意见后方可行文；如有分歧，主办部门的主要负责人应当出面协调，仍不能取得一致时，主办部门可以列明各方理据，提出建设性意见，并与有关部门会签后报请上级机关协调或裁定。

第二十七条 公文送负责人签发前，应当由办公厅（室）进行审核，审核的重点是：是否确需行文，行文方式是否妥当，是否符合行文规则和拟制公文的有关要求，公文格式是否符合本办法的规定等。

第二十八条 以本机关名义制发的上行文，由主要负责人或者主持工作的负责人签发；以本机关名义制发的下行文或平行文，由主要负责人或者由主要负责人授权的其他负责人签发。

第二十九条 公文正式印制前，文秘部门应当进行复核，重点是：审批、签发手续是否完备，附件材料是否齐全，格式是否统一、规范等。

经复核需要对文稿进行实质性修改的，应按程序复审。

第六章 收文办理

第三十条 收文办理指对收到公文的办理过程，包括签收、登记、审核、拟办、承办、催办等程序。

第三十一条 收到下级机关上报的需要办理的公文，文秘部门应当进行审核。审核的重点是：是否应由本机关办理；是否符合行文规则；内容是否符合国家法律、法规及其他有关规定；涉及其他部门或地区职权的事项是否已协商、会签；文种使用、公文格式是否规范。

第三十二条 经审核，对符合本办法规定的公文，文秘部门应当及时提出拟办意见送负责人批示或者交有关部门办理，需要两个以上部门办理的应当明确主办部门。紧急公文，应当明确办理时限。对不符合本办法规定的公文，经办公厅（室）负责人批准后，可以退回呈报单位并说明理由。

第三十三条 承办部门收到交办的公文后应当及时办理，不得延误、推诿。紧急公文应当按时限要求办理，确有困难的，应当及时予以说明。对不属于本单位职权范围或者不宜由本单位办理的，应当及时退回交办的文秘部门并说明理由。

第三十四条 收到上级机关下发或交办的公文，由文秘部门提出拟办意见，送负责人批示后办理。

第三十五条 公文办理中遇有涉及其他部门职权的事项，主办部门应当主动与有关部门协商；如有分歧，主办部门主要负责人要出面协调，如仍不能取得一致，可以报请上级机关协调或裁定。

第三十六条 审批公文时，对有具体请示事项的，主批人应当明确签署意见、姓名和审批日期，其他审批人圈阅视为同意；没有请示事项的，圈阅表示已阅知。

第三十七条 送负责人批示或者交有关部门办理的公文，文秘部门要负责催办，做到紧急公文跟踪催办，重要公文重点催办，一般公文定期催办。

第七章 公文归档

第三十八条 公文办理完毕后，应当根据《中华人民共和国档案法》和其他有关规定，及时整理（立卷）、归档。

个人不得保存应当归档的公文。

第三十九条 归档范围内的公文，应当根据其相互联系、特征和保存价值等整理（立卷），要保证归档公文齐全、完整，能正确反映本机关的主要工作情况，便于保管和利用。

第四十条 联合办理的公文，原件由主办机关整理（立卷）、归档，其他机关保存复制件或其他形式的公文副本。

第四十一条 本机关负责人兼任其他机关职务，在履行所兼职务职责过程中形成的公文，由其兼职机关整理（立卷）、归档。

第四十二条 归档范围内的公文应当确定保管期限，按照有关规定定期向档案部门移交。

第四十三条 拟制、修改和签批公文，书写及所用纸张和字迹材料必须符合存档要求。

第八章 公文管理

第四十四条 公文由文秘部门或专职人员统一收发、审核、用印、归档和销毁。

第四十五条 文秘部门应当建立健全本机关公文处理的有关制度。

第四十六条 上级机关的公文，除绝密级和注明不准翻印的以外，下一级机关经负责人或者办公厅（室）主任批准，可以翻印。翻印时，应当注明翻印的机关、日期、份数和印发范围。

第四十七条 公开发布行政机关公文，必须经发文机关批准。经批准公开发布的公文，同发文机关正式印发的公文具有同等效力。

第四十八条　公文复印件作为正式公文使用时，应当加盖复印机关证明章。

第四十九条　公文被撤销，视作自始不产生效力；公文被废止，视作自废止之日起不产生效力。

第五十条　不具备归档和存查价值的公文，经过鉴别并经办公厅（室）负责人批准，可以销毁。

第五十一条　销毁秘密公文应当到指定场所由二人以上监销，保证不丢失、不漏销。其中，销毁绝密公文（含密码电报）应当进行登记。

第五十二条　机关合并时，全部公文应当随之合并管理。机关撤销时，需要归档的公文整理（立卷）后按有关规定移交档案部门。

工作人员调离工作岗位时，应当将本人暂存、借用的公文按照有关规定移交、清退。

第五十三条　密码电报的使用和管理，按照有关规定执行。

第九章　附　　则

第五十四条　行政法规、规章方面的公文，依照有关规定处理。外事方面的公文，按照外交部的有关规定处理。

第五十五条　公文处理中涉及电子文件的有关规定另行制定。统一规定发布之前，各级行政机关可以制定本机关或者本地区、本系统的试行规定。

第五十六条　各级行政机关的办公厅（室）对上级机关和本机关下发公文的贯彻落实情况应当进行督促检查并建立督查制度。有关规定另行制定。

第五十七条　本办法自2001年1月1日起施行。1993年11月21日国务院办公厅发布，1994年1月1日起施行的《国家行政机关公文处理办法》同时废止。

后　记

《现代秘书实务》是文秘专业系列教材之一，从着手到定稿，经历了一年多时间。先由主编拟定大纲，经首都师范大学出版社高等教育教材编辑室审定，再由主编执笔写出一个章节的编写范例，供各位参编人员参照编写。

初稿编写时间相对较长，待集齐后主编进行了分别处理：对于基本可用的章节，提出详细修改意见，由编写者修改；对于基本不可用的章节，则直接舍弃，主编重写。

对于修订稿，主编、副主编分头进行了反复修改。修改过程中，不少部分甚至整章整节，都由主编、副主编动手重写。

各章编写情况为：第一、二章，华洁芸、滕晗。第三、四章，李效珍、张俊荣。第五章，华洁芸、滕晗。第六、七章，华洁芸、李群。第八、九章，滕晗、华洁芸。第十章，可凌伟、刘杰。全书由华洁芸统一定稿。

二〇〇七年一月于无锡